CONTES

ŒUVRES D'ALFRED DE MUSSET

Publiées dans la Bibliothèque-Charpentier

Et qui se vendent séparément

3 FR. 50 C. CHAQUE VOLUME

PREMIÈRES POÉSIES (Contes d'Espagne et d'Italie. — Spectacle dans un fauteuil. — Poésies diverses. — Namouna)........................... 1 vol.

POÉSIES NOUVELLES (Rolla. — Les Nuits. — Poésies nouvelles. — Contes en vers).. 1 vol.

COMÉDIES ET PROVERBES (André del Sarto. — Lorenzaccio. — Les Caprices de Marianne. — Fantasio. — On ne badine pas avec l'amour. — La Nuit vénitienne. — Barberine. — Le Chandelier. — Il ne faut jurer de rien. — Un Caprice. — Il faut qu'une porte soit ouverte ou fermée. — Louison. — On ne saurait penser à tout. — Carmosine. — Bettine).................. 2 vol.

NOUVELLES. — Les deux Maîtresses. — Emmeline. — Le Fils du Titien. — Frédéric et Bernerette. — Croisilles. — Margot)...................... 1 vol.

LA CONFESSION D'UN ENFANT DU SIÈCLE.............................. 1 vol.

MÉLANGES DE LITTÉRATURE ET DE CRITIQUE (Le Tableau d'église. — La Tragédie à propos des débuts de Mlle Rachel. — Salon de 1836. — Faire sans dire. — Revues fantastiques. — Discours de réception, etc.)................ 1 vol.

ŒUVRES POSTHUMES (Un souper chez Mlle Rachel. — Le Poëte et le Prosateur. — Poésies diverses. — Le Songe d'Auguste. — L'Ane et le Ruisseau. — Faustine. — Lettres familières, etc., etc.)................................ 1 vol.

4491-77 — CORBEIL. Typ. et stér. de CRÉTÉ.

ALFRED DE MUSSET

CONTES

PARIS
G. CHARPENTIER, ÉDITEUR
13, RUE DE GRENELLE-SAINT-GERMAIN, 13
1878

CONTES

PIERRE ET CAMILLE

I

Le chevalier des Arcis, officier de cavalerie, avait quitté le service en 1760. Bien qu'il fût jeune encore, et que sa fortune lui permît de paraître avantageusement à la cour, il s'était lassé de bonne heure de la vie de garçon et des plaisirs de Paris. Il se retira près du Mans, dans une jolie maison de campagne. Là, au bout de peu de temps, la solitude, qui lui avait d'abord été agréable, lui sembla pénible. Il sentit qu'il lui était difficile de rompre tout à coup avec les habitudes de sa jeunesse. Il ne se repentit pas d'avoir quitté le monde, mais ne pouvant se résoudre à vivre seul, il prit le parti de se marier, et de trouver, s'il était possible, une femme qui partageât son goût pour le repos et pour la vie sédentaire qu'il était décidé à mener.

Il ne voulait point que sa femme fût belle; il ne la voulait pas laide, non plus; il désirait qu'elle eût de l'instruction et de l'intelligence, avec le moins d'esprit possible ; ce qu'il recherchait par-dessus tout, c'était de la gaieté et une humeur égale, qu'il regardait, dans une femme, comme les premières des qualités.

La fille d'un négociant retiré, qui demeurait dans le voisinage, lui plut. Comme le chevalier ne dépendait de personne, il ne s'arrêta pas à la distance qu'il y avait entre un gentilhomme et la fille d'un marchand. Il adressa à la famille une demande qui fut accueillie avec empressement. Il fit sa cour pendant quelques mois, et le mariage fut conclu.

Jamais alliance ne fut formée sous de meilleurs et de plus heureux auspices. A mesure qu'il connut mieux sa femme, le chevalier découvrit en elle de nouvelles qualités et une douceur de caractère inaltérable. Elle, de son côté, se prit pour son mari d'un amour extrême. Elle ne vivait qu'en lui, ne songeait qu'à lui complaire, et, bien loin de regretter les plaisirs de son âge qu'elle lui sacrifiait, elle souhaitait que son existence entière pût s'écouler dans une solitude qui, de jour en jour, lui devenait plus chère.

Cette solitude n'était cependant pas complète. Quelques voyages à la ville, la visite régulière de quelques amis, y faisaient diversion de temps en temps. Le chevalier ne refusait pas de voir fréquemment les parents de sa femme, en sorte qu'il semblait à celle-ci qu'elle n'eût pas quitté la maison paternelle. Elle sortait souvent des bras de son mari pour se retrouver dans ceux de sa mère, et jouissait ainsi d'une faveur que la Providence accorde à bien peu de gens ; car il est rare qu'un bonheur nouveau ne détruise pas un ancien bonheur.

M. des Arcis n'avait pas moins de douceur et de bonté que sa femme; mais les passions de sa jeunesse, l'expérience qu'il paraissait avoir faite des choses de ce monde, lui donnaient parfois de la mélancolie. Cécile (ainsi se nommait madame des Arcis) respectait religieusement ces moments de tristesse. Quoiqu'il n'y eût en elle, à ce sujet, ni réflexion ni calcul, son cœur l'avertissait aisément de ne pas se plaindre de ces légers nuages qui détruisent tout dès qu'on les regarde, et qui ne sont rien quand on les laisse passer.

La famille de Cécile était composée de bonnes gens, marchands enrichis par le travail, et dont la vieillesse était, pour ainsi dire, un perpétuel dimanche. Le chevalier aimait cette gaieté du repos, achetée par la peine, et y prenait part volontiers. Fatigué des mœurs de Versailles et même des soupers de mademoiselle Quinault, il se plaisait à ces façons un peu bruyantes, mais franches et nouvelles pour lui. Cécile avait un oncle, excellent homme, meilleur convive encore, qui s'appelait Giraud. Il avait été maître maçon, puis il était devenu peu à peu architecte; à tout cela, il avait gagné une vingtaine de mille livres de rente. La maison du chevalier était fort à son goût, et il y était toujours bien reçu, quoiqu'il y arrivât quelquefois couvert de plâtre et de poussière; car, en dépit des ans et de ses vingt mille livres, il ne pouvait se tenir de grimper sur les toits et de manier la truelle. Quand il avait bu quelques coups de champagne, il fallait qu'il pérorât au dessert: « Vous êtes heureux, mon neveu, disait-il souvent au chevalier, vous êtes riche, jeune, vous avez une bonne petite femme, une maison pas trop mal bâtie; il ne vous manque rien, il n'y a rien à dire; tant pis pour le voisin s'il s'en plaint. Je vous dis et répète que vous êtes heureux. »

Un jour, Cécile, entendant ces mots, et se penchant vers son mari : —N'est-ce pas, lui dit-elle, qu'il faut que ce soit un peu vrai, pour que tu te le laisses dire en face?

Madame des Arcis, au bout de quelque temps, reconnut qu'elle était enceinte. Il y avait derrière la maison une petite colline d' ù l'on découvrait tout le domaine. Les deux époux s'y promenaient souvent ensemble. Un soir qu'ils y étaient assis sur l'herbe :

— Tu n'as pas contredit mon oncle l'autre jour, dit Cécile. Penses-tu cependant qu'il eût tout à fait raison? Es-tu parfaitement heureux?

—Autant qu'un homme peut l'être, répondit le chevalier, et je ne vois rien qui puisse ajouter à mon bonheur.

—Je suis donc plus ambitieuse que toi, reprit Cécile, car il me serait aisé de te citer quelque chose qui nous manque ici, et qui nous est absolument nécessaire.

Le chevalier crut qu'il s'agissait de quelque bagatelle, et qu'elle voulait prendre un détour pour lui confier un caprice de femme. Il fit, en plaisantant, mille conjectures, et à chaque question, les rires de Cécile redoublaient. Tout en badinant ainsi, ils s'étaient levés et ils descendaient la colline. M. des Arcis doubla le pas, et, invité par la pente rapide, il allait entraîner sa femme, lorsque celle-ci s'arrêta, et s appuyant sur l'épaule du chevalier :

— Prends garde, mon ami, lui dit-elle, ne me fais pas marcher si vite. Tu cherchais bien loin ce que je te demandais; nous l'avons là sous mes paniers.

Presque tous leurs entretiens, à compter de ce jour, n'eurent plus qu'un sujet; ils ne parlaient que de leur enfant, des soins à lui donner, de la manière dont ils l'élèveraient, des projets qu'ils formaient déjà pour son avenir. Le chevalier voulut que sa femme prît toutes les précautions possibles pour conserver le trésor qu'elle portait. Il redoubla pour elle d'attentions et d'amour; et tout le temps que dura la grossesse de Cécile ne fut qu'une longue et délicieuse ivresse, pleine des plus douces espérances.

Le terme fixé par la nature arriva; un enfant vint au monde, beau comme le jour. C'était une fille, qu'on appela Camille. Malgré l'usage général et contre l'avis même des médecins, Cécile voulut la nourrir elle-même. Son orgueil maternel était si flatté de la beauté de sa fille, qu'il fut impossible de l'en séparer ; il était vrai que l'on n'avait vu que bien rarement à un enfant nouveau-né des traits aussi réguliers et aussi remarquables; ses yeux surtout, lorsqu'ils s'ouvrirent à la lumière, brillèrent d'un éclat extraordinaire. Cécile, qui avait été élevée au couvent, était extrêmement pieuse. Ses premiers pas, dès qu'elle put se lever, furent pour aller à l'église rendre grâce à Dieu.

Cependant, l'enfant commença à prendre des forces et à se développer. A mesure qu'elle grandissait, on fut surpris de lui voir garder une immobilité étrange. Aucun bruit ne semblait la frapper; elle était insensible à ces mille discours que les mères adressent à leurs nourrissons; tandis qu'on chantait en la berçant, elle restait les yeux fixes et ouverts, regardant avidement la clarté de la lampe, et ne paraissant rien entendre. Un jour qu'elle était endormie, une servante renversa un meuble; la mère accourut aussitôt, et vit avec étonnement que l'enfant ne s'était pas réveillée. Le chevalier fut effrayé de ces indices trop clairs pour qu'on pût s'y tromper. Dès qu'il les eut observés avec attention, il comprit à quel malheur sa fille était condamnée. La mère voulut en vain s'abuser, et, par tous les moyens imaginables, détourner les craintes de son mari. Le médecin fut appelé, et l'examen ne fut ni long ni difficile. On reconnut que la pauvre Camille était privée de l'ouïe, et par conséquent de la parole.

II

La première pensée de la mère avait été de demander si le mal était sans remède, et on lui avait répondu qu'il y avait des exemples de guérison. Pendant un an, malgré l'évidence, elle conserva quelque espoir; mais toutes les ressources de l'art échouèrent, et, après les avoir épuisées, il fallut enfin y renoncer.

Malheureusement à cette époque, où tant de préjugés furent détruits et remplacés, il en existait un impitoyable contre ces pauvres créatures qu'on appelle sourds-muets. De nobles esprits, des savants distingués ou des hommes seulement poussés par un sentiment charitable, avaient, il est vrai, dès longtemps, protesté contre cette barbarie. Chose bizarre, c'est un moine espagnol qui, le premier, au seizième siècle, a deviné et essayé cette tâche, crue alors impossible, d'apprendre aux muets à parler sans parole. Son exemple avait été suivi en Italie, en Angleterre et en France, à différentes reprises. Bonnet, Wallis, Bulwer, Van Helmont, avaient mis au jour des ouvrages importants, mais l'intention chez eux avait été meilleure que l'effet; un peu de bien avait été opéré çà et là, à l'insu du monde, presque au hasard, sans aucun fruit. Partout, même à Paris, au sein de la civilisation la plus avancée, les sourds-muets étaient regardés comme une espèce d'êtres à part, marqués du sceau de la colère céleste. Privés de la parole, on leur refusait la pensée. Le cloître pour ceux qui naissaient riches, l'abandon pour les pauvres, tel était leur sort; ils inspiraient plus d'horreur que de pitié.

Le chevalier tomba peu à peu dans le plus profond chagrin. Il passait la plus grande partie du jour, seul, enfermé dans son cabinet, ou se promenait dans les bois. Il s'efforçait, lorsqu'il voyait sa femme, de montrer un visage tranquille, et tentait de la consoler, mais en vain. Madame des Arcis, de son côté, n'était pas moins triste. Un malheur mérité peut faire verser des larmes, presque toujours tardives et inutiles; mais un malheur sans motif accable la raison, en décourageant la piété.

Ces deux nouveaux mariés, faits pour s'aimer, et qui s'aimaient, commencèrent ainsi à se voir avec peine et à s'éviter dans les mêmes allées où ils venaient de se parler d'un espoir si prochain, si tranquille et si pur. Le chevalier, en s'exilant volontairement dans sa maison de campagne, n'avait pensé qu'au repos; le bonheur avait semblé l'y surprendre. Madame des Arcis n'avait fait qu'un mariage de raison; l'amour était venu, il était réciproque. Un obstacle terrible se plaçait tout à coup entre eux, et cet obstacle était précisément l'objet même qui eût dû être un lien sacré.

Ce qui causa cette séparation soudaine et tacite, plus affreuse qu'un divorce, et plus cruelle qu'une mort lente, c'est que la mère, en dépit du malheur, aimait son enfant avec passion, tandis que le chevalier, quoi qu'il voulût faire, malgré sa patience et sa bonté, ne pouvait vaincre l'horreur que lui inspirait cette malédiction de Dieu tombée sur lui.

— Pourrais-je donc haïr ma fille? se demandait-i souvent durant ses promenades solitaires. Est-ce sa faute si la colère du ciel l'a frappée? Ne devrais-je pas uniquement la plaindre, chercher à adoucir la douleur de ma femme, cacher ce que je souffre, veiller sur mon enfant? A quelle triste existence est-elle réservée, si moi, son père, je l'abandonne? que deviendra-t-elle? Dieu me l'envoie ainsi; c'est à moi de me résigner. Qui en prendra soin? qui l'élèvera? qui la protégera? Elle n'a au monde que sa mère et moi; elle ne trouvera pas un mari, et elle n'aura jamais ni frère ni sœur; c'est assez d'une malheureuse de plus au monde. Sous peine de manquer de cœur, je dois consacrer ma vie à lui faire supporter la sienne.

Ainsi pensait le chevalier, puis il rentrait à la maison avec la ferme intention de remplir ses devoirs de père et de mari; il trouvait son enfant dans les bras de sa femme, il s'agenouillait devant eux, prenait les mains de Cécile entre les siennes : on lui avait parlé, disait-il, d'un médecin célèbre, qu'il allait faire venir; rien n'était encore décidé; on avait vu des cures merveilleuses. En parlant ainsi, il soulevait sa fille entre ses bras et la promenait par la chambre; mais d'affreuses pensées le saisissaient malgré lui; l'idée de l'avenir, la vue de ce silence, de cet être inachevé, dont les sens étaient fermés, la réprobation, le dégoût, la pitié, le mépris du monde, l'accablaient. Son visage pâlissait, ses mains tremblaient; il rendait l'enfant à sa mère, et se détournait pour cacher ses larmes.

C'est dans ces moments que madame des Arcis serrait sa fille sur son cœur avec une sorte de tendresse désespérée, et ce plein regard de l'amour maternel, le plus violent et le plus fier de tous. Jamais elle ne faisait entendre une plainte; elle se retirait dans sa chambre, posait Camille dans son berceau, et passait des heures entières, muette comme elle, à la regarder.

Cette espèce d'exaltation sombre et passionnée devint si forte, qu'il n'était pas rare de voir madame des Arcis garder le silence le plus absolu pendant des journées. On lui adressait en vain la parole. Il semblait qu'elle voulût savoir par elle-même ce que c'était que cette nuit de l'esprit dans laquelle sa fille devait vivre.

Elle parlait par signes à l'enfant et savait seule se faire comprendre. Les autres personnes de la maison, le chevalier lui-même, semblaient étrangers à Camille. La mère de madame des Arcis, femme d'un esprit assez vulgaire, ne venait guère à Chardonneux (ainsi se nommait la terre du chevalier) que pour déplorer le malheur arrivé à son gendre et à sa chère Cécile. Croyant faire preuve de sensibilité, elle s'apitoyait sans relâche sur le triste sort de cette pauvre enfant, et il lui échappa de dire un jour : — Mieux eût valu pour elle ne pas être née. — Qu'auriez-vous donc fait si j'étais ainsi? répliqua Cécile presque avec l'accent de la colère.

L'oncle Giraud, le maître maçon, ne trouvait pas grand mal à ce que sa petite nièce fût muette : — J'ai eu, disait-il, une femme si bavarde, que je regarde toute chose au monde, n'importe laquelle, comme préférable. Cette petite-là est sûre d'avance de ne jamais tenir de mauvais propos, ni d'en écouter, de ne pas impatienter toute une maison en chantant de vieux airs d'opéra, qui sont tous pareils; elle ne sera pas querelleuse, elle ne dira pas d'injures aux servantes, comme ma femme n'y manquait jamais; elle ne s'éveillera pas si son mari tousse, ou bien s'il se lève plus tôt qu'elle pour surveiller ses ouvriers; elle ne rêvera pas tout haut, elle sera discrète; elle y verra clair, les sourds ont de bons yeux; elle pourra régler un mémoire, quand elle ne ferait que compter sur ses doigts, et payer, si elle a de l'argent, mais sans chicaner comme les propriétaires à propos de la moindre bâtisse; elle saura d'elle-même une chose très-bonne qui ne s'apprend d'ordinaire que difficilement, c'est qu'il vaut mieux faire que dire; si elle a le cœur à sa place, on le verra sans qu'elle ait besoin de se mettre du miel au bout de la langue. Elle ne rira pas en compagnie, c'est vrai; mais elle n'entendra pas, à dîner, les rabat-joie qui font des périodes; elle sera jolie, elle aura de l'esprit, elle ne fera pas de bruit; elle ne sera pas obligée, comme un aveugle, à avoir un caniche pour se promener. Ma foi, si j'étais jeune, je l'épouserais très-bien quand elle sera grande; et aujourd'hui que je suis vieux et sans enfants, je la prendrais très-bien chez nous comme ma fille, si par hasard elle vous ennuyait.

Lorsque l'oncle Giraud tenait de pareils discours, un peu de gaieté rapprochait par instants M. des Arcis de sa femme. Ils ne pouvaient s'empêcher de sourire tous deux à cette bonhomie un peu brusque, mais respectable et surtout bienfaisante, ne voulant voir le mal nulle part. Mais le mal était là; tout le reste de la famille regardait avec des yeux effrayés et curieux ce malheur, qui était une rareté. Quand ils venaient en carriole du gué de Mauny, ces braves gens se mettaient en cercle avant dîner, tâchant de voir et de raisonner, examinant tout d'un air d'intérêt, prenant un visage composé, se consultant tout bas pour savoir quoi dire, tentant quelquefois de détourner la pensée commune par une grosse remarque sur un fêtu. La mère restait devant eux, sa fille sur ses genoux, sa gorge découverte, quelques gouttes de lait coulant encore. Si Raphaël eût été de la famille, la Vierge à la Chaise aurait pu avoir une sœur; madame des Arcis ne s'en doutait pas, et en était d'autant plus belle.

III

La petite fille devenait grande; la nature remplissait tristement sa tâche, mais fidèlement. Camille n'avait que ses yeux au service de son âme ; ses premiers gestes furent, comme l'avaient été ses premiers regards, dirigés vers la lumière. Le plus pâle rayon de soleil lui causait des transports de joie.

Lorsqu'elle commença à se tenir debout et à marcher, une curiosité très-marquée lui fit examiner et toucher tous les objets qui l'environnaient, avec une délicatesse mêlée de crainte et de plaisir, qui tenait de la vivacité de l'enfant, et déjà de la pudeur de la femme. Son premier mouvement était de courir vers tout ce qui lui était nouveau, comme pour le saisir et s'en emparer ; mais elle se retournait presque toujours à moitié chemin en regardant sa mère, comme pour la consulter. Elle ressemblait alors à l'hermine, qui, dit-on, s'arrête et renonce à la route qu'elle voulait suivre, si elle voit qu'un peu de fange ou de gravier pourrait tacher sa fourrure

Quelques enfants du voisinage venaient jouer avec Camille dans le jardin. C'était une chose étrange que la manière dont elle les regardait parler. Ces enfants, à peu près du même âge qu'elle, essayaient, bien entendu, de répéter des mots estropiés par leurs bonnes, et tâchaient, en ouvrant les lèvres, d'exercer leur intelligence au moyen d'un bruit qui ne semblait qu'un mouvement à la pauvre fille. Souvent, pour prouver qu'elle avait compris, elle étendait les mains vers ses petites compagnes, qui, de leur côté, reculaient effrayées devant cette autre expression de leur propre pensée.

Madame des Arcis ne quittait pas sa fille. Elle observait avec anxiété les moindres actions, les moindres signes de vie de Camille. Si elle eût pu deviner que l'abbé de l'Épée allait bientôt venir et apporter la lumière dans ce monde de ténèbres, quelle n'eût pas été sa joie! Mais elle ne pouvait rien, et demeurait sans force contre ce mal du hasard, que le courage et la piété d'un homme allaient détruire. Singulière chose qu'un prêtre en voie plus qu'une mère, et que l'esprit, qui discerne, trouve ce qui manque au cœur, qui souffre.

Quand les petites amies de Camille furent en âge de recevoir les premières instructions d'une gouvernante, la pauvre enfant commença à témoigner une très-grande tristesse de ce qu'on n'en faisait pas autant pour elle que pour les autres. Il y avait chez un voisin une vieille institutrice anglaise qui faisait épeler à grand'peine un enfant et le traitait sévèrement. Camille assistait à la leçon, regardait avec étonnement son petit camarade, suivant des yeux ses efforts, et tâchant, pour ainsi dire, de l'aider; elle pleurait avec lui lorsqu'il était grondé.

Les leçons de musique furent pour elle le sujet d'une peine bien plus vive. Debout près du piano, elle roidissait et remuait ses petits doigts en regardant la maîtresse de tous ses grands yeux, qui étaient très-noirs et très-beaux. Elle semblait demander ce qui se faisait là, et frappait quelquefois sur les touches d'une façon en même temps douce et irritée.

L'impression que les êtres ou les objets extérieurs produisaient sur les autres enfants ne paraissait pas la surprendre. Elle observait les choses et s'en souvenait comme eux. Mais lorsqu'elle les voyait se montrer du doigt ces mêmes objets et échanger entre eux ce mouvement des lèvres qui lui était inintelligible, alors recommençait son chagrin. Elle se retirait dans un coin, et, avec une pierre ou un morceau de bois, elle traçait presque machinalement sur le sable quelques lettres majuscules qu'elle avait vu épeler à d'autres, et qu'elle considérait attentivement.

La prière du soir, que le voisin faisait faire régulièrement à ses enfants tous les jours, était pour Camille une énigme qui ressemblait à un mystère. Elle s'agenouillait avec ses amies et joignait les mains sans savoir pourquoi. Le chevalier voyait en cela une profanation : Otez-moi cette petite, disait-il; épargnez-moi cette singerie. — Je prends sur moi d'en demander pardon à Dieu, répondit un jour la mère.

Camille donna de bonne heure des signes de cette bizarre faculté que les Écossais appellent la double vue, que les partisans du magnétisme veulent faire admettre, et que les médecins rangent, la plupart du temps, au nombre des maladies. La petite sourde et muette sentait venir ceux qu'elle aimait, et allait souvent au-devant d'eux, sans que rien eût pu l'avertir de leur arrivée.

Non-seulement les autres enfants ne s'approchaient d'elle qu'avec une certaine crainte, mais ils l'évitaient quelquefois d'un air de mépris. Il arrivait que l'un d'eux, avec ce manque de pitié dont parle La Fontaine, vînt lui parler longtemps en la regardant en face et en riant, lui demandant de répondre. Ces petites rondes des enfants, qui se danseront tant qu'il y aura de petites jambes, Camille les regardait à la promenade, déjà à demi jeune fille, et quand venait le vieux refrain :

> Entrez dans la danse,
> Voyez comme on danse...

seule à l'écart, appuyée sur un banc, elle suivait la mesure, en balançant sa jolie tête, sans essayer de se mêler au groupe, mais avec assez de tristesse et de gentillesse pour faire pitié.

L'une des plus grandes tâches qu'essaya cet esprit maltraité fut de vouloir compter avec une petite voisine qui apprenait l'arithmétique. Il s'agissait d'un calcul fort aisé et fort court. La voisine se débattait contre quelques chiffres un peu embrouillés. Le total ne se montait guère à plus de douze ou quinze unités. La voisine comptait sur ses doigts. Camille, comprenant qu'on se trompait, et voulant aider, étendit ses deux mains ouvertes. On lui avait donné, à elle aussi, les premières et les plus simples notions ; elle savait que deux et deux font quatre. Un animal intelligent, un oiseau même, compte d'une façon ou d'une autre, que nous ne savons pas, jusqu'à deux ou trois. Une pie, dit-on, a compté jusqu'à cinq. Camille, dans cette circonstance, aurait eu à compter plus loin. Ses mains n'allaient que jusqu'à dix. Elle les tenait ouvertes devant sa petite amie avec un air si plein de bonne volonté, qu'on l'eût prise pour un honnête homme qui ne peut pas payer.

La coquetterie se montre de bonne heure chez les femmes : Camille n'en donnait aucun indice. C'est pourtant drôle, disait le chevalier, qu'une petite fille ne comprenne pas un bonnet ! A de pareils propos, madame des Arcis souriait tristement. — Elle est pourtant belle ! disait-elle à son mari ; et en même temps, avec douceur, elle poussait un peu Camille pour la faire marcher devant son père, afin qu'il vît mieux sa taille, qui commençait à se former, et sa démarche encore enfantine, qui était charmante.

A mesure qu'elle avançait en âge, Camille se prit de passion, non pour la religion, qu'elle ne connaissait pas, mais pour les églises, qu'elle voyait. Peut-être avait-elle dans l'âme cet instinct invincible qui fait qu'un enfant de dix ans conçoit et garde le projet de prendre une robe de laine, de chercher ce qui est pauvre et ce qui souffre, et de passer ainsi toute sa vie. Il mourra bien des indifférents et même des philosophes avant que l'un d'eux explique une pareille fantaisie, mais elle existe.

« Lorsque j'étais enfant, je ne voyais pas Dieu, je ne voyais que le ciel, » est certainement un mot sublime, écrit, comme on sait, par un sourd-muet.

Camille était bien loin de tant de force. L'image grossière de la Vierge, badigeonnée de blanc de céruse, sur un fond de plâtre frotté de bleu, à peu près comme l'enseigne d'une boutique; un enfant de chœur de province, dont un vieux surplis couvrait la soutane, et dont la voix faible et argentine faisait tristement vibrer les carreaux, sans que Camille en pût rien entendre; la démarche du suisse, les airs du bedeau — qui sait ce qui fait lever les yeux à un enfant? Mais qu'importe, dès que ces yeux se lèvent?

IV

— Elle est pourtant belle! se répétait le chevalier, et Camille l'était en effet. Dans le parfait ovale d'un visage régulier, sur des traits d'une pureté et d'une fraîcheur admirables, brillait, pour ainsi dire, la clarté d'un bon cœur. Camille était petite, non point pâle, mais très-blanche, avec de longs cheveux noirs. Gaie, active, elle suivait son naturel; triste avec douceur et presque avec nonchalance, dès que le malheur venait la toucher; pleine de grâce dans tous ses mouvements, d'esprit et quelquefois d'énergie dans sa petite pantomime, singulièrement industrieuse à se faire entendre, vive à comprendre, toujours obéissante dès qu'elle avait compris. Le chevalier restait aussi parfois, comme madame des Arcis, à regarder sa fille sans parler. Tant de grâce et de beauté, joint à tant de malheur et d'horreur, était près de lui troubler l'esprit ; on le vit embrasser souvent Camille avec une sorte de transport, en disant tout haut : Je ne suis cependant pas un méchant homme !

Il y avait une allée dans le bois, au fond du jardin, où le chevalier avait l'habitude de se promener après le déjeuner. De la fenêtre de sa chambre, madame des Arcis voyait son mari aller et venir derrière les arbres. Elle n'osait guère l'y aller retrouver. Elle regardait, avec un chagrin plein d'amertume, cet homme qui avait été pour elle plutôt un amant qu'un époux, dont elle n'avait jamais reçu un reproche, à qui elle n'en avait jamais eu un seul à faire, et qui n'avait plus le courage de l'aimer parce qu'elle était mère.

Elle se hasarda pourtant un matin. Elle descendit en peignoir, belle comme un ange, le cœur palpitant ; il s'agissait d'un bal d'enfants qui devait avoir lieu dans un château voisin. Madame des Arcis voulait y mener Camille. Elle voulait voir l'effet que pourrait produire sur le monde et sur son mari la beauté de sa fille. Elle avait passé des nuits sans sommeil à chercher quelle robe elle lui mettrait ; elle avait formé, sur ce projet, les plus douces espérances : — Il faudra bien, se disait-elle, qu'il en soit fier et qu'on en soit jaloux, une fois pour toutes, de cette pauvre petite. Elle ne dira rien, mais elle sera la plus belle.

Dès que le chevalier vit sa femme venir à lui, il s'avança au-devant d'elle, et lui prit la main, qu'il baisa avec un respect et une galanterie qui lui venaient de Versailles, et dont il ne s'écartait jamais, malgré sa bonhomie naturelle. Ils commencèrent par échanger quelques mots insignifiants, puis ils se mirent à marcher l'un à côté de l'autre.

Madame des Arcis cherchait de quelle manière elle proposerait à son mari de la laisser mener sa fille au bal, et de rompre ainsi une détermination qu'il avait prise depuis la naissance de Camille, celle de ne plus voir le monde. La seule pensée d'exposer son malheur aux yeux des indifférents ou des malveillants mettait le chevalier presque hors de lui. Il avait annoncé formellement sa volonté sur ce sujet. Il fallait donc que madame des Arcis trouvât un biais, un prétexte quelconque, non-seulement pour exécuter son dessein, mais pour en parler.

Pendant ce temps-là, le chevalier paraissait réfléchir beaucoup de son côté. Il fut le premier à rompre le silence. Une affaire survenue à un de ses parents, dit-il à sa femme, venait d'occasionner de grands dérangements de fortune dans sa famille; il était important pour lui de surveiller les gens chargés des mesures à prendre; ses intérêts, et par conséquent ceux de madame des Arcis elle-même, couraient le risque d'être compromis faute de soin. Bref, il annonça qu'il était obligé de faire un court voyage en Hollande, où il devait s'entendre avec son banquier; il ajouta que l'affaire était extrêmement pressée, et qu'il comptait partir dès le lendemain matin.

Il n'était que trop facile à madame des Arcis de comprendre le motif de ce voyage. Le chevalier était bien éloigné de songer à abandonner sa femme ; mais, en dépit de lui-même, il éprouvait un besoin irrésistible de s'isoler tout à fait pendant quelque temps, ne fût-ce que pour revenir plus tranquille. Toute vraie douleur donne, la plupart du temps, ce besoin de solitude à l'homme, comme la souffrance physique aux animaux.

Madame des Arcis fut d'abord tellement surprise, qu'elle ne répondit que par ces phrases banales qu'on a toujours sur les lèvres quand on ne peut pas dire ce qu'on pense : elle trouvait ce voyage tout simple ; le chevalier avait raison, elle reconnaissait l'importance de cette démarche, et ne s'y opposait en aucune façon. Tandis qu'elle parlait, la douleur lui serrait le cœur ; elle dit qu'elle se trouvait lasse, et s'assit sur un banc.

Là, elle resta plongée dans une rêverie profonde, les regards fixes, les mains pendantes. Madame des Arcis n'avait connu jusqu'alors ni grande joie ni grands plaisirs. Sans être une femme d'un esprit élevé, elle sentait assez fortement et elle était d'une famille assez commune pour avoir quelque peu souffert. Son mariage avait été pour elle un bonheur tout à fait imprévu, tout à fait nouveau ; un éclair avait brillé devant ses yeux au milieu de longues et froides journées, maintenant la nuit la saisissait.

Elle demeura longtemps pensive. Le chevalier détournait les yeux, et semblait impatient de rentrer à la maison. Il se levait et se rasseyait. Madame des Arcis se leva aussi enfin, prit le bras de son mari ; ils rentrèrent ensemble.

L'heure du dîner venue, madame des Arcis fit dire qu'elle se trouvait malade et qu'elle ne descendrait pas. Dans sa chambre était un prie-Dieu où elle resta à genoux jusqu'au soir. Sa femme de chambre entra plusieurs fois, ayant reçu du chevalier l'ordre secret de veiller sur elle ; elle ne répondit pas à ce qu'on lui disait. Vers huit heures du soir elle sonna, demanda la robe commandée à l'avance pour sa fille, et qu'on mît le cheval à la voiture. Elle fit avertir en même temps le chevalier qu'elle allait au bal, et qu'elle souhaitait qu'il l'y accompagnât.

Camille avait la taille d'un enfant, mais la plus svelte et la plus légère. Sur ce corps bien-aimé, dont les contours commençaient à se dessiner, la mère posa une petite parure simple et fraîche. Une robe de mousseline blanche brodée, des petits souliers de satin blanc, un collier de graines d'Amérique sur le cou, une couronne de bluets sur la tête, tels furent les atours de Camille, qui se mirait avec orgueil et sautait de joie. La mère, vêtue d'une robe de velours, comme quelqu'un qui ne veut pas danser, tenait son enfant devant une psyché, et l'embrassait coup sur coup, en répétant : Tu es belle, tu es belle ! lorsque le chevalier monta. Madame des Arcis, sans aucune émotion apparente, demanda à son domestique si on avait attelé, et à son mari s'i.

venait. Le chevalier donna la main à sa femme, et l'on alla au bal.

C'était la première fois qu'on voyait Camille. On avait beaucoup entendu parler d'elle. La curiosité dirigea tous les regards vers la petite fille dès qu'elle parut. On pouvait s'attendre à ce que madame des Arcis montrât quelque embarras et quelque inquiétude; il n'en fut rien. Après les politesses d'usage, elle s'assit de l'air le plus calme, et tandis que chacun suivait des yeux son enfant avec une espèce d'étonnement ou un air d'intérêt affecté, elle la laissait aller par la chambre sans paraître y songer.

Camille retrouvait là ses petites compagnes; elle courait tour à tour vers l'une ou vers l'autre, comme si elle eût été au jardin. Toutes, cependant, la recevaient avec réserve et avec froideur. Le chevalier, debout à l'écart, souffrait visiblement. Ses amis vinrent à lui, vantèrent la beauté de sa fille; des personnes étrangères, ou même inconnues, l'abordèrent avec l'intention de lui faire compliment. Il sentait qu'on le consolait, et ce n'était guère de son goût. Cependant un regard auquel on ne se trompe pas, le regard de tous, lui remit peu à peu quelque joie au cœur. Après avoir parlé par gestes presque à tout le monde, Camille était restée debout entre les genoux de sa mère. On venait de la voir aller de côté et d'autre; on s'attendait à quelque chose d'étrange, ou tout au moins de curieux; elle n'avait rien fait que de dire bonsoir aux gens avec une grande révérence, donner un petit *shake-hand* à des demoiselles anglaises, envoyer des baisers aux mères de ses petites amies, le tout peut-être appris par cœur, mais fait avec grâce et naïveté. Revenue tranquillement à sa place, on commença à l'admirer. Rien, en effet, n'était plus beau que cette enveloppe dont ne pouvait sortir cette pauvre âme. Sa taille, son visage, ses longs cheveux bouclés, ses yeux surtout, d'un éclat incomparable, surprenaient tout le monde. En même temps que ses regards essayaient de tout deviner, et ses gestes de tout dire, son air réfléchi et mélancolique prêtait à ses moindres mouvements, à ses allures d'enfant et à ses poses, un certain aspect d'un air de grandeur; un peintre ou un sculpteur en eût été frappé. On s'approcha de madame des Arcis, on l'entoura, on fit mille questions par gestes à Camille; à l'étonnement et à la répugnance avaient succédé une bienveillance sincère, une franche sympathie. L'exagération, qui arrive toujours dès que le voisin parle après le voisin pour répéter la même chose, s'en mêla bientôt. On n'avait jamais vu un si charmant enfant; rien ne lui ressemblait, rien n'était si beau qu'elle. Camille eut enfin un triomphe complet, auquel elle était loin de rien comprendre.

Madame des Arcis le comprenait. Toujours calme au dehors, elle eut ce soir-là un battement de cœur qui lui était dû, le plus heureux, le plus pur de sa vie. Il y eut entre elle et son mari un sourire échangé, qui valait bien des larmes.

Cependant une jeune fille se mit au piano, et joua une contredanse. Les enfants se prirent par la main, se mirent en place, et commencèrent à exécuter les pas que le maître de danse de l'endroit leur avait appris. Les parents, d'autre part, commencèrent à se complimenter réciproquement, à trouver charmante cette petite fête, et à se faire remarquer les uns aux autres la gentillesse de leurs progénitures. Ce fut bientôt un grand bruit de rires enfantins, de plaisanteries de café entre les jeunes gens, de causeries de chiffons entre les jeunes filles, de bavardages entre les papas, de politesses aigres-douces entre les mamans, bref, un bal d'enfants en province.

Le chevalier ne quittait pas des yeux sa fille, qui, on le pense bien, n'était pas de la contredanse. Camille regardait la fête avec une attention un peu triste. Un petit garçon vint l'inviter. Elle secoua la tête pour toute réponse ; quelques bluets tombèrent de sa couronne, qui n'était pas bien solide. Madame des Arcis les ramassa, et eut bientôt réparé, avec quelques épingles, le désordre de cette coiffure qu'elle avait faite elle-même; mais elle chercha vainement ensuite son mari : il n'était plus dans la salle. Elle fit demander s'il était parti, et s'il avait pris la voiture. On lui répondit qu'il était retourné chez lui à pied.

V

Le chevalier avait résolu de s'éloigner sans dire adieu à sa femme. Il craignait et fuyait toute explication fâcheuse, et comme, d'ailleurs, son dessein était de revenir dans peu de temps, il crut agir plus sagement en laissant seulement une lettre. Il n'était pas tout à fait vrai que ses affaires l'appelassent en Hollande; cependant son voyage pouvait lui être avantageux. Un de ses amis écrivit à Chardonneux pour presser son départ; c'était un prétexte convenu. Il prit, en rentrant, le semblant d'un homme obligé de s'en aller à l'improviste. Il fit faire ses paquets en toute hâte, les envoya à la ville, monta à cheval et partit.

Une hésitation involontaire et un très-grand regret s'emparèrent cependant de lui, lorsqu'il franchit le seuil de sa porte. Il craignit d'avoir obéi trop vite à un sentiment qu'il pouvait maîtriser, de faire verser à sa femme des larmes inutiles, et de ne pas trouver ailleurs le repos qu'il ôtait peut-être à sa maison : — Mais qui sait, pensa-t-il, si je ne fais pas, au contraire, une chose utile et raisonnable? Qui sait si le chagrin passager que pourra causer mon absence ne nous rendra pas des jours plus heureux! Je suis frappé d'un malheur dont Dieu seul connaît la cause; je m'éloigne pour quelques jours du lieu où je souffre.

Le changement, le voyage, la fatigue même, calmeront peut-être mes ennuis; je vais m'occuper de choses matérielles, importantes, nécessaires; je reviendrai le cœur plus tranquille, plus content; j'aurai réfléchi, je saurai mieux ce que j'ai à faire. —Cependant Cécile va souffrir, se disait-il au fond du cœur. —Mais, son parti une fois pris, il continua sa route.

Madame des Arcis avait quitté le bal vers onze heures. Elle était montée en voiture avec sa fille, qui s'endormit bientôt sur ses genoux. Bien qu'elle ignorât que le chevalier eût exécuté si promptement son projet de voyage, elle n'en souffrait pas moins d'être sortie seule de chez ses voisins. Ce qui n'est aux yeux du monde qu'un manque d'égards devient une douleur sensible à qui en soupçonne le motif. Le chevalier n'avait pu supporter le spectacle public de son malheur. La mère avait voulu montrer ce malheur pour tâcher de le vaincre et d'en avoir raison. Elle eût aisément pardonné à son mari un mouvement de tristesse ou de mauvaise humeur; mais il faut penser qu'en province une telle manière de laisser ainsi sa femme et sa fille est une chose presque inouïe; et la moindre bagatelle en pareil cas, seulement un manteau qu'on cherche, lorsque celui qui devrait l'apporter n'est pas là, a fait quelquefois plus de mal que tout le respect des convenances ne saurait faire de bien.

Tandis que la voiture se traînait lentement sur les cailloux d'un chemin vicinal nouvellement fait, madame des Arcis, regardant sa fille endormie, se livrait aux plus tristes pressentiments. Soutenant Camille, de façon à ce que les cahots ne pussent l'éveiller, elle songeait, avec cette force que la nuit donne à la pensée, à la fatalité qui semblait la poursuivre jusque dans cette joie légitime qu'elle venait d'avoir à ce bal. Une étrange disposition d'esprit la faisait se reporter tour à tour, tantôt vers son propre passé, tantôt vers l'avenir de sa fille. — Que va-t-il arriver? se disait-elle. Mon mari s'éloigne de moi; s'il ne part pas aujourd'hui pour toujours, ce sera demain; tous mes efforts, toutes mes prières ne serviront qu'à l'importuner; son amour est mort, sa pitié subsiste, mais son chagrin est plus fort que lui et que moi-même. Ma fille est belle, mais vouée au malheur; qu'y puis-je faire? que puis-je prévoir ou empêcher? Si je m'attache à cette pauvre enfant, comme je le dois, comme je le fais, c'est presque renoncer à voir mon mari. Il nous fuit, nous lui faisons horreur. Si je tentais, au contraire, de me rapprocher de lui, si j'osais essayer de rappeler son ancien amour, ne me demanderait-il pas peut-être de me séparer de ma fille? Ne pourrait-il pas se faire qu'il voulût confier Camille à des étrangers, et se délivrer d'un spectacle qui l'afflige?

En se parlant ainsi à elle-même, madame des Arcis embrassait Camille.

— Pauvre enfant! se disait-elle; moi, t'abandonner! moi, acheter au prix de ton repos, de ta vie peut-être, l'apparence d'un bonheur qui me fuirait à mon tour! Cesser d'être mère pour être épouse! Quand une pareille chose serait possible, ne vaut-il pas mieux mourir que d'y songer?

Puis elle revenait à ses conjectures: Que va-t-il arriver? se demandait-elle encore. Qu'ordonnera de nous la Providence? Dieu veille sur tous, il nous voit comme les autres. Que fera-t-il de nous? que deviendra cette enfant?

A quelque distance de Chardonneux, il y avait un gué à passer. Il avait beaucoup plu depuis un mois à peu près, en sorte que la rivière débordait et couvrait les prés d'alentour. Le *passeux* refusa d'abord de prendre la voiture dans son bac, et dit qu'il fallait dételer, qu'il se chargeait de traverser l'eau avec les gens et le cheval, non avec le carrosse. Madame des Arcis, pressée de revoir son mari, ne voulut pas descendre. Elle dit au cocher d'entrer dans le bac; c'était un trajet de quelques minutes, qu'elle avait fait cent fois.

Au milieu du gué, le bateau commença à dévier, poussé par le courant. Le *passeux* demanda aide au cocher pour empêcher, disait-il, d'aller à l'écluse. Il y avait, en effet, à deux ou trois cents pas plus bas, un moulin avec une écluse, faite de soliveaux, de pieux et de planches rassemblées, mais vieille, brisée par l'eau, et devenue une espèce de cascade, ou plutôt de précipice. Il était clair que si l'on se laissait entraîner jusque-là, on devait s'attendre à un accident terrible.

Le cocher était descendu de son siége; il aurait voulu être bon à quelque chose, mais il n'y avait qu'une perche dans le bac. Le *passeux*, de son côté, faisait ce qu'il pouvait, mais la nuit était sombre; une petite pluie fine aveuglait ces deux hommes, qui tantôt se relayaient, tantôt réunissaient leurs forces pour couper l'eau et gagner la rive.

A mesure que le bruit de l'écluse se rapprochait, le danger devenait plus effrayant. Le bateau, lourdement chargé, et défendu contre le courant par deux hommes vigoureux, n'allait pas vite. Lorsque la perche était bien enfoncée et bien tenue à l'avant, le bac s'arrêtait, allait de côté, ou tournait sur lui-même; mais le flot était trop fort. Madame des Arcis, qui était restée dans la voiture avec l'enfant, ouvrit la glace avec une terreur affreuse :

—Est-ce que nous sommes perdus? s'écria-t-elle.

En ce moment la perche rompit. Les deux hommes tombèrent dans le bateau, épuisés, et les mains meurtries.

Le *passeux* savait nager, mais non le cocher. Il n'y avait pas de temps à perdre :

— Père Georgeot, dit madame des Arcis au *passeux* (c'était son nom), peux-tu me sauver, ma fille et moi?

Le père Georgeot jeta un coup d'œil sur l'eau, puis sur la rive :

—Certainement, répondit-il en haussant les épaules, d'un air presque offensé qu'on lui adressât une pareille question.

— Que faut-il faire ? dit madame des Arcis.

— Vous mettre sur mes épaules, répliqua le *passeux*. Gardez votre robe, ça vous soutiendra. Empoignez-moi le cou à deux bras, mais n'ayez pas peur et ne vous cramponnez pas, nous serions noyés ; ne criez pas, ça vous ferait boire. Quant à la petite, je la prendrai d'une main par la taille, je nagerai de l'autre à la marinière, et je la passerai en l'air sans la mouiller. Il n'y a pas vingt-cinq brasses d'ici aux pommes de terre qui sont dans ce champ-là.

— Et Jean ? dit madame des Arcis, désignant le cocher.

— Jean boira un coup, mais il en reviendra. Qu'il aille à l'écluse et qu'il attende, je le retrouverai.

Le père Gorgeot s'élança dans l'eau, chargé de son double fardeau, mais il avait trop préjugé de ses forces. Il n'était plus jeune, tant s'en fallait. La rive était plus loin qu'il ne disait, et le courant plus fort qu'il ne l'avait pensé. Il fit cependant tout ce qu'il put pour arriver à terre, mais il fut bientôt entraîné. Le tronc d'un saule couvert par l'eau, et qu'il ne pouvait voir dans les ténèbres, l'arrêta tout à coup : il s'y était violemment frappé au front. Son sang coula, sa vue s'obscurcit.

— Prenez votre fille et mettez-la sur mon cou, dit-il, ou sur le vôtre ; je n'en puis plus.

— Pourrais-tu la sauver si tu ne portais qu'elle ? demanda la mère.

— Je n'en sais rien, mais je crois que oui, dit le *passeux*.

Madame des Arcis, pour toute réponse, ouvrit les bras, lâcha le cou du *passeux*, et se laissa aller au fond de l'eau.

Lorsque le *passeux* eut déposé à terre la petite Camille saine et sauve, le cocher, qui avait été tiré de la rivière par un paysan, l'aida à chercher le corps de madame des Arcis. On ne le trouva que le lendemain matin, près du rivage.

VI

Un an après cet événement, dans une chambre d'un hôtel garni situé rue du Bouloi, à Paris, dans le quartier des diligences, une jeune fille en deuil était assise près d'une table, au coin du feu. Sur cette table était une bouteille de vin d'ordinaire, à moitié vide, et un verre. Un homme courbé par l'âge, mais d'une physionomie ouverte et franche, vêtu à peu près comme un ouvrier, se promenait à grands pas dans la chambre. De temps en temps il s'approchait de la jeune fille, s'arrêtait devant elle, et la regardait d'un air presque paternel. La jeune fille, alors, étendait le bras, soulevait la bouteille avec un empressement mêlé d'une sorte de répugnance involontaire, et remplissait le verre. Le vieillard buvait un petit coup, puis recommençait à marcher, tout en gesticulant d'une façon singulière et presque ridicule, pendant que la jeune fille, souriant d'un air triste, suivait ses mouvements avec attention.

Il eût été difficile, à qui se fût trouvé là, de deviner quelles étaient ces deux personnes : l'une, immobile, froide, pareille au marbre, mais pleine de grâce et de distinction, portant sur son visage et dans ses moindres gestes plus que ce qu'on appelle ordinairement la beauté; l'autre, d'une apparence tout à fait vulgaire, les habits en désordre, le chapeau sur la tête. buvant du gros vin de cabaret, et faisant résonner sur le parquet les clous de ses souliers. C'était un étrange contraste.

Ces deux personnes étaient pourtant liées par une amitié bien vive et bien tendre. C'était Camille et l'oncle Giraud. Le digne homme était venu à Chardonneux lorsque madame des Arcis avait été portée d'abord à l'église, puis à sa dernière demeure. Sa mère étant morte et son père absent, la pauvre enfant se trouvait alors absolument seule en ce monde. Le chevalier, ayant une fois quitté sa maison, distrait par son voyage, appelé par ses affaires, et obligé de parcourir plusieurs villes de la Hollande, n'avait appris que fort tard la mort de sa femme; en sorte qu'il se passa près d'un mois, pendant lequel Camille resta, pour ainsi dire, orpheline. Il y avait bien, il est vrai, à la maison, une sorte de gouvernante, qui avait charge de veiller sur la jeune fille; mais la mère, de son vivant, ne souffrait point de partage. Cet emploi était une sinécure; la gouvernante connaissait à peine

Camille, et ne pouvait lui être d'aucun secours dans une pareille circonstance.

La douleur de la jeune fille à la mort de sa mère avait été si violente, qu'on avait craint longtemps pour ses jours. Lorsque le corps de madame des Arcis avait été retiré de l'eau et apporté à la maison, Camille accompagnait ce cortége funèbre en poussant des cris de désespoir si déchirants que les gens du pays en avaient presque peur. Il y avait, en effet, je ne sais quoi d'effrayant dans cet être qu'on était habitué à voir muet, doux et tranquille, et qui sortait tout à coup de son silence en présence de la mort. Les sons inarticulés qui s'échappaient de ses lèvres, et qu'elle seule n'entendait pas, avaient quelque chose de sauvage; ce n'étaient ni des paroles, ni des sanglots, mais une sorte de langage horrible, qui semblait inventé par la douleur. Pendant un jour et une nuit, ces cris affreux ne cessèrent de remplir la maison; Camille courait de tous côtés, s'arrachant les cheveux et frappant les murailles. On essaya en vain de l'arrêter; la force même fut inutile. Ce ne fut que la nature épuisée qui la fit enfin tomber au pied du lit où le corps de sa mère était couché.

Presque aussitôt, elle avait paru reprendre sa tranquillité accoutumée, et, pour ainsi dire, tout oublier. Elle était restée quelque temps dans un calme apparent, marchant toute la journée, au hasard, d'un pas lent et distrait, ne se refusant à aucun des soins qu'on prenait pour elle; on la croyait revenue à elle-même, et le médecin, qui avait été appelé, s'y trompa comme tout le monde; mais une fièvre nerveuse se déclara bientôt avec les plus graves symptômes. Il fallut veiller constamment sur la malade ; sa raison semblait entièrement perdue.

C'était alors que l'oncle Giraud avait pris la résolution de venir à tout prix au secours de sa nièce : — Puisqu'elle n'a plus ni père ni mère dans ce moment-ci, avait-il dit aux gens de la maison, je me déclare pour son oncle véritable, chargé de la soigner et d'empêcher qu'il ne lui arrive malheur. Cette enfant m'a toujours plu; j'ai souvent demandé à son père de me la donner pour me faire rire. Je ne veux pas l'en priver, c'est sa fille, mais pour l'instant je m'en empare. A son retour, je la lui rendrai fidèlement

L'oncle Giraud n'avait pas grande foi aux médecins, par une assez bonne raison, c'est qu'il croyait à peine aux maladies, n'ayant jamais lui-même été malade. Une fièvre nerveuse surtout lui paraissait une chimère, un pur dérangement d'idées, qu'un peu de distraction devait guérir. Il s'était donc décidé à amener Camille à Paris. — Vous voyez, disait-il encore, qu'elle a du chagrin, cette enfant. Elle ne fait que pleurer, et elle a raison; une mère ne vous meurt pas deux fois. Mais il ne s'agit pas que la fille s'en aille parce que l'autre vient de partir; il faut tâcher qu'elle pense à autre chose. On dit que Paris est très-bon pour cela; je ne connais point Paris, moi, ni elle non plus. Ainsi donc je vais l'y mener; cela nous fera du bien à tous les deux. D'ailleurs, quand ce ne serait que la route, cela ne peut que lui être très-bon. J'ai eu de la peine comme un autre, et toutes les fois que j'ai vu sautiller devant moi la queue d'un postillon, cela m'a toujours ragaillardi.

De cette façon Camille et son oncle étaient venus à Paris. Le chevalier, instruit de ce voyage par une lettre de l'oncle Giraud, l'approuva. Au retour de sa tournée en Hollande, il avait rapporté à Chardonneux une mélancolie tellement profonde, qu'il lui était presque impossible de voir qui que ce fût, même sa fille. Il semblait vouloir fuir tout être vivant, et chercher à se fuir lui-même. Presque toujours seul, à cheval dans les bois, il fatiguait son corps outre mesure pour donner quelque repos à son âme. Un chagrin caché, incurable, le dévorait. Il se reprochait au fond du cœur d'avoir rendu sa femme malheureuse pendant sa vie, et d'avoir contribué à sa mort. « Si j'avais été là, se disait-il, elle vivrait, et je devais y être. » Cette pensée, qui ne le quittait plus, empoisonnait sa vie.

Il désirait que Camille fût heureuse; il était prêt, dans l'occasion, à faire pour cela les plus grands sacrifices. Sa première idée, en revenant à Chardonneux, avait été d'essayer de remplacer près de sa fille celle qui n'était plus, et de payer avec usure cette dette de cœur qu'il avait contractée; mais le souvenir de la ressemblance de la mère et de l'enfant lui causait à l'avance une douleur intolérable. C'était en vain qu'il cherchait à se tromper sur cette douleur même, et qu'il voulait se persuader que ce serait plutôt à ses yeux une consolation, un adoucissement à sa peine, de retrouver ainsi sur un visage aimé les traits de celle qu'il pleurait sans cesse. Camille, malgré tout, était pour lui un reproche vivant, une preuve de sa faute et de son malheur, qu'il ne se sentait pas la force de supporter.

L'oncle Giraud n'en pensait pas si long. Il ne songeait qu'à égayer sa nièce et à lui rendre la vie agréable. Malheureusement ce n'était pas facile. Camille s'était laissé emmener sans résistance, mais elle ne voulait prendre part à aucun des plaisirs que le bonhomme tâchait de lui proposer. Ni promenades, ni fêtes, ni spectacles, ne pouvaient la tenter; pour toute réponse, elle montrait sa robe noire.

Le vieux maître-maçon était obstiné. Il avait loué, comme on l'a vu, un appartement garni dans une auberge des Messageries, la première qu'un commissionnaire de la rue lui avait indiquée, ne comptant y rester qu'un mois ou deux. Il y était avec Camille depuis près d'un an. Pendant un an, Camille s'était refusée à toutes ses propositions de partie de plaisir, et, comme il était en même temps aussi bon et aussi patient qu'entêté, il attendait depuis un an sans se plaindre. Il aimait cette pauvre fille de toute son âme, sans qu'il en sût lui-même la cause, par un de ces charmes inexplicables qui attachent la bonté au malheur.

— Mais enfin, je ne sais pas, disait-il, tout en achevant sa bouteille, ce qui peut t'empêcher de venir à l'Opéra avec moi. Cela coûte fort cher ; j'ai le billet dans ma poche ; voilà ton deuil fini d'hier ; tu as là deux robes neuves ; d'ailleurs tu n'as qu'à mettre ton capuchon, et...

Il s'interrompit : — Diable ! dit-il, tu n'entends rien, je n'y avais pas pensé. Mais qu'importe ? ce n'est pas nécessaire dans ces endroits-là. Tu n'entends pas ; moi, je n'écoute pas. Nous regarderons danser, voilà tout.

Ainsi parlait le bon oncle, qui ne pouvait jamais songer, quand il avait quelque chose d'intéressant à dire, que sa nièce ne pouvait l'entendre ni lui répondre. Il causait avec elle malgré lui. D'une autre part, quand il essayait de s'exprimer par signes, c'était encore pis ; elle le comprenait encore moins. Aussi avait-il adopté l'habitude de lui parler comme à tout le monde, en gesticulant, il est vrai, de toutes ses forces ; Camille s'était faite à cette pantomime parlante, et trouvait moyen d'y répondre à sa façon.

Le deuil de Camille venait de finir en effet, comme le disait le bonhomme. Il avait fait faire deux belles robes à sa nièce, et les lui présentait d'un air à la fois si tendre et si suppliant, qu'elle lui sauta au cou pour le remercier, puis elle se rassit avec la tristesse calme qu'on lui voyait toujours.

— Mais ce n'est pas tout, dit l'oncle, il faut les mettre, ces belles robes. Elles sont faites pour cela, ces robes; elles sont jolies, ces robes. — Et tout en parlant, il se promenait par la chambre en faisant danser les robes comme des marionnettes.

Camille avait assez pleuré pour qu'un moment de joie lui fût permis. Pour la première fois depuis la mort de sa mère, elle se leva, se plaça devant son miroir, prit une des deux robes que son oncle lui montrait, le regarda tendrement, lui tendit la main, et fit un petit signe de tête pour dire : Oui.

A ce signe, le bonhomme Giraud se mit à sauter comme un enfant, avec ses gros souliers. Il triomphait; l'heure était enfin venue où il accomplissait son dessein ; Camille allait se parer, sortir avec lui, venir à l'Opéra, voir le monde; il ne se tenait pas d'aise à cette pensée, et il embrassait sa nièce coup sur coup, tout en criant après la femme de chambre, les domestiques, tous les gens de la maison.

La toilette achevée, Camille était si belle, qu'elle sembla le reconnaître elle-même, et sourit à sa propre image. — La voiture est en bas, dit l'oncle Giraud, tâchant d'imiter avec ses bras le geste d'un cocher qui fouette ses chevaux, et avec sa bouche le bruit d'un carrosse. — Camille sourit de nouveau, prit la robe de deuil qu'elle venait de quitter, la plia avec soin, la baisa, la mit dans l'armoire, et partit.

VII

Si l'oncle Giraud n'était pas élégant de sa personne, il se piquait du moins de bien faire les choses. Peu lui importait que ses habits, toujours tout neufs et beaucoup trop larges, parce qu'il ne voulait pas être gêné, l'enveloppassent comme bon leur semblait, que ses bas drapés fussent mal tirés, et que sa perruque lui tombât sur les yeux. Mais quand il se mêlait de régaler les autres, il prenait d'abord ce qu'il y avait de plus cher et de meilleur. Aussi avait-il retenu ce soir-là, pour lui et pour Camille, une bonne loge découverte, bien en évidence, afin que sa nièce pût être vue de tout le monde.

Aux premiers regards que Camille jeta sur le théâtre et dans la salle, elle fut éblouie ; cela ne pouvait manquer : une jeune fille à peine âgée de seize ans, élevée au fond d'une campagne, et se trouvant tout à coup transportée au milieu du séjour du luxe, des arts et du plaisir, devait presque croire qu'elle rêvait. On jouait un ballet ; Camille suivait avec curiosité les attitudes, les gestes et les pas des acteurs ; elle comprenait que c'était une pantomime, et, comme elle devait s'y connaître, elle cherchait à s'en expliquer le sens. A tout moment, elle se retournait vers son oncle d'un air stupéfait, comme pour le consulter ; mais il n'y comprenait guère plus qu'elle. Elle voyait des bergers en bas de soie offrant des fleurs à leurs bergères, des amours voltigeant au bout d'une corde, des dieux assis sur des nuages. Les décorations, les lumières, le lustre surtout, dont l'éclat la charmait, les parures des femmes, les broderies, les plumes, toute cette pompe d'un spectacle inconnu pour elle, la jetait dans un doux étonnement.

De son côté, elle devint bientôt elle-même l'objet d'une curiosité presque générale; sa parure était simple, mais du meilleur goût. Seule, en grande loge, à côté d'un homme aussi peu musqué que l'était l'oncle Giraud, belle comme un astre et fraîche comme une rose, avec ses grands yeux noirs et son air naïf, elle devait nécessairement attirer les regards. Les hommes commencèrent à se la montrer, les femmes à l'observer; les marquis s'approchèrent, et les compliments les plus flatteurs, faits à haute voix, à la mode du temps, furent adressés à la nouvelle venue; par malheur, l'oncle Giraud seul recueillait ces hommages, qu'il savourait avec délices.

Cependant Camille, peu à peu, reprit d'abord son air tranquille, puis un mouvement de tristesse la saisit. Elle sentit combien il était cruel d'être isolée au milieu de cette foule. Ces gens qui causaient dans leurs loges, ces musiciens dont les instruments réglaient la mesure des pas des acteurs, ce vaste échange de pensées entre le théâtre et la salle, tout cela, pour ainsi dire, la repoussa en elle-même : « Nous parlons et tu ne parles pas, semblait lui dire tout ce monde; nous écoutons, nous rions, nous chantons, nous nous aimons, nous jouissons de tout; toi seule ne jouis de rien, toi seule n'entends rien, toi seule n'es ici qu'une statue, le simulacre d'un être qui ne fait qu'assister à la vie. »

Camille ferma les yeux pour se délivrer de ce spectacle; elle se souvint de ce bal d'enfant où elle avait vu danser ses compagnes, et où elle était restée près de sa mère. Elle revint par la pensée à la maison natale, à son enfance si malheureuse, à ses longues souffrances, à ses larmes secrètes, à la mort de sa mère, enfin, à ce deuil qu'elle venait de quitter, et qu'elle résolut de reprendre en rentrant. Puisqu'elle était à jamais condamnée, il lui sembla qu'il valait mieux pour elle ne jamais tenter de moins souffrir. Elle sentit plus amèrement qu'elle ne l'avait encore fait que tout effort de sa part pour résister à la malédiction céleste était inutile. Remplie de cette pensée, elle ne put retenir quelques pleurs que l'oncle Giraud vit couler; il cherchait à en deviner la cause, lorsqu'elle lui fit signe qu'elle voulait partir. Le bonhomme, surpris et inquiet, hésitait et ne savait que faire; Camille se leva, et lui montra la porte de la loge, afin qu'il lui donnât son mantelet.

En ce moment, elle aperçut au-dessous d'elle, à la galerie, un jeune homme de bonne mine, très-richement vêtu, qui tenait à la main un morceau d'ardoise, sur lequel il traçait des lettres et des figures avec un petit crayon blanc. Il montrait ensuite cette ardoise à son voisin, plus âgé que lui; celui-ci paraissait le comprendre aussitôt, et lui répondait de la même manière avec une très-grande promptitude. Tous deux échangeaient en même temps, en ouvrant ou fermant les doigts, certains signes qui semblaient leur servir à se mieux communiquer leurs idées.

Camille ne comprit rien, ni à ces dessins qu'elle distinguait à peine, ni à ces signes qu'elle ne connaissait pas; mais elle avait remarqué, du premier coup d'œil, que ce jeune homme ne remuait pas les lèvres; — prête à sortir, elle s'arrêta. Elle voyait qu'il parlait un langage qui n'était celui de personne, et qu'il trouvait moyen de s'exprimer sans ce fatal mouvement de la parole, si incompréhensible pour elle, et qui faisait le tourment de sa pensée. Quel que fût ce langage étrange, une surprise extrême, un désir invincible d'en voir davantage, lui firent reprendre la place qu'elle venait de quitter; elle se pencha au bord de la loge, et observa attentivement ce que faisait cet inconnu. Le voyant de nouveau écrire sur l'ardoise et la présenter à son voisin, elle fit un mouvement involontaire comme pour la saisir au passage. A ce mouvement, le jeune homme se retourna et regarda Camille à son tour. A peine leurs yeux se furent-ils rencontrés, qu'ils restèrent tous deux d'abord immobiles et indécis, comme s'ils eussent cherché à se reconnaître; puis, en un instant, ils se devinèrent, et se dirent d'un regard : Nous sommes muets tous deux.

L'oncle Giraud apportait à sa nièce son mantelet,

sa canne et son loup, mais elle ne voulut plus s'en aller. Elle avait repris sa chaise, et resta accoudée sur la balustrade.

L'abbé de l'Épée venait alors de commencer à se faire connaître.

Faisant une visite à une dame, dans la rue des Fossés-Saint-Victor, touché de pitié pour deux sourdes-muettes qu'il avait vues, par hasard, travailler à l'aiguille, la charité qui remplissait son âme s'était éveillée tout à coup, et opérait déjà des prodiges. Dans la pantomime informe de ces êtres misérables et méprisés, il avait trouvé les germes d'une langue féconde, qu'il croyait pouvoir devenir universelle, plus vraie, en tout cas, que celle de Leibnitz. Comme la plupart des hommes de génie, il avait peut-être dépassé son but, le voyant trop grand. Mais c'était déjà beaucoup d'en voir la grandeur. Quelle que pût être l'ambition de sa bonté, il apprenait aux sourds-muets à lire et à écrire. Il les replaçait au nombre des hommes. Seul et sans aide, par sa propre force, il avait entrepris de faire une famille de ces malheureux, et il se préparait à sacrifier à ce projet sa vie et sa fortune, en attendant que le Roi jetât les yeux sur eux.

Le jeune homme assis près de la loge de Camille était un des élèves formés par l'abbé. Né gentilhomme et d'une ancienne maison, doué d'une vive intelligence, mais frappé de la *demi-mort*, comme on disait alors, il avait reçu, l'un des premiers, la même éducation à peu près que le célèbre comte de Solar, avec cette différence qu'il était riche, et qu'il ne courait pas le risque de mourir de faim, faute d'une pension du duc de Penthièvre. Indépendamment des leçons de l'abbé, on lui avait donné un gouverneur, qui, étant une personne laïque, pouvait l'accompagner partout, chargé, bien entendu, de veiller sur ses actions et de diriger ses pensées (c'était le voisin qui lisait sur l'ardoise). Le jeune homme profitait, avec grand soin et grande application, de ces études journalières qui exerçaient son esprit sur toute chose, à la lecture comme au manége, à l'Opéra comme à la messe; cependant un peu de fierté native et une indépendance de caractère très-prononcée, luttaient en lui contre cette application pénible. Il ne savait rien des maux qui auraient pu l'atteindre, s'il fût né dans une classe inférieure ou seulement, comme Camille, dans un autre lieu qu'à Paris. L'une des premières choses qu'on lui avait apprises, lorsqu'il avait commencé à épeler, avait été le nom de son père, le marquis de Maubray. Il savait donc qu'il était, à la fois, différent des autres hommes par le privilége de la naissance, et par une disgrâce de la nature. L'orgueil et l'humiliation se disputaient ainsi un noble esprit, qui, par bonheur, ou peut-être par nécessité, n'en était pas moins resté simple.

Ce marquis, sourd-muet, observant et comprenant les autres, aussi fier qu'eux tous, et qui avait aussi, auprès de son gouverneur, sur les grands parquets de Versailles, traîné ses talons rouges à fleur de terre, selon l'usage, était lorgné par plus d'une jolie femme, mais il ne quittait pas des yeux Camille; de son côté, elle le voyait très-bien, sans le regarder davantage. L'opéra fini, elle prit le bras de son oncle, et, n'osant pas se retourner, rentra pensive.

VIII

Il va sans dire que ni Camille ni l'oncle Giraud ne savaient seulement le nom de l'abbé de l'Epée; encore moins se doutaient-ils de la découverte d'une science nouvelle qui faisait parler les muets. Le chevalier aurait pu connaître cette découverte; sa femme l'eût certainement connue, si elle eût vécu; mais Chardonneux était loin de Paris; le chevalier ne recevait pas la gazette, ou, s'il la recevait, ne la lisait pas. Ainsi quelques lieues de distance, un peu de paresse ou la mort, peuvent produire le même résultat.

Revenue au logis, Camille n'avait plus qu'une idée: ce que ses gestes et ses regards pouvaient dire, elle l'employa pour expliquer à son oncle qu'il lui fallait, avant tout, une ardoise et un crayon. Le bonhomme Giraud ne fut point embarrassé par cette demande, bien qu'elle lui fût adressée un peu tard, car il était temps de souper; il courut à sa chambre, et, persuadé qu'il avait bien compris, il rapporta en triomphe à sa nièce une petite planche et un morceau de craie, reliques précieuses de son ancien amour pour la bâtisse et la charpente.

Camille n'eut pas l'air de se plaindre de voir son désir rempli de cette façon; elle prit la planchette sur ses genoux, et fit asseoir son oncle à côté d'elle; puis elle lui fit prendre la craie, et lui saisit la main comme pour le guider, en même temps que ses regards inquiets s'apprêtaient à suivre ses moindres mouvements.

L'oncle Giraud comprenait bien qu'elle lui demandait d'écrire quelque chose, mais quoi? Il l'ignorait. « Est-ce le nom de ta mère? Est-ce le mien? Est-ce le tien? » Et pour se faire comprendre, il frappa du bout du doigt, le plus doucement qu'il put, sur le cœur de la jeune fille. Elle inclina aussitôt la tête; le bonhomme crut qu'il avait deviné; il écrivit donc en grosses lettres le nom de Camille; après quoi, satisfait de lui-même et de la manière dont il avait passé sa soirée, le souper étant prêt, il se mit à table sans attendre sa nièce, qui n'était pas de force à lui tenir tête.

Camille ne se retirait jamais que son oncle n'eût achevé sa bouteille; elle le regarda prendre son repas, lui souhaita le bonsoir, puis rentra chez elle, tenant sa petite planche entre ses bras.

Aussitôt son verrou tiré, elle se mit à son tour à écrire. Débarrassée de sa coiffure et de ses paniers, elle commença à copier, avec un soin et une peine infinie, le mot que son oncle venait de tracer, et à barbouiller de blanc une grande table qui était au milieu de la chambre. Après plus d'un essai et plus d'une rature, elle parvint assez bien à reproduire les lettres qu'elle avait devant les yeux. Lorsque ce fut fait, et que, pour s'assurer de l'exactitude de sa copie, elle eut compté une à une les lettres qui lui avaient servi de modèle, elle se promena autour de la table, le cœur palpitant d'aise, comme si elle eût remporté une victoire. Ce mot de *Camille* qu'elle venait d'écrire lui paraissait admirable à voir, et devait certainement, à son sens, exprimer les plus belles choses du monde. Dans ce mot seul, il lui semblait voir une multitude de pensées, toutes plus douces, plus mystérieuses, plus charmantes les unes que les autres. Elle était loin de croire que ce n'était que son nom.

On était au mois de juillet, l'air était pur et la nuit superbe. Camille avait ouvert sa fenêtre; elle s'y arrêtait de temps en temps, et là, rêvant, les cheveux dénoués, les bras croisés, les yeux brillants, belle de cette pâleur que la clarté des nuits donne aux femmes, elle regardait l'une des plus tristes perspectives qu'on puisse avoir devant les yeux : l'étroite cour d'une longue maison où se trouvait logée une entreprise de diligences. Dans cette cour, froide, humide et malsaine, jamais un rayon de soleil n'avait pénétré ; la hauteur des étages, entassés l'un sur l'autre, défendait contre la lumière cette espèce de cave. Quatre ou cinq grosses voitures, serrées sous un hangar, présentaient leurs timons à qui voulait entrer. Deux ou trois autres, laissées dans la cour, faute de place, semblaient attendre les chevaux, dont le piétinement dans l'écurie demandait l'avoine du soir au matin. Au-dessus d'une porte strictement fermée dès minuit pour les locataires, mais toujours prête à s'ouvrir avec bruit à toute heure au claquement du fouet d'un cocher, s'élevaient d'énormes murailles, garnies d'une cinquantaine de croisées, où jamais, passé dix heures, une chandelle ne brillait, à moins de circonstances extraordinaires.

Camille allait quitter sa fenêtre, quand tout à coup, dans l'ombre que projetait une lourde diligence, il lui sembla voir passer une forme humaine, revêtue d'un habit brillant, et se promenant à pas lents. Le frisson de la peur saisit d'abord Camille sans qu'elle sût pourquoi, car son oncle était là, et la surveillance du bonhomme se révélait par son bruyant sommeil; quelle apparence d'ailleurs qu'un voleur ou un assassin vînt se promener dans cette cour en pareil costume?

L'homme y était pourtant, et Camille le voyait. Il marchait derrière la voiture, regardant la fenêtre où elle se tenait. Après quelques instants, Camille sentit revenir son courage; elle prit sa lumière, et avançant le bras hors de la croisée, éclaira subitement la cour; en même temps elle y jeta un regard à demi effrayé, à demi menaçant. L'ombre de la voiture s'étant effacée, le marquis de Maubray, car c'était lui, vit qu'il était complétement découvert, et, pour toute réponse, posa un genou en terre, joignant ses mains en regardant Camille, dans l'attitude du plus profond respect.

Ils restèrent quelques instants ainsi, Camille à la fenêtre, tenant sa lumière, le marquis à genoux devant elle. Si Roméo et Juliette, qui ne s'étaient vus qu'un soir dans un bal masqué, ont échangé dès la première fois tant de serments, fidèlement tenus, que l'on songe à ce que purent être les premiers gestes et les premiers regards de deux amants qui ne pouvaient se dire que par la pensée ces mêmes choses, éternelles devant Dieu, et que le génie de Shakspeare a immortalisées sur la terre.

Il est certain qu'il est ridicule de monter sur deux ou trois marchepieds pour grimper sur l'impériale d'une voiture, en s'arrêtant à chaque effort qu'on est obligé de faire, pour savoir si l'on doit continuer. Il est vrai qu'un homme en bas de soie et en veste brodée risque d'avoir mauvaise grâce lorsqu'il s'agit de sauter de cette impériale sur le rebord d'une croisée. Tout cela est incontestable, à moins qu'on n'aime.

Lorsque le marquis de Maubray fut dans la chambre de Camille, il commença par lui faire un salut aussi cérémonieux que s'il l'eût rencontrée aux Tuileries. S'il avait su parler, peut-être lui eût-il raconté comme quoi il avait échappé à la vigilance de son gouverneur, pour venir, au moyen de quelque argent donné à un laquais, passer la nuit sous sa fenêtre; comme quoi il l'avait suivie lorsqu'elle avait quitté l'Opéra ; comment un regard d'elle avait changé sa vie entière;

comment enfin il n'aimait qu'elle au monde, et n'ambitionnait d'autre bonheur que de lui offrir sa main et sa fortune. Tout cela était écrit sur ses lèvres; mais la révérence de Camille, en lui rendant son salut, lui fit comprendre combien un tel récit eût été inutile et qu'il lui importait peu de savoir comment il avait fait pour venir chez elle, dès l'instant qu'il y était venu.

M. de Maubray, malgré l'espèce d'audace dont il avait fait preuve pour parvenir jusqu'à celle qu'il aimait, était, nous l'avons dit, simple et réservé. Après avoir salué Camille, il cherchait vainement de quelle façon lui demander si elle voulait de lui pour époux; elle ne comprenait rien à ce qu'il tâchait de lui expliquer. Il vit sur la table la planchette où était écrit le nom de *Camille*. Il prit le morceau de craie, et, à côté de ce nom, il écrivit le sien : *Pierre*.

— Qu'est-ce que tout cela veut dire? cria une grosse voix de basse-taille; qu'est-ce que c'est que des rendez-vous pareils? Par où vous êtes-vous introduit ici, monsieur? Que venez-vous faire dans cette maison?

C'était l'oncle Giraud qui parlait ainsi, entrant en robe de chambre, d'un air furieux.

— Voilà une belle chose! continua-t-il. Dieu sait que je dormais, et que, du moins, si vous avez fait du bruit, ce n'est pas avec votre langue. Qu'est-ce que c est que des êtres pareils, qui ne trouvent rien de plus simple que de tout escalader? Quelle est votre intention? Abîmer une voiture, briser tout, faire du dégât, et après cela, quoi? Déshonorer une famille! Jeter l'opprobre et l'infamie sur d'honnêtes gens...

Celui-là, non plus, ne m'entend pas encore, s'écria l'oncle Giraud désolé. Mais le marquis prit un crayon, un morceau de papier, et écrivit cette espèce de lettre: « J'aime mademoiselle Camille, je veux l'épouser, j'ai vingt mille livres de rente. Voulez-vous me la donner? » — Il n'y a que les gens qui ne parlent pas, dit l'oncle Giraud, pour mener les affaires aussi vite.

— Mais dites donc, s'écria-t-il après quelques moments de réflexion, je ne suis pas son père, je ne suis que l'oncle. Il faut demander la permission au papa.

IX

Ce n'était pas une chose facile que d'obtenir du chevalier son consentement à un pareil mariage, non qu'il ne fût disposé, comme on l'a vu, à faire tout ce qui était possible pour rendre sa fille moins malheureuse; mais il y avait dans la circonstance présente une difficulté presque insurmontable. Il s'agissait d'unir une femme, atteinte d'une horrible infirmité, à un homme frappé de la même disgrâce, et, si une telle union devait avoir des fruits, il était probable qu'elle ne ferait que mettre quelque infortuné de plus au monde.

Le chevalier, retiré dans sa terre, toujours en proie

au plus noir chagrin, continuait de vivre dans la solitude. Madame des Arcis avait été enterrée dans le parc; quelques saules pleureurs entouraient sa tombe, et annonçaient de loin aux passants la modeste place où elle reposait. C'était vers ce lieu que le chevalier dirigeait tous les jours ses promenades. Là, il passait de longues heures, dévoré de regrets et de tristesse, et se livrant à tous les souvenirs qui pouvaient nourrir sa douleur.

Ce fut là que l'oncle Giraud vint le trouver tout à coup un matin. Dès le lendemain du jour où il avait surpris les deux amants ensemble, le bonhomme avait quitté Paris avec sa nièce, avait ramené Camille au Mans, et l'avait laissée dans sa propre maison, pour y attendre le résultat de la démarche qu'il allait faire.

Pierre, averti de ce voyage, avait promis d'être fidèle et de rester prêt à tenir sa parole. Orphelin dès longtemps, maître de sa fortune, n'ayant besoin que de prendre l'avis du tuteur, sa volonté n'avait à craindre aucun obstacle. Le bonhomme, de son côté, voulait bien servir de médiateur et tâcher de marier les deux jeunes gens, mais il n'entendait pas que cette première entrevue, qui lui semblait passablement étrange, pût se renouveler autrement qu'avec la permission du père et du notaire.

Aux premiers mots de l'oncle Giraud, le chevalier montra, comme on pense, le plus grand étonnement. Lorsque le bonhomme commença à lui raconter cette rencontre à l'Opéra, cette scène bizarre et cette proposition plus singulière encore, il eut peine à concevoir qu'un tel roman fût possible. Forcé cependant de reconnaître qu'on lui parlait sérieusement, les objections auxquelles on s'attendait se présentèrent aussitôt à son esprit.

— Que voulez-vous? dit-il à Giraud. Unir deux êtres également malheureux? N'est-ce pas assez d'avoir dans notre famille cette pauvre créature dont je suis le père? Faut-il encore augmenter notre malheur en lui donnant un mari semblable à elle? Suis-je destiné à me voir entouré d'êtres réprouvés du monde, objets de mépris et de pitié? Dois-je passer ma vie avec des muets, vieillir au milieu de leur affreux silence, avoir les yeux fermés par leurs mains? Mon nom, dont je ne tire pas vanité, Dieu le sait, mais qui, enfin, est celui de mon père, dois-je le laisser à des infortunés qui ne pourront ni le signer ni le prononcer?

— Non pas le prononcer, dit Giraud, mais le signer, c'est autre chose.

— Le signer! s'écria le chevalier. Êtes-vous privé de raison?

— Je sais ce que je dis, et ce jeune homme sait écrire, répliqua l'oncle. Je vous témoigne et vous certifie qu'il écrit même fort bien et très-couramment, comme sa proposition, que j'ai dans ma poche et qui est fort honnête, en fait foi.

Le bonhomme montra en même temps au chevalier le papier sur lequel le marquis de Maubray avait tracé le peu de mots qui exposaient, d'une manière laconique, il est vrai, mais claire, l'objet de sa demande.

— Que signifie cela? dit le père. Depuis quand les sourds-muets tiennent-ils la plume? Quel conte me faites-vous, Giraud?

— Ma foi, dit Giraud, je ne sais ce qui en est, ni comment pareille chose peut se faire. La vérité est que mon intention était tout bonnement de distraire Camille, et de voir un peu aussi, avec elle, ce que c'est que les pirouettes. Ce petit marquis s'est trouvé être là, et il est certain qu'il avait une ardoise et un crayon, dont il se servait très-lestement. J'avais toujours cru, comme vous, que lorsqu'on était muet, c'était pour ne rien dire; mais pas du tout. Il paraît qu'aujourd'hui on a fait une découverte au moyen de laquelle tout ce monde-là se comprend et fait très-bien la conversation. On dit que c'est un abbé, dont je ne sais plus le nom, qui a inventé ce moyen-là. Quant à moi, vous comprenez bien qu'une ardoise ne m'a jamais paru bonne qu'à mettre sur un toit; mais ces Parisiens sont si fins!

— Est-ce sérieux, ce que vous dites?

— Très-sérieux. Ce petit marquis est riche, joli garçon; c'est un gentilhomme et un galant homme; je réponds de lui. Songez, je vous en prie, à une chose; que ferez-vous de cette pauvre Camille? Elle ne parle pas, c'est vrai, mais ce n'est pas sa faute. Que voulez-vous qu'elle devienne? Elle ne peut pas toujours rester fille. Voilà un homme qui l'aime; cet homme-là, si vous la lui donnez, ne se dégoûtera jamais d'elle à cause du défaut qu'elle a au bout de la langue; il sait ce qui en est par lui-même. Ils se comprennent, ces enfants, ils s'entendent, sans avoir besoin de crier pour cela. Le petit marquis sait lire et écrire; Camille apprendra à en faire autant; cela ne lui sera pas plus difficile qu'à l'autre. Vous sentez bien que, si je vous proposais de marier votre fille à un aveugle, vous auriez le droit de me rire au nez; mais je vous propose un sourd-muet, c'est raisonnable. Vous voyez que, depuis seize ans que vous avez cette petite-là, vous ne vous en êtes jamais bien consolé. Comment voulez-vous qu'un homme, fait comme tout le monde, s'en arrange, si vous, qui êtes son père, vous ne pouvez pas en prendre votre parti?

Tandis que l'oncle parlait, le chevalier jetait de temps en temps un regard du côté du tombeau de sa femme, et semblait réfléchir profondément:

— Rendre à ma fille l'usage de la pensée! dit-il après un long silence; Dieu le permettrait-il? est-ce possible?

En ce moment, le curé d'un village voisin entrait dans le jardin, venant dîner au château. Le chevalier le salua d'un air distrait, puis, sortant tout à coup de sa rêverie:

— L'abbé, lui demanda-t-il, vous savez quelquefois les nouvelles, et vous recevez les papiers. Avez-vous entendu parler d'un prêtre qui a entrepris l'éducation des sourds-muets?

Malheureusement, le personnage auquel cette question s'adressait était un véritable curé de campagne de ce temps-là, homme simple et bon, mais fort ignorant, et partageant tous les préjugés d'un siécle où il y en avait tant, et de si funestes.

— Je ne sais ce que Monseigneur veut dire, répondit-il (traitant le chevalier en seigneur de village), à moins qu'il ne soit question de l'abbé de l'Épée.

— Précisément, dit l'oncle Giraud. C'est le nom qu'on m'a dit; je ne m'en souvenais plus.

— Eh bien! dit le chevalier, que faut-il en croire?

— Je ne saurais, répliqua le curé, parler avec trop de circonspection d'une matière sur laquelle je ne puis me donner encore pour complétement édifié. Mais je suis fondé à croire, d'aprés le peu de renseignements qu'il m'a été loisible de recueillir à ce sujet, que ce monsieur de l'Épée, qui paraît être, d'ailleurs, une personne tout à fait vénérable, n'a point atteint le but qu'il s'était proposé.

— Qu'entendez-vous par là? dit l'oncle Giraud.

— J'entends, dit le prêtre, que l'intention la plus pure peut quelquefois faillir par le résultat. Il est hors de doute, d'après ce que j'ai pu en apprendre, que les plus louables efforts ont été faits; mais j'ai tout lieu de croire que la prétention d'apprendre à lire aux sourds-muets, comme le dit Monseigneur, est tout à fait chimérique.

— Je l'ai vu de mes yeux, dit Giraud; j'ai vu un sourd-muet qui écrit.

— Je suis bien éloigné, répliqua le curé, de vouloir vous contredire en aucune façon ; mais des personnes savantes et distinguées, parmi lesquelles je pourrais même citer des docteurs de la Faculté de Paris, m'ont assuré d'une manière péremptoire que la chose était impossible.

— Une chose qu'on voit ne peut pas être impossible, reprit le bonhomme impatienté. J'ai fait cinquante lieues avec un billet dans ma poche, pour le montrer au chevalier ; le voilà, c'est clair comme le jour.

En parlant ainsi, le vieux maître-maçon avait de nouveau tiré son papier, et l'avait mis sous les yeux du curé. Celui-ci, à demi étonné, à demi piqué, examina le billet, le retourna, le lut plusieurs fois à haute voix, et le rendit à l'oncle, ne sachant trop quoi dire.

Le chevalier avait semblé étranger à la discussion ; il continuait de marcher en silence, et son incertitude croissait d'instant en instant.

— Si Giraud a raison, pensait-il, et si je refuse, je manque à mon devoir ; c'est presque un crime que je commets. Une occasion se présente où cette pauvre fille, à qui je n'ai donné que l'apparence de la vie, trouve une main qui recherche la sienne dans les ténèbres où elle est plongée. Sans sortir de cette nuit qui l'enveloppe pour toujours, elle peut rêver qu'elle est heureuse. De quel droit l'en empêcherais-je ? Que dirait sa mère, si elle était là ?...

Les regards du chevalier se reportèrent encore une fois vers le tombeau, puis il prit le bras de l'oncle Giraud, fit quelques pas à l'écart avec lui, et lui dit à voix basse : Faites ce que vous voudrez.

— A la bonne heure, dit l'oncle, je vais la chercher, je vous l'amène, elle est chez moi, nous revenons ensemble, ce sera fait dans un instant.

— Jamais! répondit le père. Tâchons ensemble qu'elle soit heureuse; mais la revoir, je ne le peux pas.

Pierre et Camille furent mariés à Paris, à l'église des Petits-Pères. Le gouverneur et l'oncle furent les seuls témoins. Lorsque le prêtre officiant leur adressa les formules d'usage, Pierre, qui en avait assez appris pour savoir à quel moment il fallait s'incliner en signe d'assentiment, s'acquitta assez bien d'un rôle qui était pourtant difficile à remplir. Camille n'essaya de rien deviner ni de rien comprendre; elle regarda son mari, et baissa la tête comme lui.

Ils n'avaient fait que se voir et s'aimer, et c'est assez, pourrait-on dire. Lorsqu'ils sortirent de l'église, en se tenant la main pour toujours, c'est tout au plus s'ils se connaissaient. Le marquis avait une assez grande maison. Camille, après la messe, monta dans un brillant équipage qu'elle regardait avec une curiosité enfantine. L'hôtel dans lequel on la ramena ne lui fut pas un moindre sujet d'étonnement. Ces appartements, ces chevaux, ces gens, qui allaient être à elle, lui semblaient une merveille. Il était convenu du reste, que ce mariage se ferait sans bruit ; un souper fort simple fut toute la fête.

X

Camille devint mère. Un jour que le chevalier faisait sa triste promenade au fond du parc, un domestique lui apporta une lettre écrite d'une main qui lui était inconnue, et où se trouvait un singulier mélange de distinction et d'ignorance. Elle venait de Camille et renfermait ce qui suit :

« O mon père ! je parle, non pas avec ma bouche, mais avec ma main. Mes pauvres lèvres sont toujours fermées, et cependant je sais parler. Celui qui est mon maître m'a appris à pouvoir vous écrire. Il m'a fait enseigner comme pour lui, par la même personne qui l'avait élevé, car vous savez qu'il est resté comme moi très-longtemps. J'ai eu beaucoup de peine à apprendre. Ce qu'on enseigne d'abord, c'est de parler avec les doigts, ensuite on apprend des figures écrites. Il y en a de toutes sortes, qui expriment la peur, la colère, et tout en général. On est très-long à connaître tout, et encore plus à mettre des mots, à cause des figures qui ne sont pas la même chose, mais enfin on en vient à bout, comme vous voyez. L'abbé de l'Épée est un homme très-bon et très-doux, de même que le père Vanin de la Doctrine Chrétienne.

« J'ai un enfant qui est très-beau ; je n'osais pas vous en parler avant de savoir s'il sera comme nous.

Mais je n'ai pu résister au plaisir que j'ai à vous écrire, malgré notre peine, car vous pensez bien que mon mari et moi nous sommes très-inquiets, surtout parce que nous ne pouvons pas entendre. La bonne peut bien entendre, mais nous avons peur qu'elle ne se trompe; ainsi nous attendons avec une grande impatience de voir s'il ouvrira les lèvres et s'il les remuera avec le bruit des entendants-parlants. Vous pensez bien que nous avons consulté des médecins pour savoir s'il est possible que l'enfant de deux personnes aussi malheureuses que nous ne soit pas muet aussi, et ils nous ont bien dit que cela se pouvait; mais nous n'osons pas le croire.

« Jugez avec quelle crainte nous regardons ce pauvre enfant depuis longtemps, et comme nous sommes embarrassés lorsqu'il ouvre ses petites lèvres et que nous ne pouvons pas savoir si elles font du bruit. Soyez sûr, mon père, que je pense bien à ma mère, car elle a dû s'inquiéter comme moi. Vous l'avez bien aimée, comme moi aussi j'aime mon enfant; mais je n'ai été pour vous qu'un sujet de chagrin. Maintenant que je sais lire et écrire, je comprends combien ma mère a dû souffrir.

« Si vous étiez tout à fait bon pour moi, cher père, vous viendriez nous voir à Paris; ce serait un sujet de joie et de reconnaissance pour votre fille respectueuse.

« CAMILLE. »

Après avoir lu cette lettre, le chevalier hésita long temps. Il avait eu d'abord peine à s'en fier à ses yeux, et à croire que c'était Camille elle-même qui lui avait écrit : mais il fallait se rendre à l'évidence. Qu'allait-il faire? S'il cédait à sa fille, et s'il allait en effet à Paris, il s'exposait à retrouver, dans une douleur nouvelle, tous les souvenirs d'une ancienne douleur. Un enfant qu'il ne connaissait pas, il est vrai, mais qui n'en était pas moins le fils de sa fille, pouvait lui rendre les chagrins du passé. Camille pouvait lui rappeler Cécile, et cependant il ne pouvait s'empêcher en même temps de partager l'inquiétude de cette jeune mère attendant une parole de son enfant.

— Il faut y aller, dit l'oncle Giraud quand le chevalier le consulta. C'est moi qui ai fait ce mariage-là, et je le tiens pour bon et durable. Voulez-vous laisser votre sang dans la peine? N'en est-ce pas assez, soit dit sans reproche, d'avoir oublié votre femme au bal, moyennant quoi elle est tombée à l'eau? Oubliez-vous aussi cette petite? Pensez-vous que ce soit tout d'être triste? Vous l'êtes, j'en conviens, et même plus que de raison; mais croyez-vous qu'on n'ait pas autre chose à faire au monde? Elle vous demande de venir; partons. Je vais avec vous, et je n'ai qu'un regret, c'est qu'elle ne m'ait pas appelé aussi. Il n'est pas bien de sa part de n'avoir pas frappé à ma porte, moi qui lui ai toujours ouvert.

— Il a raison, pensait le chevalier. J'ai fait inutilement et cruellement souffrir la meilleure des femmes.

Je l'ai laissée mourir d'une mort affreuse, quand j'aurais dû l'en préserver. Si je dois en être puni aujourd'hui par le spectacle du malheur de ma fille, je ne saurais m'en plaindre; quelque pénible que soit pour moi ce spectacle, je dois m'y résoudre et m'y condamner. Ce châtiment m'est dû. Que la fille me punisse d'avoir abandonné la mère! J'irai à Paris, je verrai cet enfant. J'ai délaissé ce que j'aimais, je me suis éloigné du malheur; je veux prendre maintenant un amer plaisir à le contempler.

Dans un joli boudoir boisé, à l'entresol d'un bon hôtel situé dans le faubourg Saint-Germain, se tenaient la jeune femme et son mari, lorsque le père et l'oncle arrivèrent. Sur une table étaient des dessins, des livres, des gravures. Le mari lisait, la femme brodait, l'enfant jouait sur le tapis.

Le marquis s'était levé; Camille courut à son père, qui l'embrassa tendrement, et ne put retenir quelques larmes; mais les regards du chevalier se reportèrent aussitôt sur l'enfant. Malgré lui, l'horreur qu'il avait eue autrefois pour l'infirmité de Camille reprenait place dans son cœur, à la vue de cet être qui allait hériter de la malédiction qu'il lui avait léguée. Il recula lorsqu'on le lui présenta.

— Encore un muet! s'écria-t-il.

Camille prit son fils dans ses bras; sans entendre, elle avait compris. Soulevant doucement l'enfant devant le chevalier, elle posa son doigt sur ses petites lèvres, en les frottant un peu, comme pour l'inviter à parler. L'enfant se fit prier quelques minutes, puis prononça bien distinctement ces deux mots, que la mère lui avait fait apprendre d'avance : Bonjour, papa.

— Et vous voyez bien que Dieu pardonne tout, et toujours, dit l'oncle Giraud.

1847.

FIN DE PIERRE ET CAMILLE.

LE SECRET DE JAVOTTE

I

L'automne dernier, vers huit heures du soir, deux jeunes gens revenant de la chasse suivaient à cheval la route de Noisy, à quelque distance de Luzarches. Derrière eux marchait un piqueux menant les chiens. Le soleil se couchait et dorait au loin la belle forêt de Carenelle, où le feu duc de Bourbon aimait à chasser. Tandis que le plus jeune des deux cavaliers, âgé d'environ vingt-cinq ans, trottait gaiement sur sa monture, et s'amusait à sauter les haies, l'autre paraissait distrait et préoccupé. Tantôt il excitait son cheval et le frappait avec impatience, tantôt il s'arrêtait tout à coup et restait au pas en arrière, comme absorbé par ses pensées. A peine répondait-il aux joyeux discours de son compagnon, qui, de son côté, le raillait de son silence. En un mot, il semblait livré à cette rêverie bizarre, particulière aux savants et aux amoureux, qui sont rarement où ils paraissent être. Arrivé à un carrefour, il mit pied à terre, et, s'avançant au bord d'un fossé, il ramassa une petite branche de saule qui était enfoncée dans le sable assez profondément; il détacha une feuille de cette branche, et, sans qu'on l'aperçût, la glissa furtivement dans son sein; puis, remontant aussitôt à cheval :

— Pierre, dit-il au piqueux, prends le tournebride et va-t'en aux Clignets par le village; nous rentrerons, mon frère et moi, par la garenne; car je vois qu'aujourd'hui Gitana n'est pas sage; elle me ferait quelque sottise si nous rencontrions dans le chemin creux quelque troupeau de bestiaux rentrant à la ferme.

Le piqueux obéit et prit avec ses chiens un sentier tracé dans les roches. Voyant cela, le jeune Armand de Berville (ainsi se nommait le moins âgé des deux frères) partit d'un grand éclat de rire :

— Parbleu, dit-il, mon cher Tristan, tu es d'une prudence admirable ce soir. N'as-tu pas peur que Gitana ne soit dévorée par un mouton? Mais tu as beau faire; je parierais que, malgré toutes tes précau tions, cette pauvre bête, d'ordinaire si tranquille, va te jouer quelque mauvais tour d'ici à une demi-heure.

— Pourquoi cela? demanda Tristan d'un ton bref et presque irrité.

— Mais, apparemment, répondit Armand en se rapprochant de son frère, parce que nous allons passer devant l'avenue de Renonval, et que ta jument est sujette à caracoler quand elle voit la grille. Heureusement, ajouta-t-il en riant et de plus belle, que madame de Vernage est là, et que tu trouveras chez elle ton couvert mis, si Gitana te casse une jambe.

— Mauvaise langue, dit Tristan souriant à son tour un peu à contre-cœur, qu'est-ce qui pourra donc te déshabituer de tes méchantes plaisanteries?

— Je ne plaisante pas du tout, reprit Armand; et quel mal y a-t-il à cela? Elle a de l'esprit, cette marquise; elle aime le passe-poil, c'est de son âge. N'as-tu pas l'honneur d'être au service du roi dans le régiment des hussards noirs? Si, d'une autre part, elle aime aussi la chasse, et si elle trouve que ton cor fait bon effet au soleil sur ta veste rouge, est-ce que c'est un péché mortel?

— Écoute, écervelé, dit Tristan. Que tu badines ainsi entre nous, si cela te plaît, rien de mieux; mais pense sérieusement à ce que tu dis, quand il y a un tiers pour l'entendre. Madame de Vernage est l'amie de notre mère; sa maison est une des seules ressources que nous ayons dans le pays pour nous désennuyer de cette vie monotone qui t'amuse, toi, avocat sans causes, mais qui me tuerait si je la menais longtemps. La marquise est presque la seule femme parmi nos rares connaissances...

— La plus agréable, ajouta Armand.

— Tant que tu voudras. Tu n'es pas fâché, toi-même, d'aller à Renonval, lorsqu'on nous y invite.

Ce ne serait pas un trait d'esprit de notre part que de nous brouiller avec ces gens-là, et c'est ce que tes discours finiront par faire, si tu continues à jaser au hasard. Tu sais très-bien que je n'ai pas plus qu'un autre la prétention de plaire à madame de Vernage...

— Prends garde à Gitana ! s'écria Armand. Regarde comme elle dresse les oreilles ; je te dis qu'elle sent la marquise d'une lieue.

— Trêve de plaisanteries. Retiens ce que je te recommande, et tâche d'y penser sérieusement.

— Je pense, dit Armand, et très-sérieusement, que la marquise est très-bien en manches plates, et que le noir lui va à merveille.

— A quel propos cela ?

— A propos de manches. Est-ce que tu te figures qu'on ne voit rien dans ce monde ? L'autre jour, en causant dans le bateau, est-ce que je ne t'ai pas entendu très-clairement dire que le noir était ta couleur, et cette bonne marquise, sur ce renseignement, n'a-t-elle pas eu la grâce de monter dans sa chambre en rentrant, et de redescendre galamment avec la plus noire de toutes ses robes ?

— Qu'y a-t-il d'étonnant ? n'est-il pas tout simple de changer de toilette pour dîner ?

— Prends garde à Gitana, te dis-je ; elle est capable de s'emporter, et de te mener tout droit, malgré toi, à l'écurie de Renonval. Et la semaine dernière, à la fête, cette même marquise, toujours de noir vêtue, n'a-t-elle pas trouvé naturel de m'installer dans la grande calèche avec mon chien et M. le curé, pour grimper dans ton tilbury, au risque de montrer sa jambe?

— Qu'est-ce que cela prouve? il fallait bien que l'un de nous deux subît cette corvée.

— Oui, mais cet *un*, c'est toujours moi. Je ne m'en plains pas, je ne suis pas jaloux; mais pas plus tard qu'hier, au rendez-vous de chasse, n'a-t-elle pas imaginé de quitter sa voiture et de me prendre mon propre cheval, que je lui ai cédé avec un désintéressement admirable, pour qu'elle pût galoper dans les bois à côté de Monsieur l'officier? Plains-toi donc de moi, je suis ta providence; au lieu de te renfermer dans tes dénégations, tu me devrais, honnêtement parlant, ta confiance et tes secrets.

— Quelle confiance veux-tu qu'on ait dans un étourdi tel que toi, et quels secrets veux-tu que je te dise, s'il n'y a rien de vrai dans tes contes?

— Prends garde à Gitana, mon frère.

— Tu m'impatientes, avec ton refrain. Et quand il serait vrai que j'eusse fantaisie d'aller ce soir faire une visite à Renonval, qu'y aurait-il d'extraordinaire? Aurais-je besoin d'un prétexte pour te prier d'y venir avec moi ou de rentrer seul à la maison?

— Non, certainement; de même que si nous venions à rencontrer madame de Vernage se promenant devant son avenue, il n'y aurait non plus rien de surprenant. Le chemin que tu nous fais prendre est bien le plus long, il est vrai; mais qu'est-ce que c'est qu'un quart de lieue de plus ou de moins en comparaison de l'éternité? La marquise doit nous avoir entendus sonner du cor; il serait bien juste qu'elle prît le frais sur la route, en compagnie de son inévitable adorateur et voisin, M. de la Bretonnière.

— J'avoue, dit Tristan, bien aise de changer de texte, que ce M. de la Bretonnière m'ennuie cruellement. Semble-t-il concevable qu'une femme d'autant d'esprit que madame de Vernage se laisse accaparer par un sot, et traîne partout une pareille ombre?

— Il est certain, répondit Armand, que le personnage est lourd et indigeste. C'est un vrai hobereau, dans la force du terme, créé et mis au monde pour l'état de voisin. Voisiner est son lot; c'est même presque sa science, car il voisine comme personne ne le fait. Jamais je n'ai vu un homme mieux établi que lui hors de chez soi. Si on va dîner chez madame de Vernage, il est au bout de la table, au milieu des enfants. Il chuchote avec la gouvernante, il donne de la bouillie au petit; et remarque bien que ce n'est pas un pique-assiette ordinaire et classique, qui se croit obligé de rire si la maîtresse du logis dit un bon mot; il serait plutôt disposé, s'il osait, à tout blâmer et tout contrecarrer. S'il s'agit d'une partie de campagne, jamais il ne manquera de trouver que le baromètre est à variable. Si quelqu'un cite une anecdote, ou parle d'une curiosité, il a vu quelque chose de bien mieux; mais il ne daigne pas dire quoi, et se contente de hocher la tête avec une modestie à le souffleter. L'assommante créature ! je ne sais pas, en vérité, s'il est possible de causer un quart d'heure durant avec madame de Vernage, quand il est là, sans que sa tête inquiète et effarouchée ne vienne se placer entre elle et vous. Il n'est certes pas beau, il n'a pas d'esprit ; les trois quarts du temps il ne dit mot, et, par une faveur spéciale de la Providence, il trouve moyen, en se taisant, d'être plus ennuyeux qu'un bavard, rien que par la façon dont il regarde parler les autres. Mais que lui importe? Il ne vit pas, il assiste à la vie, et tâche de gêner, de décourager et d'impatienter les vivants. Avec tout cela, la marquise le supporte; elle a la charité de l'écouter, de l'encourager; je crois, ma foi, qu'elle l'aime, et qu'elle ne s'en débarrassera jamais.

— Qu'entends-tu par-là? demanda Tristan, un peu troublé à ce dernier mot. Crois-tu qu'on puisse aimer un personnage semblable ?

— Non pas d'amour, reprit Armand avec un air d'indifférence railleuse. Mais enfin ce pauvre homme n'est pas non plus un monstre. Il est garçon et fort à l'aise. Il a, comme nous, un petit castel, une petite meute, et un grand vieux carrosse. Il possède sur tout autre, près de la marquise, cet incomparable avantage que donnent une habitude de dix ans et une obsession de tous les jours. Un nouveau venu, un officier en congé, permets-moi de te le dire tout bas, peut éblouir et plaire en passant ; mais celui qui est là tous les jours a quinte et quatorze par état, sans compter l'industrie, comme dit Basile.

Tandis que les deux frères causaient ainsi, ils avaient laissé les bois derrière eux et commençaient à entrer dans les vignes. Déjà ils apercevaient sur le coteau le clocher du village de Renonval :

— Madame de Vernage, continua Armand, a cent belles qualités; mais c'est une coquette. Elle passe pour dévote, et elle a un chapelet bénit accroché à son étagère; mais elle aime assez les fleurettes. Ne t'en déplaise, c'est, à mon avis, une femme difficile à deviner et passablement dangereuse.

— Cela est possible, dit Tristan.

— Et même probable, reprit son frère. Je ne suis pas fâché que tu le penses comme moi, et je te dirai volontiers à mon tour : Parlons sérieusement. J'ai depuis longtemps occasion de la connaître et de l'étudier de près. Toi, tu viens ici pour quelques jours; tu es un jeune et beau garçon, elle une belle et spirituelle femme; tu ne sais que faire, elle te plaît, tu lui en contes, et elle te laisse dire. Moi, qui la vois l'hiver comme l'été, à Paris comme à la campagne, je suis moins confiant, et elle le sait bien; c'est pourquoi elle me prend mon cheval et me laisse en tête-à-tête avec le curé. Ses grands yeux noirs, qu'elle baisse vers la terre avec une modestie parfois si sévère, savent se relever vers toi, j'en suis bien sûr, lorsque vous courez la forêt, et je dois convenir que cette femme a un grand charme. Elle a tourné la tête à ma connaissance, à trois ou quatre pauvres petits garçons qui ont failli en perdre l'esprit; mais veux-tu que je t'exprime ma pensée? Je te dirai, en style de Scudéry, qu'on pénètre assez facilement jusqu'à l'antichambre de son cœur, mais que l'appartement est toujours fermé, peut-être parce qu'il n'y a personne.

— Si tu ne te trompais pas, dit Tristan, ce serait un assez vilain caractère.

— Non pas à son avis; qu'a-t-on à lui reprocher? Est-ce sa faute si on devient amoureux d'elle? Bien qu'elle n'ait guère plus de trente ans, elle dit à qui veut l'entendre qu'elle a renoncé, depuis qu'elle est veuve, aux plaisirs du monde, qu'elle veut vivre en paix dans sa terre, monter à cheval et prier Dieu. Elle fait l'aumône et va à confesse; or, toute femme qui a un confesseur, si elle n'est pas sincèrement et véritablement religieuse, est la pire espèce de coquette que la civilisation ait inventée. Une femme pareille, sûre d'elle-même, belle encore et jouissant volontiers des petits priviléges de la beauté, sait composer sans cesse, non avec sa conscience, mais avec sa prochaine confession. Aux moments mêmes où elle semble se livrer avec le plus charmant abandon aux cajoleries qu'elle aime tout bas, elle regarde si le bout de son pied est suffisamment caché sous sa robe, et calcule la place où elle peut laisser prendre, sans péché, un baiser sur sa mitaine. A quoi bon, diras-tu? Si la foi lui manque, pourquoi ne pas être franchement coquette? Si elle croit, pourquoi s'exposer à la tentation? parce qu'elle la brave et s'en amuse. Et, en effet, on ne saurait dire qu'elle soit sincère ni hypocrite; elle est ainsi et elle plaît; ses victimes passent et disparaissent. La Bretonnière, le silencieux, restera jusqu'à sa mort, très-probablement, sur le seuil du temple où ce sphinx aux grands yeux rend ses oracles et respire l'encens.

Tristan, pendant que son frère parlait, avait arrêté son cheval. La grille du château de Renonval n'était plus éloignée que d'une centaine de pas. Devant cette grille, comme Armand l'avait prévu, madame de Vernage se promenait sur la pelouse; mais elle était seule, contre l'ordinaire. Tristan changea tout à coup de visage.

— Écoute, Armand, dit-il, je t'avoue que je l'aime. Tu es homme et tu as du cœur; tu sais aussi bien que moi que devant la passion il n'y a ni loi ni conseil. Tu n'es pas le premier qui me parle ainsi d'elle; on m'a dit tout cela, mais je n'en puis rien croire. Je suis subjugué par cette femme; elle est si charmante, si aimable, si séduisante, quand elle veut...

— Je le sais très-bien, dit Armand.

— Non, s'écria Tristan, je ne puis croire qu'avec tant de grâce, de douceur, de piété, car enfin elle fait l'aumône, comme tu dis, et remplit ses devoirs; je ne puis, je ne veux pas croire qu'avec tous les dehors de la franchise et de la bonté, elle puisse être telle que tu te l'imagines. Mais il n'importe; je cherchais un motif pour te laisser en chemin, et pour rester seul; j'aime mieux m'en fier à ta parole. Je vais à Renonval; retourne aux Clignets. Si notre bonne mère s'inquiète de ne pas me voir avec toi, tu lui diras que j'ai perdu la chasse, que mon cheval est malade, ce que tu voudras. Je ne veux faire qu'une courte visite, et je reviendrai sur-le-champ.

— Pourquoi ce mystère, s'il en est ainsi?

— Parce que la marquise elle-même reconnaît que c'est le plus sage. Les gens du pays sont bavards, sots, et importuns comme trois petites villes ensemble. Garde-moi le secret; à ce soir.

Sans attendre une réponse, Tristan partit au galop.

Demeuré seul, Armand changea de route, et prit un chemin de traverse qui le menait plus vite chez lui. Ce n'était pas, on le pense bien, sans déplaisir ni sans une sorte de crainte qu'il voyait son frère s'éloigner. Jeune d'années, mais déjà mûri par une précoce expérience du monde, Armand de Berville, avec un esprit souvent léger en apparence, avait beaucoup de sens et de raison. Tandis que Tristan, officier distingué dans l'armée, courait en Algérie les chances de la guerre, et se livrait parfois aux dangereux écarts d'une imagination vive et passionnée, Armand restait à la maison et tenait compagnie à sa vieille mère. Tristan le raillait parfois de ses goûts sédentaires, et l'appelait M. l'abbé, prétendant que, sans la révolution, il aurait porté la tonsure, en sa qualité de cadet: mais cela ne le fâchait pas. Va pour le titre, répondait-il, mais donne-moi le bénéfice. La baronne de Berville, la mère, veuve depuis longtemps, habitait le Marais en hiver, et dans la belle saison la petite terre des Clignets. Ce n'était pas une maison assez riche pour entretenir un grand équipage; mais comme les jeunes gens aimaient la chasse, et que la baronne adorait ses enfants, on avait fait venir des *foxhounds* d'Angleterre; quelques voisins avaient suivi cet exemple; ces petites meutes réunies formaient de quoi composer des chasses passables dans les bois qui entouraient la forêt de Carenelle. Ainsi s'étaient établies rapidement, entre les habitants des Clignets et ceux de deux ou trois châteaux des environs, des relations amicales et presque intimes. Madame de Vernage, comme on vient de le voir, était la reine du canton. Depuis le sieur de Franconville, et le magistrat de Beauvais, jusqu'à l'élégant un peu arriéré de Luzarches, tout rendait hommage à la belle marquise, voire même le curé de Noisy. Renonval était le rendez-vous de ce qu'il y avait de personnes notables dans l'arrondissement de Pontoise. Toutes étaient d'accord pour vanter, comme Tristan, la grâce et la bonté de la châtelaine. Personne ne résistait à l'empire souverain qu'elle exerçait, comme on dit, sur les cœurs; et c'était précisément pourquoi Armand était fâché que son frère ne revînt pas souper avec lui.

Il ne lui fut pas difficile de trouver un prétexte pour justifier cette absence, et de dire à la baronne en rentrant que Tristan s'était arrêté chez un fermier, avec lequel il était en marché pour un coin de terre. Madame de Berville, qui ne dînait qu'à neuf heures quand ses enfants allaient à la chasse, afin de prendre son repas en famille, voulut attendre pour se mettre à table que son fils aîné fût revenu. Armand, mourant de faim et de soif, comme tout chasseur qui a fait son métier, parut médiocrement satisfait de ce retard qu'on lui imposait. Peut-être craignait-il, à part lui, que la visite à Renonval ne se prolongeât plus longtemps qu'il n'avait été dit. Quoi qu'il en fût, il prit d'abord, pour se donner un peu de patience, un à-compte sur le dîner, puis il alla visiter ses chiens et jeter à l'écurie le coup d'œil du maître, et revint s'étendre sur un canapé, déjà à moitié endormi par la fatigue de la journée.

La nuit était venue, et le temps s'était mis à l'orage. Madame de Berville, assise, comme de coutume, devant son métier à tapisserie, regardait la pendule, puis la fenêtre, où ruisselait la pluie. Une demi-heure s'écoula lentement, et bientôt vint l'inquiétude :

— Que fait donc ton frère? disait la baronne; il est impossible qu'à cette heure et par un temps semblable il s'arrête si longtemps en route; quelque accident lui sera arrivé: je vais envoyer à sa rencontre.

— C'est inutile, répondait Armand; je vous jure qu'il se porte aussi bien que nous, et peut-être mieux, car, voyant cette pluie, il se sera sans doute fait donner à souper dans quelque cabaret de Noisy, pendant que nous sommes à l'attendre.

L'orage redoublait, le temps se passait ; de guerre lasse, on servit le dîner ; mais il fut triste et silencieux. Armand se reprochait de laisser ainsi sa mère dans une incertitude cruelle, et qui lui semblait inutile ; mais il avait donné sa parole. De son côté, madame de Berville voyait aisément, sur le visage de son fils, l'inquiétude qui l'agitait ; elle n'en pénétrait pas la cause, mais l'effet ne lui échappait pas. Habituée à toute la tendresse et aux confidences même d'Armand, elle sentait que s'il gardait le silence, c'est qu'il y était obligé. Par quelle raison ? Elle l'ignorait, mais elle respectait cette réserve, tout en ne pouvant s'empêcher d'en souffrir. Elle levait les yeux vers lui d'un air craintif et presque suppliant, puis elle écoutait gronder la foudre, et haussait les épaules en soupirant. Ses mains tremblaient, malgré elle, de l'effort qu'elle faisait pour paraître tranquille. A mesure que l'heure avançait, Armand se sentait de moins en moins le courage de tenir sa promesse. Le dîner terminé, il n'osait se lever ; la mère et le fils restèrent longtemps seuls, appuyés sur la table desservie, et se comprenant sans ouvrir les lèvres.

Vers onze heures, la femme de chambre de la baronne étant venue apporter les bougeoirs, madame de Berville souhaita le bonsoir à son fils, et se retira dans son appartement pour dire ses prières accoutumées.

— Que fait-il, en effet, cet étourdi garçon ? se disait Armand, tout en se débarrassant, pour se mettre au lit, de son attirail de chasseur. Rien de bien inquiétant. cela est probable. Il fait les yeux doux à madame de Vernage, et subit le silence imposant de la Bretonnière. Est-ce bien sûr? Il me semble qu'à cette heure-ci la Bretonnière doit être dans son coche, en route pour aller se coucher. Il est vrai que Tristan est peut-être en route aussi; j'en doute, pourtant; le chemin n'est pas bon, il pleut bien fort pour monter à cheval. D'une autre part, il y a d'excellents lits à Renonval, et une marquise si polie peut certainement offrir un asile à un capitaine surpris par l'orage. Il est probable, tout bien considéré, que Tristan ne reviendra que demain. Cela est fâcheux, pour deux raisons : d'abord, cela inquiète notre mère, et puis, c'est toujours une chose dangereuse que ces abris trouvés chez une voisine; il n'y a rien qui porte moins conseil qu'une nuit passée sous le toit d'une jolie femme, et on ne dort jamais bien chez les gens dont on rêve. Quelquefois même, on ne dort pas du tout. Que va-t-il advenir de Tristan s'il se prend tout de bon pour cette coquette? Il a du cœur pour deux, mais tant pis. Elle trouvera aisé de le jouer, trop aisé, peut-être, c'est là mon espoir. Elle dédaignera d'en agir faussement envers un si loyal caractère. Mais, après tout, se disait encore Armand, en soufflant sur sa bougie, qu'il revienne quand il voudra, il est beau et brave. Il s'est tiré d'affaire à Constantine, il s'en tirera à Renonval.

Il y avait longtemps que toute la maison reposait et que le silence régnait dans la campagne, lorsque le bruit des pas d'un cheval se fit entendre sur la route. Il était deux heures du matin; une voix impérieuse cria qu'on ouvrît, et tandis que le garçon d'écurie levait lourdement, l'une après l'autre, les barres de fer qui retenaient la grande porte, les chiens se mirent, selon leur coutume, à pousser de longs gémissements. Armand, qui dormait de tout son cœur, réveillé en sursaut, vit tout à coup devant lui son frère tenant un flambeau et enveloppé d'un manteau dégouttant de pluie.

— Tu rentres à cette heure-ci? lui dit-il; il est bien tard ou bien matin.

Tristan s'approcha de lui, lui serra la main, et lui dit, avec l'accent d'une colère presque furieuse :

— Tu avais raison, c'est la dernière des femmes, et je ne la reverrai de ma vie.

Après quoi il sortit brusquement.

II

Malgré toutes les questions, toutes les instances que put faire Armand, Tristan ne voulut donner à son frère aucune explication des étranges paroles qu'il avait prononcées en rentrant. Le lendemain, il annonça à sa mère que ses affaires le forçaient d'aller à Paris pour quelques jours, et donna ses ordres en conséquence; il avait le dessein de partir le soir même.

— Il faut convenir, disait Armand, que tu en agis avec moi d'une façon un peu cavalière. Tu me fais la moitié d'une confidence, et tu t'en vas d'un jour à l'autre avec le reste de ton secret. Que veux-tu que je pense de ce départ impromptu?

— Ce qu'il te plaira, répondit Tristan avec une indifférence si tranquille qu'elle semblait n'avoir rien d'emprunté; tu ne feras qu'y perdre ta peine. J'ai eu un mouvement de colère, il est vrai, pour une bagatelle, une querelle d'amour-propre, une bouderie, comme tu voudras l'appeler. La Bretonnière m'a ennuyé; la marquise était de mauvaise humeur; l'orage m'a contrarié; je suis revenu je ne sais pourquoi, et je t'ai parlé sans savoir ce que je disais. Je conviendrai bien, si tu veux, qu'il y a un peu de froid entre la marquise et moi; mais, à la première occasion, tu nous verras amis comme devant.

— Tout cela est bel et bon, répliquait Armand, mais tu ne parlais pas hier par énigme, quand tu m'as dit: C'est la dernière des femmes. Il n'y a là mauvaise humeur qui tienne. Quelque chose est arrivé que tu me caches.

— Et que veux-tu qu'il me soit arrivé? demandait Tristan.

A cette question, Armand baissait la tête, et restait muet, car, en pareille circonstance, du moment que son frère se taisait, toute supposition, même faite en plaisantant, pouvait être aisément blessante.

Vers le milieu de la journée, une calèche découverte entra dans la cour des Clignets. Un petit homme d'assez mauvaise tournure, à l'air gauche et endimanché, descendit aussitôt de la voiture, baissa lui-même le marchepied et présenta la main à une grande et belle femme, mise simplement et avec goût. C'était madame de Vernage et la Bretonnière qui venaient faire visite à la baronne. Tandis qu'ils montaient le perron, où madame de Berville vint les recevoir, Armand observa le visage de son frère avec un peu de surprise et beaucoup d'attention. Mais Tristan le regarda en souriant, comme pour lui dire : Tu vois qu'il n'y a rien de nouveau.

A la tournure aisée que prit la conversation, aux politesses froides, mais sans nulle contrainte, qu'échangèrent Tristan et la marquise, il ne semblait pas, en effet, que rien d'extraordinaire se fût passé la veille. La marquise apportait à madame de Berville, qui aimait les oiseaux, un nid de rouges-gorges; la Bretonnière l'avait dans son chapeau. On descendit dans le jardin et on alla voir la volière. La Bretonnière, bien entendu, donna le bras à la baronne; les deux jeunes gens restèrent près de madame de Vernage. Elle paraissait plus gaie que de coutume; elle marchait au hasard de côté et d'autre sans respect pour les buis de la baronne, et tout en se faisant un bouquet au passage :

— Eh bien! messieurs, dit-elle, quand chassons-nous?

Armand attendait cette question pour entendre

Tristan annoncer son départ. Il l'annonça effectivement du ton le plus calme, mais, en même temps, il fixa sur la marquise un regard pénétrant, presque dur et offensif. Elle ne parut y faire aucune attention, et ne lui demanda même pas quand il comptait revenir.

— En ce cas-là, reprit-elle, monsieur Armand, vous serez le seul représentant des Berville que nous verrons à Renonval; car je suppose que nous vous aurons. La Bretonnière dit qu'il a découvert, avec les lunettes de mon garde, une espèce de cochon sauvage à qui la barbe vient comme aux oiseaux les plumes...

— Point du tout, dit la Bretonnière, c'est une sorte de truie chinoise, de couleur noire, appelée tonkin. Lorsque ces animaux quittent la basse-cour et s'habituent à vivre dans les bois...

— Oui, dit la marquise, ils deviennent farouches, et, à force de manger du gland, les défenses leur poussent au bout du museau.

— C'est de toute vérité, répondit la Bretonnière, non pas, il est vrai, à la première, ni même à la seconde génération; mais il suffit que le fait existe, ajouta-t-il d'un air satisfait.

— Sans doute, reprit madame de Vernage, et si un homme s'avisait de faire comme mesdames les tonkines, de s'installer dans une forêt, il en résulterait que ses petits-enfants auraient des cornes sur la tête. Et c'est ce qui prouve, continua-t-elle en frappant de son bouquet sur la main de Tristan, qu'on a grand tort de faire le sauvage : cela ne réussit à personne.

— Cela est encore vrai, dit la Bretonnière; la sauvagerie est un grand défaut.

— Elle vaut pourtant mieux, répondit Tristan, qu'une certaine espèce de domesticité.

La Bretonnière ouvrait de grands yeux, ne sachant trop s'il devait se fâcher.

— Oui, dit madame de Berville à la marquise, vous avez bien raison. Grondez-moi ce méchant garçon, qui est toujours sur les grands chemins, et qui veut encore nous quitter ce soir pour aller à Paris. Défendez-lui donc de partir.

Madame de Vernage, qui, tout à l'heure, n'avait pas dit un mot pour essayer de retenir Tristan, se voyant ainsi priée de le faire, y mit aussitôt toute l'insistance et toute la bonne grâce dont elle était capable. Elle prit son plus doux regard et son plus doux sourire pour dire à Tristan qu'il se moquait, qu'il n'avait point d'affaires à Paris, que la curiosité d'une chasse au tonkin devait l'emporter sur tout au monde; qu'enfin elle le priait officiellement de venir déjeuner le lendemain à Renonval. Tristan répondait à chacun de ses compliments par un de ces petits saluts insignifiants qu'ont inventés les gens qui ne savent quoi dire : il était clair que sa patience était mise à une cruelle épreuve. Madame de Vernage n'attendit pas un refus qu'elle prévoyait, et, dès qu'elle eut cessé de parler, elle se retourna et s'occupa d'autre chose, exactement comme si elle eût répété une comédie et que son rôle eût été fini.

— Que signifie tout cela? se disait toujours Armand. Quel est celui qui en veut à l'autre? Est-ce mon frère? est-ce la Bretonnière? Que vient faire ici la marquise?

La façon d'être de madame de Vernage était, en effet, difficile à comprendre. Tantôt elle témoignait à Tristan une froideur et une indifférence marquées; tantôt elle paraissait le traiter avec plus de familiarité et de coquetterie qu'à l'ordinaire. — Cassez-moi donc cette branche-là, lui disait-elle; cherchez-moi du muguet. J'ai du monde ce soir, je veux être toute en fleurs; je compte mettre une robe botanique, et avoir un jardin sur la tête.

Tristan obéissait : il le fallait bien. La marquise se trouva bientôt avoir une véritable botte de fleurs, mais aucune ne lui plaisait. — Vous n'êtes pas connaisseur, disait-elle, vous êtes un mauvais jardinier; vous brisez tout, et vous croyez bien faire parce que vous vous piquez les doigts; mais ce n'est pas cela, vous ne savez pas choisir.

En parlant ainsi, elle effeuillait les branches, puis les laissait tomber à terre, et les repoussait du pied en marchant, avec ce dédain sans souci qui fait quelquefois tant de mal le plus innocemment du monde.

Il y avait au milieu du parc une petite rivière avec un pont de bois qui était brisé, mais dont il restait encore quelques planches. La Bretonnière, selon sa manie, déclara qu'il y avait danger à s'y hasarder, et qu'il fallait revenir par un autre chemin. La marquise voulut passer, et commençait à prendre les devants, quand la baronne lui représenta qu'en effet ce pont était vermoulu, et qu'elle courait le risque d'une chute assez grave.

— Bah! dit madame de Vernage. Vous calomniez vos planches pour faire les honneurs de la profondeur de votre rivière; et si je faisais comme Condé, qu'est-ce qu'il arriverait donc?

Devant monter à cheval au retour, elle avait à la main une cravache. Elle la jeta de l'autre côté de l'eau, dans une petite île : — Maintenant, messieurs, reprit-elle, voilà mon bâton jeté à l'ennemi. Qui de vous ira le chercher?

— C'est fort imprudent, dit la Bretonnière; cette cravache est fort jolie; la pomme en est très-bien ciselée.

— Y aura-t-il du moins une récompense honnête? demanda Armand.

— Fi donc! s'écria la marquise. Vous marchandez avec la gloire! Et vous, monsieur le hussard, ajouta-t-elle en se tournant vers Tristan, qu'est-ce que vous dites? passerez-vous?

Tristan semblait hésiter, non par crainte du danger ni du ridicule, mais par un sentiment de répugnance à se voir ainsi provoqué pour une semblable bagatelle. Il fronça le sourcil et répondit froidement :

— Non, madame.

— Hélas! dit madame de Vernage en soupirant, si mon pauvre Phanor était là, il m'aurait déjà rendu ma cravache

La Bretonnière, tâtant le pont avec sa canne, le contemplait d'un air de réflexion profonde; appuyée nonchalamment sur la poutre brisée qui servait de rampe, la marquise s'amusait à faire plier les planches en se balançant au-dessus de l'eau: elle s'élança tout à coup, traversa le pont avec une vivacité et une légèreté charmantes, et se mit à courir dans l'île. Armand avait voulu la prévenir, mais son frère lui prit le bras, et se mettant à marcher à grands pas, l'entraîna à l'écart dans une allée; là, dès que les deux jeunes gens furent seuls:

— La patience m'échappe, dit Tristan. J'espère que tu ne me crois pas assez sot pour me fâcher d'une plaisanterie; mais cette plaisanterie a un motif. Sais-tu ce qu'elle vient chercher ici? Elle vient me braver, jouer avec ma colère, et voir jusqu'à quel point j'endurerai son audace; elle sait ce que signifie son froid persiflage. Misérable cœur! méprisable femme, qui, au lieu de respecter mon silence et de me laisser m'éloigner d'elle en paix, vient promener ici sa petite vanité, et se faire une sorte de triomphe d'une discrétion qu'on ne lui doit pas!

— Explique-toi, dit Armand; qu'y a-t-il?

— Tu sauras tout, car, aussi bien, tu y es intéressé, puisque tu es mon frère. Hier au soir, pendant que nous causions sur la route, et que tu me disais tant de mal de cette femme, je suis descendu de cheval au carrefour des Roches. Il y avait à terre une branche de saule, que tu ne m'as pas vu ramasser; cette branche de saule, c'était madame de Vernage qui l'avait enfoncée dans le sable, en se promenant le matin. Elle riait tout à l'heure en m'en faisant casser d'autres aux arbres; mais celle-là avait un sens; elle voulait dire que la gouvernante et les enfants de la marquise étaient allés chez son oncle à Beaumont, que la Bretonnière ne viendrait pas dîner, et que si je craignais d'éveiller les gens en sortant de Renonval un peu plus tard, je pouvais laisser mon cheval chez le bonhomme du Héloy.

— Peste! dit Armand, tout cela dans un brin de saule!

— Oui, et plût à Dieu que j'eusse repoussé du pied ce brin de saule comme elle vient de le faire pour nos fleurs; mais je te l'ai dit, et tu l'as vu toi-même, je l'aimais, j'étais sous le charme. Quelle bizarrerie! Oui! hier encore je l'adorais. J'étais tout amour, j'aurais donné mon sang pour elle, et aujourd'hui...

— Eh bien! aujourd'hui?

— Écoute; il faut, pour que tu me comprennes, que tu saches d'abord une petite aventure qui m'est arrivée l'an passé. Tu sauras donc qu'au bal de l'Opéra j'ai rencontré une espèce de grisette, de modiste, je ne sais quoi. Je suis venu à faire sa connaissance par un hasard assez singulier. Elle était assise à côté de moi, et je ne faisais nulle attention à elle, lorsque

Saint-Aubin, que tu connais, vint me dire bonsoir. Au même instant, ma voisine, comme effrayée, cacha sa tête derrière mon épaule; elle me dit à l'oreille qu'elle me suppliait de la tirer d'embarras, de lui donner le bras pour faire un tour de foyer; je ne pouvais guère m'y refuser. Je me levai avec elle, et je quittai Saint-Aubin. Elle me conta là-dessus qu'il était son amant, qu'elle avait peur de lui, qu'il était jaloux, enfin, qu'elle le fuyait. Je me trouvais ainsi tout à coup jouer, aux yeux de Saint-Aubin, le rôle d'un rival heureux; car il avait reconnu sa grisette, et nous suivait d'un air mécontent. Que te dirai-je? Il me parut plaisant de prendre à peu près au sérieux ce rôle que l'occasion m'offrait. J'emmenai souper la petite fille. Saint-Aubin, le lendemain, vint me trouver et voulut se fâcher. Je lui ris au nez, et je n'eus pas de peine à lui faire entendre raison. Il convint de bonne grâce qu'il n'était guère possible de se couper la gorge pour une demoiselle qui se réfugiait au bal masqué pour fuir la jalousie de son amant. Tout se passa en plaisanterie, et l'affaire fut oubliée; tu vois que le mal n'est pas grand.

— Non, certes; il n'y a là rien de bien grave.

— Voici maintenant ce qui arrive. Saint-Aubin, comme tu sais, voit quelquefois madame de Vernage. Il est venu ici et à Renonval. Or, cette nuit, au moment même où la marquise, assise près de moi, écoutait de son grand air de reine toutes les folies qui me passaient par la tête, et essayait, en souriant, cette bague qui, grâce au ciel, est encore à mon doigt, sais-tu ce qu'elle imagine de me dire? que cette histoire de bal lui a été contée, qu'elle la sait de bonne source, que Saint-Aubin adorait cette grisette, qu'il a été au désespoir de l'avoir perdue, qu'il a voulu se venger, qu'il m'a demandé raison, que j'ai reculé, et qu'alors...

Tristan ne put achever. Pendant quelques minutes les deux frères marchèrent en silence.

— Qu'as-tu répondu? dit enfin Armand.

— Je lui ai répondu une chose très-simple. Je lui ai dit tout bonnement : « Madame la marquise, un homme qui souffre qu'un autre homme lève la main sur lui impunément s'appelle un lâche, vous le savez très-bien. Mais la femme qui, sachant cela, ou le croyant, devient la maîtresse de ce lâche, s'appelle aussi d'un certain nom qu'il est inutile de vous dire. » Là-dessus, j'ai pris mon chapeau.

— Et elle ne t'a pas retenu?

— Si fait, elle a d'abord voulu prendre les choses en riant, et me dire que je me fâchais pour un propos en l'air. Ensuite, elle m'a demandé pardon de m'avoir offensé sans dessein; je ne sais même pas si elle n'a pas essayé de pleurer. A tout cela, je n'ai rien répliqué, sinon que je n'attachais aucune importance à une indignité qui ne pouvait m'atteindre, qu'elle était libre de croire et de penser tout ce que bon lui semblerait, et que je ne me donnerais pas la moindre peine pour lui ôter son opinion. Je suis, lui ai-je dit, soldat depuis dix ans, mes camarades qui me connaissent auraient quelque peine à admettre votre conte, et par conséquent je ne m'en soucie qu'autant qu'il faut pour le mépriser.

— Est-ce là réellement ta pensée?

— Y songes-tu? Si je pouvais hésiter à savoir ce que j'ai à faire, c'est précisément parce que je suis soldat que je n'aurais pas deux partis à prendre. Veux-tu que je laisse une femme sans cœur plaisanter avec mon honneur, et répéter demain sa misérable histoire à une coquette de son bord, ou à quelqu'un de ces petits garçons à qui tu prétends qu'elle tourne la tête? Supposes-tu que mon nom, le tien, celui de notre mère, puisse devenir un objet de risée? Seigneur Dieu! cela fait frémir!

— Oui, dit Armand, et voilà cependant les petits badinages pleins de grâce qu'inventent ces dames pour se désennuyer. Faire d'une niaiserie un roman bien noir, bien scandaleux, voilà le bon plaisir de leur cervelle creuse. Mais que comptes-tu faire maintenant?

— Je compte aller ce soir à Paris. Saint-Aubin est aussi un soldat; c'est un brave; je suis loin de croire, Dieu m'en préserve! qu'un mot de sa part ait jamais pu donner l'idée de cette fable fabriquée par quelque femme de chambre; mais, à coup sûr, je le ramènerai ici, et il ne lui sera pas plus difficile de dire tout haut la vérité, qu'il ne me le sera, à moi, de l'entendre. C'est une démarche fâcheuse, pénible, que je ferai là, sans nul doute; c'est une triste chose que d'aller trouver un camarade, et de lui dire : On m'accuse d'avoir manqué de cœur. Mais n'importe, en pareille circonstance, tout est juste et doit être permis. Je te le répète, c'est notre nom que je défends, et s'il ne devait pas sortir de là pur comme de l'or, je m'arracherais moi-même la croix que je porte. Il faut que la marquise entende Saint-Aubin lui dire, en ma présence, qu'on lui a répété un sot conte, et que ceux qui l'ont forgé en ont menti. Mais une fois cette explication faite, il faut que la marquise m'entende aussi à mon tour; il faut que je lui donne bien discrètement, en termes bien polis, en tête-à-tête, une leçon qu'elle n'oublie jamais; je veux avoir le petit plaisir de lui exprimer nettement ce que je pense de son orgueil et de sa ridicule pruderie. Je ne prétends pas faire comme Bussy d'Amboise, qui, après avoir exposé sa vie pour aller chercher le bouquet de sa maîtresse, le lui jeta à la figure : je m'y prendrai plus civilement; mais quand une bonne parole produit son effet, il importe peu comment elle est dite, et je te réponds que d'ici à quelque temps, du moins, la marquise sera moins fière, moins coquette et moins hypocrite.

— Allons rejoindre la compagnie, dit Armand, et ce soir j'irai avec toi. Je te laisserai faire tout seul, cela va sans dire; mais, si tu le permets, je serai dans la coulisse.

La marquise se disposait à retourner chez elle lorsque les deux frères reparurent. Elle se doutait vraisemblablement qu'elle avait été pour quelque chose dans leur conversation, mais son visage n'en exprimait rien; jamais, au contraire, elle n'avait semblé plus calme et plus contente d'elle-même. Ainsi qu'il a été dit, elle s'en allait à cheval. Tristan, faisant les honneurs de la maison, s'approcha pour lui prendre le pied et la mettre en selle. Comme elle avait marché sur le sable mouillé, son brodequin était humide, en sorte que l'empreinte en resta marquée sur le gant de Tristan. Dès que madame de Vernage fut partie, Tristan ôta ce gant, et le jeta à terre :

— Hier, je l'aurais baisé, dit-il à son frère.

Le soir venu, les deux jeunes gens prirent la poste ensemble, et allèrent coucher à Paris. Madame de Berville, toujours inquiète et toujours indulgente, comme une vraie mère qu'elle était, fit semblant de croire aux raisons qu'ils prétendirent avoir pour partir. Dès le lendemain matin, comme on le pense bien, leur premier soin fut d'aller demander M. de Saint-Aubin, capitaine de dragons, rue Neuve-Saint-Augustin, à l'hôtel garni où il logeait habituellement quand il était en congé.

— Dieu veuille que nous le trouvions! disait Armand. Il est peut-être en garnison bien loin.

— Quand il serait à Alger, répondait Tristan, il faut qu'il parle, ou du moins qu'il écrive; j'y mettrai six mois, s'il le faut, mais je le trouverai, ou il dira pourquoi.

Le garçon de l'hôtel était un Anglais, chose fort

commode peut-être pour les sujets de la reine Victoria curieux de visiter Paris, mais assez gênante pour les Parisiens. A la première parole de Tristan, il répondit par l'exclamation la plus britannique :

— Oh!

— Voilà qui est bien, dit Armand, plus impatient encore que son frère; mais M. de Saint-Aubin est-il ici ?

— Oh! no.

— N'est-ce pas dans cette maison qu'il demeure ?

— Oh! yes.

— Il est donc sorti ?

— Oh! no!

— Expliquez-vous. Peut-on lui parler ?

— No, sir, impossible.

— Pourquoi, impossible ?

— Parce que il est... Comment dites-vous?

— Il est malade ?

— Oh! no, il est mort.

III

Il serait difficile de peindre l'espèce de consternation qui frappa Tristan et son frère en apprenant la mort de l'homme qu'ils avaient un si grand désir de retrouver. Ce n'est jamais, quoi qu'on en dise, une chose indifférente que la mort. On ne la brave pas sans courage, on ne la voit pas sans horreur, et il est même douteux qu'un gros héritage puisse rendre vraiment agréable sa hideuse figure, dans le moment où elle se présente. Mais quand elle nous enlève subitement quelque bien ou quelque espérance, quand elle se mêle de nos affaires et nous prend dans les mains ce que nous croyons tenir, c'est alors surtout qu'on sent sa puissance, et que l'homme reste muet devant le silence éternel.

Saint-Aubin avait été tué en Algérie, dans une razzia. Après s'être fait raconter, tant bien que mal, par les gens de l'hôtel, les détails de cet événement, les deux frères reprirent tristement le chemin de la maison qu'ils habitaient à Paris.

— Que faire maintenant? dit Tristan; je croyais n'avoir, pour sortir d'embarras, qu'un mot à dire à un honnête homme, et il n'est plus. Pauvre garçon! je m'en veux à moi-même de ce qu'un motif d'intérêt personnel se mêle au chagrin que me cause sa mort. C'était un brave et digne officier; nous avions bivouaqué et trinqué ensemble. Ayez donc trente ans, une vie sans reproche, une bonne tête et un sabre au côté, pour aller vous faire assassiner par un Bédouin en embuscade! Tout est fini, je ne songe plus à rien, je ne veux pas m'occuper d'un conte quand j'ai à pleurer un ami. Que toutes les marquises du monde disent ce qui leur plaira.

— Ton chagrin est juste, répondit Armand; je le partage et je le respecte; mais, tout en regrettant un ami et en méprisant une coquette, il ne faut pourtant rien oublier! Le monde est là, avec ses lois, il ne voit ni ton dédain ni tes larmes; il faut lui répondre dans sa langue, ou, tout au moins, l'obliger à se taire.

— Et que veux-tu que j'imagine? Où veux-tu que je trouve un témoin, une preuve quelconque, un être ou une chose qui puisse parler pour moi? Tu comprends bien que Saint-Aubin, lorsqu'il est venu me trouver pour s'expliquer en galant homme sur une aventure de grisette, n'avait pas amené avec lui tout son régiment. Les choses se sont passées en tête-à-tête; si elles eussent dû devenir sérieuses, certes, alors, les témoins seraient là; mais nous nous sommes donné une poignée de main, et nous avons déjeuné ensemble; nous n'avions que faire d'inviter personne.

— Mais il n'est guère probable, reprit Armand, que cette sorte de querelle et de réconciliation soit demeurée tout à fait secrète. Quelques amis communs ont dû la connaître. Rappelle-toi, cherche dans tes souvenirs.

— Et à quoi bon? quand même, en cherchant bien, je pourrais retrouver quelqu'un qui se souvînt de cette vieille histoire, ne veux-tu pas que j'aille me faire donner par le premier venu une espèce d'attestation comme quoi je ne suis pas un poltron? Avec Saint-Aubin, je pouvais agir sans crainte; tout se demande à un ami. Mais quel rôle jouerais-je, à l'heure qu'il est, en allant dire à un de nos camarades : Vous rappelez-vous une petite fille, un bal, une querelle de l'an passé ? On se moquerait de moi, et on aurait raison.

— C'est vrai ; et cependant il est triste de laisser une femme, et une femme orgueilleuse, vindicative et offensée, tenir impunément de méchants propos.

— Oui, cela est triste, plus qu'on ne peut le dire. A une insulte faite par un homme on répond par un coup d'épée. Contre toute espèce d'injure, publique ou non... même imprimée, on peut se défendre ; mais quelle ressource a-t-on contre une calomnie sourde, répétée dans l'ombre, à voix basse, par une femme malfaisante qui veut vous nuire ? C'est là le triomphe de la lâcheté. C'est là qu'une pareille créature, dans toute la perfidie du mensonge, dans toute la sécurité de l'impudence, vous assassine à coups d'épingle ; c'est là qu'elle ment avec tout l'orgueil, toute la joie de la faiblesse qui se venge ; c'est là qu'elle glisse à loisir, dans l'oreille d'un sot qu'elle cajole, une infamie étudiée, revue et augmentée par l'auteur ; et cette infamie fait son chemin, cela se répète, se commente, et l'honneur, le bien du soldat, l'héritage des aïeux, le patrimoine des enfants, est mis en question pour une telle misère !

Tristan parut réfléchir pendant quelque temps, puis il ajouta d'un ton à demi sérieux, à demi plaisant :

— J'ai envie de me battre avec la Bretonnière.

— A propos de quoi ? dit Armand, qui ne put s'empêcher de rire. Que t'a fait ce pauvre diable dans tout cela ?

— Ce qu'il m'a fait, c'est qu'il est très-possible qu'il soit au courant de mes affaires. Il est assez dans les initiés, et passablement curieux de sa nature; je ne serais pas du tout surpris que la marquise le prît pour confident.

— Tu avoueras du moins que ce n'est pas sa faute si on lui raconte une histoire, et qu'il n'en est pas responsable.

— Bah! et s'il s'en fait l'éditeur? Cet homme-là, qui n'est qu'une mouche du coche, est plus jaloux cent fois de madame de Vernage que s'il était son mari; et, en supposant qu'elle lui récite ce beau roman inventé sur mon compte, crois-tu qu'il s'amuse à en garder le secret?

— A la bonne heure, mais encore faudrait-il être sûr d'abord qu'il en parle, et même, dans ce cas-là, je ne vois guère qu'il puisse être juste de chercher querelle à quelqu'un parce qu'il répète ce qu'il a entendu dire. Quelle gloire y aurait-il d'ailleurs à faire peur à la Bretonnière? Il ne se battrait certainement pas, et, franchement, il serait dans son droit.

— Il se battrait. Ce garçon-là me gêne; il est ennuyeux, il est de trop dans ce monde.

— En vérité, mon cher Tristan, tu parles comme un homme qui ne sait à qui s'en prendre. Ne dirait-on pas, à t'entendre, que tu cherches une affaire d'honneur pour rétablir ta réputation, ou que tu as besoin d'une balafre pour la montrer à ta maîtresse, comme un étudiant allemand?

— Mais aussi c'est que je me trouve dans une situation vraiment intolérable. On m'accuse, on me déshonore, et je n'ai pas un moyen de me venger! Si je croyais réellement...

Les deux jeunes gens passaient en cet instant sur le boulevard, devant la boutique d'un bijoutier. Tristan s'arrêta de nouveau, tout à coup, pour regarder un bracelet placé dans l'étalage.

— Voilà une chose étrange, dit-il.

— Qu'est-ce que c'est? veux-tu te battre aussi avec la fille de comptoir?

— Non pas, mais tu me conseillais de chercher dans mes souvenirs. En voici un qui se présente. Tu vois bien ce bracelet d'or qui, du reste, n'a rien de merveilleux : un serpent avec deux turquoises. Dans le moment de ma dispute avec Saint-Aubin, il venait de commander, chez ce même marchand, dans cette boutique, un bracelet comme celui-là, lequel bracelet était destiné à cette grisette dont il s'occupait, et qui avait failli nous brouiller; lorsque, après notre querelle vidée, nous eûmes déjeuné ensemble : « Parbleu, « me dit-il en riant, tu viens de m'enlever la reine de « mes pensées à l'instant où je me disposais à lui faire « un cadeau; c'était un petit bracelet avec mon nom « gravé en dedans; mais, ma foi, elle ne l'aura pas. « Si tu veux le lui donner, je te le cède; puisque tu « es le préféré, il faut que tu payes ta bienvenue. — « Faisons mieux, répondis-je; soyons de moitié dans « l'envoi que tu comptais lui faire. — Tu as raison,

« reprit-il; mon nom est déjà sur la plaque, il faut « que le tien y soit gravé aussi, et, en signe de bonne « amitié, nous y ferons ajouter la date. » Ainsi fut dit, ainsi fut fait. La date et les deux noms, écrits sur le bracelet, furent envoyés à la demoiselle, et doivent actuellement exister quelque part en la possession de mademoiselle Javotte (c'est le nom de notre héroïne), à moins qu'elle ne l'ait vendu pour aller dîner.

— A merveille! s'écria Armand; cette preuve que tu cherchais est toute trouvée. Il faut maintenant que ce bracelet reparaisse. Il faut que la marquise voie les deux signatures, et le jour bien spécifié. Il faut que mademoiselle Javotte elle-même témoigne au besoin de la vérité et de l'identité de la chose. N'en est-ce pas assez pour prouver clairement que rien de sérieux n'a pu se passer entre Saint-Aubin et toi? Certes, deux amis qui, pour se divertir, font un pareil cadeau à une femme qu'ils se disputent, ne sont pas bien en colère l'un contre l'autre, et il devient alors évident...

— Oui, tout cela est très-bien, dit Tristan; ta tête va plus vite que la mienne; mais pour exécuter cette grande entreprise, ne vois-tu pas qu'avant de retrouver ce bracelet si précieux, il faudrait commencer par retrouver Javotte? Malheureusement ces deux découvertes semblent également difficiles. Si, d'un côté, la jeune personne est sujette à perdre ses nippes, elle est capable, d'une autre part, de s'égarer fort elle-même. Chercher, après un an d'intervalle, une grisette perdue sur le pavé de Paris, et, dans le tiroir de cette grisette, un gage d'amour fabriqué en métal, cela me paraît au-dessus de la puissance humaine ; c'est un rêve impossible à réaliser.

— Pourquoi? reprit Armand; essayons toujours. Vois comme le hasard, de lui-même, te fournit l'indice qu'il te fallait : tu avais oublié ce bracelet; il te le met presque devant les yeux, ou, du moins, il te le rappelle. Tu cherchais un témoin, le voilà, il est irrécusable; ce bracelet dit tout, ton amitié pour Saint-Aubin, son estime pour toi, le peu de gravité de l'affaire. La Fortune est femme, mon cher; quand elle fait des avances, il faut en profiter. Penses-y, tu n'as que ce moyen d'imposer silence à madame de Vernage; mademoiselle Javotte et son serpentin bleu sont ta seule et unique ressource. Paris est grand, c'est vrai, mais nous avons du temps. Ne le perdons pas; et d'abord, où demeurait jadis cette demoiselle?

— A te dire vrai, je n'en sais plus rien; c'était, je crois, dans un passage, une espèce de *square*. de cité.

— Entrons chez le bijoutier, et questionnons-le. Les marchands ont quelquefois une mémoire incroyable; ils se souviennent des gens après des années, surtout de ceux qui ne les payent pas très-bien.

Tristan se laissa conduire par son frère; tous deux entrèrent dans la boutique. Ce n'était pas une chose facile que de rappeler au marchand un objet de peu de valeur acheté chez lui il y avait longtemps. Il ne l'avait pourtant pas oublié, à cause de la singularité des deux noms réunis :

— Je me souviens, en effet, dit-il, d'un petit bracelet que deux jeunes gens m'ont commandé l'hiver dernier, et je reconnais bien monsieur. Mais quant à savoir où ce bracelet a été porté, et à qui, je n'en peux rien dire.

— C'était à une demoiselle Javotte, dit Armand, qui devait demeurer dans un passage.

— Attendez, reprit le bijoutier. Il ouvrit son livre, le feuilleta, réfléchit, se consulta, et finit par dire : « C'est cela même ; mais ce n'est point le nom de Javotte que je trouve sur mon livre. C'est le nom de madame de Monval, cité Bergère, 4. »

— Vous avez raison, dit Tristan, elle se faisait appeler ainsi ; ce nom de Monval m'était sorti de la tête ; peut-être avait-elle le droit de le porter, car son titre de Javotte n'était, je crois, qu'un sobriquet. Travaillez-vous encore quelquefois pour elle ? vous a-t-elle acheté autre chose ?

— Non, monsieur ; elle m'a vendu, au contraire, une chaîne d'argent cassée qu'elle avait.

— Mais point de bracelet ?

— Non, monsieur.

— Va pour Monval, dit Armand ; grand merci, monsieur. Et quant à nous, en route pour la cité Bergère.

— Je crois, dit Tristan en quittant le bijoutier, qu'il serait bon de prendre un fiacre. J'ai quelque peur que madame de Monval n'ait changé plusieurs fois de domicile, et que notre course ne soit longue.

Cette prévision était fondée. La portière de la cité Bergère apprit aux deux frères que madame de Monval avait déménagé depuis longtemps, qu'elle s'appelait à présent mademoiselle Durand, ouvrière en robes, et qu'elle demeurait rue Saint-Jacques.

— Est-elle à son aise? a-t-elle de quoi vivre? demanda Armand, poursuivi par la crainte du bracelet vendu.

— Oh! oui, monsieur, elle fait beaucoup de dépense; elle avait ici un logement complet, des meubles d'acajou et une batterie de cuisine. Elle voyait beaucoup de militaires, toutes personnes décorées et très-comme il faut. Elle donnait quelquefois de très-jolis dîners qu'on faisait venir du café Vachette. Tous ces messieurs étaient bien gais, et il y en avait un qui avait une bien belle voix; il chantait comme un vrai artiste de l'Académie. Du reste, monsieur, il n'y a jamais eu rien à dire sur le compte de madame de Monval. Elle étudiait aussi pour être artiste; c'était moi qui faisais son ménage, et elle ne sortait jamais qu'en citadine.

— Fort bien, dit Armand; allons rue Saint-Jacques.

— Mademoiselle Durand ne loge plus ici, répondit la seconde portière, il y a six mois qu'elle s'en est allée, et nous ne savons guère trop où elle est. Ce ne doit pas être dans un palais, car elle n'est pas partie en carrosse, et elle n'emportait pas grand'chose.

— Est-ce qu'elle menait une vie malheureuse?

— Oh! mon Dieu, une vie bien pauvre. Elle n'était guère à l'aise, cette demoiselle. Elle demeurait là au fond de l'allée, sur la cour, derrière la fruitière. Elle travaillait toute la sainte journée; elle ne gagnait guère, et elle avait bien du mal. Elle allait au marché le matin, et elle faisait sa soupe elle-même sur un petit fourneau qu'elle avait. On ne peut pas dire qu'elle manquait de soin, mais cela sentait toujours les choux dans sa chambre. Il y a une dame en deuil qui est venue, une de ses tantes, qui l'a emmenée; nous croyons qu'elle s'est mise aux sœurs du Bon-Pasteur. La lingère du coin vous dira peut-être cela; c'était elle qui l'employait.

— Allons chez la lingère, dit Armand; mais les choux sont de mauvais augure.

Le troisième renseignement recueilli sur Javotte ne fut pas d'abord plus satisfaisant que les deux premiers. Moyennant une petite somme que sa famille avait trouvé moyen de fournir, elle était entrée, en effet, au couvent des sœurs du Bon-Pasteur, et y avait passé environ trois mois. Comme sa conduite était bonne, la protection de quelques personnes charitables l'avait fait admettre par les sœurs, qui lui montraient beaucoup de bonté et qui n'avaient qu'à se louer de son obéissance. Malheureusement, disait la lingère, cette pauvre enfant a une tête si vive qu'il ne lui est pas possible de rester en place. C'était une grande faveur pour elle que d'avoir été reçue comme pensionnaire par les religieuses. Tout le monde disait du bien d'elle, et elle remplissait régulièrement ses devoirs de religion, en même temps qu'elle travaillait très-bien, car c'est une bonne ouvrière. Mais tout d'un coup, sa tête est partie; elle a demandé à s'en aller. Vous comprenez, monsieur, que dans ce temps-ci un couvent n'est pas une prison; on lui a ouvert les portes, et elle s'est envolée.

— Et vous ignorez ce qu'elle est devenue?

— Pas tout à fait, répondit en riant la lingère. Il y a une de mes demoiselles qui l'a rencontrée au Ranelagh. Elle se fait appeler maintenant Amélina Rosenval. Je crois qu'elle demeure rue de Bréda, et qu'elle est figurante aux Folies-Dramatiques.

Tristan commençait à se décourager. — Laissons tout cela, dit-il à son frère. A la tournure que prennent les choses, nous n'en aurons jamais fini. Qui sait si mademoiselle Durand, madame de Monval, madame Rosenval, n'est pas en Chine ou à Quimper-Corentin?

— Il faut y aller voir, disait toujours Armand. Nous avons trop fait pour nous arrêter. Qui te dit que nous ne sommes pas sur le point de découvrir notre voyageuse? Ouvrière ou artiste, nonne ou figurante, je la trouverai. Ne faisons pas comme cet homme qui avait parié de traverser pieds nus un bassin gelé au mois de janvier, et qui, arrivé à moitié chemin, trouva que c'était trop froid, et revint sur ses pas.

Armand avait raison cette fois. Madame Rosenval en personne fut découverte rue de Bréda; mais il ne s'agissait plus à cette nouvelle adresse du couvent, ni des choux, ni du Ranelagh. De figurante qu'elle était naguère, madame Rosenval était devenue tout a coup, par la grâce du hasard et d'un ancien préfet, personnage important et protecteur des arts, *prima donna* d'un théâtre de province. Elle habitait depuis quelque temps une assez grande ville du Midi de la France, où son talent, nouvellement découvert, mais généreusement encouragé, faisait les délices des connaisseurs du lieu et l'admiration de la garnison. Elle se trouvait à Paris en passant, pour contracter, si faire se pouvait, un engagement dans la capitale. On dit aux deux jeunes gens, il est vrai, qu'on ne savait pas s'ils pourraient être reçus; mais ils furent introduits par une femme de chambre dans un appartement asssez riche, d'un goût peu sévère, orné de statuettes, de glaces et de cartons-pâtes, à peu près comme un café. La maîtresse du lieu était à sa toilette; elle fit dire qu'on attendit, et qu'elle allait recevoir M. de Berville.

— A présent, je te laisse, dit Armand à son frère; tu vois que nous sommes venus à bout de notre campagne. C'est à toi de faire le reste; décide madame Rosenval à te rendre ton bracelet; qu'elle l'accompagne d'un mot de sa main qui donne plus de poids à cette restitution; reviens armé de cette preuve authentique, et moquons-nous de la marquise.

Armand sortit sur ces paroles, et Tristan resta seul à se promener dans le somptueux salon de Javotte. Il y était depuis un quart d'heure, lorsque la porte de la chambre à coucher s'ouvrit. Un gros et grand monsieur, à la démarche grave, à la tête grisonnante, portant des lunettes, une chaîne, un binocle et des breloques de montre, le tout en or, s'avança d'un air affable et majestueux : — Monsieur, dit-il à Tristan, j'apprends que vous êtes le parent de madame Rosenval. Si vous voulez prendre la peine d'entrer, elle vous attend dans son cabinet.

Il fit un léger salut et se retira.

— Peste! se dit Tristan, il paraît que Javotte voit à présent meilleure compagnie que dans l'allée de la rue Saint-Jacques.

Soulevant une portière de soie chamarrée, que lui avait indiquée le monsieur aux lunettes d'or, il pénétra dans un boudoir tendu en mousseline rose, où madame Rosenval, étendue sur un canapé, le reçut d'un air nonchalant. Comme on ne retrouve jamais sans plaisir une femme qu'on a aimée, fût-ce Amélina, fût-ce même Javotte, surtout lorsque l'on s'est donné tant de peine pour la chercher, Tristan baisa avec empressement la main fort blanche de son ancienne conquête, puis il prit place à côté d'elle, et débuta, comme cela se devait, par lui faire ses compliments sur ce qu'elle était embellie, qu'il la revoyait plus charmante que jamais, etc... (toutes choses qu'on dit à toute femme qu'on retrouve, fût-elle devenue plus laide qu'un péché mortel) :

— Permettez-moi, ma chère, ajouta-t-il, de vous féliciter sur l'heureux changement qui me semble s'être opéré dans vos petites affaires. Vous êtes logée ici comme un grand seigneur.

— Vous serez donc toujours un mauvais plaisant, monsieur de Berville? répondit Javotte; tout cela est fort simple; ce n'est qu'un pied-à-terre; mais je me fais arranger quelque chose là-bas, car vous savez que je perche au diable.

— Oui, j'ai appris que vous étiez au théâtre.

— Mon Dieu, oui, je me suis décidée. Vous savez que la grande musique, la musique sérieuse, a été l'occupation de toute ma vie. M. le baron, que vous venez de voir, je suppose, sortant d'ici, et qui est un de mes bons amis, m'a persécutée pour prendre un engagement. Que voulez-vous? je me suis laissé faire. Nous jouons toutes sortes de choses, le drame, le vaudeville, l'opéra.

— On m'a dit cela, reprit Tristan, mais j'ai à vous parler d'une affaire assez sérieuse, et, comme votre temps doit être précieux, trouvez bon que je me hâte de profiter de l'occasion que j'ai de vous faire mes confidences. Vous souvenez-vous d'un certain bracelet.....

Tout en parlant, Tristan, par distraction, jeta les yeux sur la cheminée; la première chose qu'il y remarqua fut la carte de visite de la Bretonnière, accrochée à la glace.

— Est-ce que vous connaissez ce personnage-là? demanda-t-il avec surprise.

— Oui; c'est un ami du baron; je le vois de temps en temps, et je crois même qu'il dîne à la maison aujourd'hui. Mais, de grâce, continuez donc, je vous en prie, et je vous écoute.

IV

Il y aurait peut-être pour le philosophe ou pour le psychologue, comme on dit, une curieuse étude à faire sur le chapitre des distractions. Supposez un homme qui est en train de parler des choses qui le touchent le plus à la personne dont il a le plus à craindre ou à espérer, à un avocat, à une femme ou à un ministre. Quel degré d'influence exercera sur lui une épingle qui le pique au milieu de son discours, une boutonnière qui se déchire, un voisin qui se met à jouer de la flûte? Que fera un acteur, récitant une tirade, et apercevant tout à coup un de ses créanciers dans la salle? Jusqu'à quel point, enfin, peut-on parler d'une chose, et en même temps penser à une autre?

Tristan se trouvait à peu près dans une situation de ce genre. D'une part, comme il l'avait dit, le temps pressait; le monsieur à lunettes d'or pouvait reparaître à tout moment. D'ailleurs, dans l'oreille d'une femme qui vous écoute, il y a une mouche qu'il faut prendre au vol; dès qu'il n'est plus trop tôt avec elle, presque toujours il est trop tard. Tristan attachait assez de prix à ce qu'il venait demander à Javotte pour y employer toute son éloquence. Plus la démarche qu'il faisait pouvait sembler bizarre et extraordinaire, plus il sentait la nécessité de la terminer promptement. Mais, d'une autre part, il avait devant les yeux la carte de la Bretonnière, ses regards ne pouvaient s'en détacher; et, tout en poursuivant l'objet de sa visite, il se répétait à lui-même : Je retrouverai donc cet homme-là partout?

— Enfin, que voulez-vous? dit Javotte. Vous êtes distrait comme un poëte en couches.

Il va sans dire que Tristan ne voulait point parler de son motif secret, ni prononcer le nom de la marquise.

— Je ne puis rien vous expliquer, répondit-il. Je ne puis que vous dire une seule chose, c'est que vous m'obligeriez infiniment en me rendant le bracelet que Saint-Aubin et moi nous vous avons donné, s'il est encore en votre possession.

— Mais, qu'est-ce que vous voulez en faire?

— Rien qui puisse vous inquiéter; je vous en donne ma parole.

— Je vous crois, Berville, vous êtes homme d'honneur. Le diable m'emporte, je vous crois.

(Madame Rosenval, dans ses nouvelles grandeurs,

avait conservé quelques expressions qui sentaient encore un peu les choux.)

— Je suis enchanté, dit Tristan, que vous ayez de moi un si bon souvenir; vous n'oubliez pas vos amis.

— Oublier mes amis! jamais. Vous m'avez vue dans le monde quand j'étais sans le sou, je me plais à le reconnaître. J'avais deux paires de bas à jour qui se succédaient l'une à l'autre, et je mangeais la soupe dans une cuillère de bois. Maintenant je dîne dans de l'argent massif avec un laquais par-derrière et plusieurs dindons par-devant; mais mon cœur est toujours le même. Savez-vous que dans notre jeune temps nous nous amusions pour de bon? A présent, je m'ennuie comme un roi. Vous souvenez-vous d'un jour... à Montmorency... Non, ce n'était pas vous, je me trompe; mais c'est égal, c'était charmant. Ah! les bonnes cerises! et ces côtelettes de veau que nous avons mangées chez le père Duval, au Château de la Chasse, pendant que le vieux coq, ce pauvre Coco, picotait du pain sur la table! Il y a eu pourtant deux Anglais assez bêtes pour faire boire de l'eau-de-vie à ce pauvre animal, et il en est mort. Avez-vous su cela?

Lorsque Javotte parlait ainsi à peu près naturellement, c'était avec une volubilité extrême; mais quand ses grands airs la reprenaient, elle se mettait tout à coup à traîner ses phrases avec un air de rêverie et de distraction.

—Oui, vraiment, continua-t-elle d'une voix de duchesse enrhumée, je me souviens toujours avec plaisir de tout ce qui se rattache au passé.

— C'est à merveille, ma chère Amélina; mais, répondez, de grâce, à mes questions. Avez-vous conservé ce bracelet?

— Quel bracelet, Berville? qu'est-ce que vous voulez dire?

— Ce bracelet que je vous redemande, et que Saint-Aubin et moi nous vous avions donné?

Fi donc! redemander un cadeau! c'est bien peu gentilhomme, mon cher.

— Il ne s'agit point ici de gentilhommerie. Je vous l'ai dit, il s'agit d'un service fort important que vous pouvez me rendre. Réfléchissez, je vous en conjure, et répondez-moi sérieusement. Si ce n'est que le bracelet qui vous tient au cœur, je m'engage bien volontiers à vous en mettre un autre à chaque bras, en échange de celui dont j'ai besoin.

—C'est fort galant de votre part.

—Non, ce n'est pas galant, c'est tout simple. Je ne vous parle ici que dans mon intérêt.

— Mais d'abord, dit Javotte en se levant et en jouant de l'éventail, il faudrait savoir, comme je vous disais, ce que vous en feriez, de ce bracelet. Je ne peux pas me fier à un homme qui n'a pas lui-même confiance en moi. Voyons, contez-moi un peu vos affaires. Il y a quelque femme, quelque tricherie là-dessous. Tenez, je parierais que c'est quelque ancienne maîtresse à vous ou à Saint-Aubin, qui veut me dépouiller de mes ustensiles de ménage. Il y a quelque brouille, quelque jalousie, quelque mauvais propos ; allons, parlez donc.

— S'il faut absolument vous dire mon motif, répondit Tristan, voulant se débarrasser de ces questions, la vérité est que Saint-Aubin est mort ; nous étions fort liés, vous le savez, et je désirerais garder ce bracelet où nos deux noms sont écrits ensemble.

— Bah ! quelle histoire vous me fabriquez là ! Saint-Aubin est mort ? Depuis quand ?

— Il est mort en Afrique, il y a peu de temps.

— Vrai ? Pauvre garçon ! je l'aimais bien aussi. C'était un gentil cœur, et je me souviens que dans le temps il m'appelait sa beauté rose. « Voilà ma beauté rose, » disait-il : je trouve ce nom-là très-joli. Vous rappelez-vous comme il était drôle un jour que nous étions à Ermenonville, et que nous avions tout cassé dans l'auberge ? Il ne restait seulement plus une assiette. Nous avions jeté les chaises par les fenêtres à travers les carreaux, et le matin, tout justement, voilà qu'il arrive une grande longue famille de bons provinciaux qui venaient visiter la nature. Il ne se trouvait plus une tasse pour leur servir leur café au lait.

— Tête de folle ! dit Tristan ; ne pouvez-vous, une fois par hasard, faire attention à ce qu'on vous dit ? Avez-vous mon bracelet, oui ou non ?

— Je n'en sais rien du tout, et je n'aime pas les propositions faites à bout portant.

— Mais vous avez, je le suppose, un coffre, un tiroir, un endroit quelconque à mettre vos bijoux? Ouvrez-moi ce tiroir ou ce coffre; je ne vous en demande pas davantage.

Javotte sembla un peu réfléchir, se rassit près de Tristan, et lui prit la main :

— Écoutez, dit-elle, vous concevez que si ce bracelet vous est nécessaire, je ne tiens pas à une pareille misère. J'ai de l'amitié pour vous, Berville; il n'y a rien que je ne fisse pour vous obliger. Mais vous comprenez bien aussi que ma position m'impose des devoirs. Il est possible que, d'un jour à l'autre, j'entre à l'Opéra, dans les chœurs. M. le baron m'a promis d'y employer toute son influence. Un ancien préfet, comme lui, a de l'empire sur les ministres, et M. de la Bretonnière, de son côté...

— La Bretonnière! s'écria Tristan impatienté; et que diantre fait-il ici? Apparemment qu'il trouve moyen d'être en même temps à Paris et à la campagne. Il ne nous quitte pas là-bas, et je le retrouve chez vous!

— Je vous dis que c'est un ami du baron. C'est un homme fort distingué que M. de la Bretonnière. Il est vrai qu'il a une campagne près de la vôtre, et qu'il va souvent chez une personne que vous connaissez probablement, une marquise, une comtesse, je ne sais plus son nom.

— Est-ce qu'il vous parle d'elle? Qu'est-ce que cela veut dire?

— Certainement, il nous parle d'elle. Il la voit tous les jours, pas vrai? Il a son couvert à sa table; elle s'appelle Vernage, ou quelque chose comme ça; on sait ce que c'est, entre nous soit dit, que les voisins et les voisines... Eh bien! qu'est-ce que vous avez donc?

— Peste soit du fat! dit Tristan, prenant la carte de la Bretonnière et la froissant entre ses doigts. Il faut que je lui dise son fait un de ces jours.

— Oh! oh! Berville, vous prenez feu, mon cher. La Vernage vous touche, je le vois. Eh bien! tenez, faisons l'échange. Votre confidence pour mon bracelet.

— Vous l'avez donc, ce bracelet?

— Vous l'aimez donc, cette marquise?

— Ne plaisantons pas. L'avez-vous?

— Non pas, je ne dis pas cela. Je vous répète que ma position...

— Belle position! Vous moquez-vous des gens! Quand vous iriez à l'Opéra, et quand vous seriez figurante à vingt sous par jour...

— Figurante! s'écria Javotte en colère. Pour qui me prenez-vous, s'il vous plaît! Je chanterai dans les chœurs, savez-vous!

— Pas plus que moi; on vous prêtera un maillot et une toque, et vous irez en procession derrière la princesse Isabelle; ou bien on vous donnera le dimanche une petite gratification pour vous enlever au bout d'une poulie dans le ballet de *la Sylphide*. Qu'est-ce que vous entendez avec votre position?

— J'entends et je prétends que, pour rien au monde, je ne voudrais que M. le baron pût voir mon nom mêlé à une mauvaise affaire. Vous voyez bien que, pour vous recevoir, j'ai dit que vous étiez mon parent. Je ne sais pas ce que vous ferez de ce bracelet, moi, et il ne vous plaît pas de me le dire. M. le baron ne m'a jamais connue que sous le nom de madame de Rosenval; c'est le nom d'une terre que mon père a vendue. J'ai des maîtres, mon cher, j'étudie, et je ne veux rien faire qui compromette mon avenir.

Plus l'entretien se prolongeait, plus Tristan souffrait de la résistance et de l'étrange légèreté de Javotte. Évidemment le bracelet était là, dans cette chambre peut-être; mais où le trouver? Tristan se sentait par moment l'envie de faire comme les voleurs, et d'employer la menace pour parvenir à son but. Un peu de douceur et de patience lui semblait pourtant préférable :

— Ma brave Javotte, dit-il, ne nous fâchons pas. Je crois fermement à tout ce que vous me dites. Je ne veux non plus, en aucune façon, vous compromettre; chantez à l'Opéra, tant que vous voudrez, dansez même, si bon vous semble. Mon intention n'est nullement...

— Danser! moi qui ai joué Célimène! oui, mon

petit, j'ai joué Célimène à Belleville, avant de partir pour la province; et mon directeur, M. Poupinel, qui a assisté à la représentation, m'a engagée tout de suite pour les troisièmes Dugazons. J'ai été ensuite seconde grande première coquette, premier rôle marqué, et forte première chanteuse; et c'est Brochard lui-même, qui est ténor léger, qui m'a fait résilier, et Gustave, qui est Laruette, a voyagé avec moi en Auvergne. Nous faisions quatre ou cinq cents francs avec *la Tour de Nesle* et *Adolphe et Clara;* nous ne jouions que ces deux pièces-là partout. Si vous croyez que je vais danser!

— Ne nous fâchons pas, ma belle, je vous en conjure.

— Savez-vous que j'ai joué avec Frédérick? Oui, j'ai joué avec Frédérick, en province, au bénéfice d'un homme de lettres. Il est vrai que je n'avais pas un grand rôle; je faisais un page dans *Lucrèce Borgia*, mais toujours j'ai joué avec Frédérick.

— Je n'en doute pas, vous ne danserez point; je vous supplie de m'excuser; mais, ma chère, le temps se passe, et vous répondez à beaucoup de choses, excepté à ce que je vous demande. Finissons-en, s'il est possible. Dites-moi : voulez-vous me permettre d'aller à l'instant même chez Fossin, d'y prendre un bracelet, une chaîne, une bague, ce qui vous amusera, ce qui pourra vous plaire, de vous l'envoyer ou de vous le rapporter, selon votre fantaisie; en échange de quoi vous me renverrez ou vous me rendrez à moi-même cette bagatelle que je vous demande, et à laquelle vous ne tenez pas sans doute?

— Qui sait? dit Javotte d'un ton radouci; nous autres, nous tenons à peu de chose; et je suis comme cela, j'aime mes effets.

— Mais ce bracelet ne vaut pas dix louis, et, apparemment, ce n'est pas ce qu'il y a d'écrit dessus qui vous le rend précieux?

La vanité masculine, d'une part, et la coquetterie féminine, d'une autre, sont deux choses si naturelles et qui retrouvent toujours si bien leur compte, que Tristan n'avait pu s'empêcher de se rapprocher de Javotte en faisant cette question. Il avait entouré doucement de son bras la jolie taille de son ancienne amie, et Javotte, la tête penchée sur son éventail, souriait en soupirant tout bas, tandis que la moustache du jeune hussard effleurait déjà ses cheveux blonds; le souvenir du passé et l'idée d'un bracelet neuf lui faisaient palpiter le cœur.

— Parlez, Tristan, dit-elle, soyez tout à fait franc. Je suis bonne fille; n'ayez pas peur. Dites-moi où ira mon serpentin bleu.

— Eh bien! mon enfant, répondit le jeune homme, je vais tout vous avouer; je suis amoureux.

— Est-elle belle?

— Vous êtes plus jolie, elle est jalouse, elle veut ce bracelet; il lui est revenu, je ne sais comment, que je vous ai aimée...

— Menteur!

— Non, c'est la vérité; vous étiez, ma chère, vous êtes encore si parfaitement gentille, fraîche et coquette, une petite fleur; vos dents ont l'air de perles tombées dans une rose; vos yeux, votre pied...

— Eh bien! dit Javotte, soupirant toujours.

— Eh bien! reprit Tristan, et notre bracelet?

— Javotte se préparait peut-être à répondre de sa voix la plus tendre : « Eh bien! mon ami, allez chez Fossin, » lorsqu'elle s'écria tout à coup :

Prenez garde, vous m'égratignez!

La carte de visite de la Bretonnière était encore dans la main de Tristan, et le coin du carton corné avait, en effet, touché l'épaule de madame Rosenval. Au même instant, on frappa doucement à la porte; la tapisserie se souleva, et la Bretonnière lui-même entra dans la chambre.

— Pardieu, monsieur, s'écria Tristan, ne pouvant contenir un mouvement de dépit, vous arrivez comme mars en carême.

— Comme Mars en toute saison, dit la Bretonnière, enchanté de son calembourg.

— On pourrait voir cela, reprit Tristan.

— Quand il vous plaira, dit la Bretonnière.

— Demain, vous aurez de mes nouvelles.

Tristan se leva, prit Javotte à part : — Je compte sur vous, n'est-ce pas? lui dit-il à voix basse; dans une heure, j'enverrai ici.

— Puis il sortit, sans plus de façon, en répétant encore : A demain.

— Que veut dire cela? demanda Javotte.

— Ma foi, je n'en sais rien, dit la Bretonnière.

V

Armand, comme on le pense bien, avait attendu impatiemment le retour de son frère, afin d'apprendre le résultat de l'entretien avec Javotte. Tristan rentra chez lui tout joyeux :

— Victoire! mon cher, s'écria-t-il; nous avons gagné la bataille, et mieux encore, car nous aurons demain tous les plaisirs du monde à la fois.

— Bah! dit Armand; qu'y a-t-il donc? tu as un air de gaieté qui fait plaisir à voir.

— Ce n'est pas sans raison ni sans peine. Javotte a hésité; elle a bavardé; elle m'a fait des discours à dormir debout; mais enfin elle cédera, j'en suis certain; je compte sur elle. Ce soir, nous aurons mon bracelet, et demain matin, pour nous distraire, nous nous battrons avec la Bretonnière.

— Encore ce pauvre homme! Tu lui en veux donc beaucoup?

— Non, en vérité, je n'ai plus de rancune contre lui. Je l'ai rencontré, je l'ai envoyé promener, je lui donnerai un coup d'épée, et je lui pardonne.

— Où l'as-tu donc vu? chez ta belle?

— Eh mon Dieu, oui; ne faut-il pas que ce monsieur-là se fourre partout?

— Et comment la querelle est-elle venue?

— Il n'y a pas de querelle; deux mots, te dis-je, une misère; nous en causerons. Commençons maintenant par aller chez Fossin acheter quelque chose pour Javotte, avec qui je suis convenu d'un échange; car on ne donne rien pour rien quand on s'appelle Javotte, et même sans cela.

—Allons, dit Armand, je suis ravi comme toi que tu sois parvenu à ton but et que tu aies de quoi confondre ta marquise. Mais, chemin faisant, mon cher ami, réfléchissons, je t'en prie, sur la seconde partie de ta vengeance projetée. Elle me semble plus qu'étrange.

— Trêve de mots, dit Tristan, c'est un point résolu. Que j'aie tort ou raison, n'importe : nous pouvions ce matin discuter là-dessus; à présent le vin est tiré, il faut le boire.

— Je ne me lasserai pas, reprit Armand, de te répéter que je ne conçois pas comment un homme comme toi, un militaire, reconnu pour brave, peut trouver du plaisir à ces duels sans motif, ces affaires d'enfant, ces bravades d'écolier, qui ont peut-être été à la mode, mais dont tout le monde se moque aujourd'hui. Les querelles de parti, les duels de cocarde peuvent se comprendre dans les crises politiques. Il peut sembler plaisant à un républicain de ferrailler avec un royaliste, uniquement parce qu'ils se rencontrent : les passions sont en jeu, et tout peut s'excuser. Mais je ne te conseille pas ici, je te blâme. Si ton projet est sérieux, je n'hésite pas à te dire qu'en pareil cas je refuserais de servir de témoin à mon meilleur ami.

— Je ne te demande pas de m'en servir, mais de te taire ; allons chez Fossin.

— Allons où tu voudras, je n'en démordrai pas. Prendre en grippe un homme importun, cela arrive à tout le monde : le fuir ou s'en railler, passe encore ; mais vouloir le tuer, c'est horrible.

— Je te dis que je ne le tuerai pas ; je te le promets, je m'y engage. Un petit coup d'épée, voilà tout. Je veux mettre en écharpe le bras du cavalier servant de la marquise, en même temps que je lui offrirai humblement, à elle, le bracelet de ma grisette.

— Songe donc que cela est inutile. Si tu te bats pour laver ton honneur, qu'as-tu à faire du bracelet? Si le bracelet te suffit, qu'as-tu à faire de cette querelle? M'aimes-tu un peu? cela ne sera pas.

— Je t'aime beaucoup, mais cela sera.

En parlant ainsi, les deux frères arrivèrent chez Fossin. Tristan, ne voulant pas que Javotte pût se repentir de son marché, choisit pour elle une jolie châtelaine qu'il fit envelopper avec soin, ayant dessein de la porter lui-même et d'attendre la réponse, s'il n'était pas reçu. Armand, ayant autre chose en tête, et voyant son frère plus joyeux encore à l'idée de revenir promptement avec le bracelet en question, ne lui proposa pas de l'accompagner. Il fut convenu qu'ils se retrouveraient le soir.

Au moment où ils allaient se séparer, la roue d'une calèche découverte, courant avec un assez grand fracas, rasa le trottoir de la rue Richelieu. Une livrée bizarre, qui attirait les yeux, fit retourner les passants. Dans cette voiture était madame de Vernage, seule, nonchalamment étendue. Elle aperçut les deux jeunes gens, et les salua d'un petit signe de tête, avec une indolence protectrice.

— Ah! dit Tristan, pâlissant malgré lui, il paraît que l'ennemi est venu observer la place. Elle a renoncé à sa fameuse chasse, cette belle dame, pour faire un tour aux Champs-Élysées et respirer la poussière de Paris. Qu'elle aille en paix! elle arrive à point. Je suis vraiment flatté de la voir ici. Si j'étais un fat, je croirais qu'elle vient savoir de mes nouvelles. Mais point du tout; regarde avec quel laisser-aller aristocratique, supérieur même à celui de Javotte, elle a daigné nous remarquer. Gageons qu'elle ne sait ce qu'elle vient faire : ces femmes-là cherchent le danger, comme les papillons la lumière. Que son sommeil de ce soir lui soit léger! Je me présenterai demain à son petit lever, et nous en aurons des nouvelles. Je me fais une véritable fête de vaincre un tel orgueil avec de telles armes. Si elle savait que j'ai là, dans mes mains, un petit cadeau pour une petite fille, moyennant quoi je suis en droit de lui dire : Vos belles lèvres en ont menti et vos baisers sentent la calomnie; que dirait-elle? Elle serait peut-être moins superbe, non pas moins belle... Adieu, mon cher, à ce soir.

Si Armand n'avait pas plus longuement insisté pour dissuader son frère de se battre, ce n'était pas qu'il crût impossible de l'en empêcher; mais il le savait trop violent, surtout dans un moment pareil, pour essayer de le convaincre par la raison; il aimait mieux prendre un autre moyen. La Bretonnière, qu'il connaissait de longue main, lui paraissait avoir un caractère plus calme et plus facile à aborder : il l'avait vu chasser prudemment. Il alla le trouver sur-le-champ, résolu à voir si de ce côté il n'y aurait pas plus de chances de réconciliation. La Bretonnière était seul, dans sa chambre, entouré de liasses de papiers, comme un homme qui met ses affaires en ordre. Armand lui exprima tout le regret qu'il éprouvait de voir qu'un mot (qu'il ignorait du reste, disait-il) pouvait amener deux gens de cœur à aller sur le terrain, et de là en prison.

— Qu'avez-vous donc fait à mon frère? lui demanda-t-il.

— Ma foi, je n'en sais rien, dit la Bretonnière, se levant et s'asseyant tour à tour d'un air un peu embarrassé, tout en conservant sa gravité ordinaire : votre frère, depuis longtemps, me semble mal disposé à mon égard; mais, s'il faut vous parler franchement, je vous avoue que j'ignore absolument pourquoi.

— N'y a-t-il pas entre vous quelque rivalité? Ne faites-vous pas la cour à quelque femme?...

— Non, en vérité, pour ce qui me regarde, je ne

fais la cour à personne, et je ne vois aucun motif raisonnable qui ait fait franchir ainsi à votre frère les bornes de la politesse.

—Ne vous êtes-vous jamais disputés ensemble?

—Jamais, une seule fois exceptée, c'était du temps du choléra : M. de Berville, en causant au dessert, soutint qu'une maladie contagieuse était toujours épidémique, et il prétendait baser sur ce faux principe la différence qu'on a établie entre le mot épidémique et le mot endémique. Je ne pouvais, vous le sentez, être de son avis, et je lui démontrai fort bien qu'une maladie épidémique pouvait devenir fort dangereuse sans se communiquer par le contact. Nous mîmes à cette discussion un peu trop de chaleur, j'en conviens...

— Est-ce là tout?

— Autant que je me le rappelle. Peut-être cependant a-t-il été blessé, il y a quelque temps, de ce que j'ai cédé à l'un de mes parents deux bassets dont il avait envie. Mais que voulez-vous que j'y fasse : ce parent vient me voir par hasard; je lui montre mes chiens, il trouve ces bassets...

— Si ce n'est que cela encore, il n'y a pas de quoi s'arracher les yeux.

— Non, à mon sens, je le confesse; aussi vous dis-je, en toute conscience, que je ne comprends exactement rien à la provocation qu'il vient de m'adresser.

— Mais si vous ne faites la cour à personne, il est

peut-être amoureux, lui, de cette marquise chez laquelle nous allons chasser ?

— Cela se peut, mais je ne le crois pas... Je n'ai point souvenance d'avoir jamais remarqué que la marquise de Vernage pût souffrir ou encourager des assiduités condamnables.

— Qui est-ce qui vous parle de rien de condamnable ? Est-ce qu'il y a du mal à être amoureux ?

— Je ne discute pas cette question ; je me borne à vous dire que je ne le suis point, et que je ne saurais, par conséquent, être le rival de personne.

— En ce cas, vous ne vous battrez pas ?

— Je vous demande pardon ; je suis provoqué de la manière la plus positive. Il m'a dit, lorsque je suis entré, que j'arrivais comme mars en carême. De tels discours ne se tolèrent pas ; il me faut une réparation

— Vous vous couperez la gorge pour un mot ?

— Les conjonctures sont fort graves. Je n'entre point dans les raisons qui ont amené ce défi ; je m'en étonne parce qu'il me semble étrange, mais je ne puis faire autrement que de l'accepter.

— Un duel pareil est-il possible ? Vous n'êtes pourtant pas fou, ni Berville non plus. Voyons, la Bretonnière, raisonnons. Croyez-vous que cela m'amuse de vous voir faire une étourderie semblable ?

— Je ne suis point un homme faible, mais je ne suis pas non plus un homme sanguinaire. Si votre frère me propose des excuses, pourvu qu'elles soient bonnes et valables, je suis prêt à les recevoir. Sinon, voici mon testament que je suis en train d'écrire, comme cela se doit.

— Qu'entendez-vous par des excuses valables?

— J'entends... cela se comprend.

— Mais encore?

— De bonnes excuses.

— Mais enfin, à peu près, parlez.

— Eh bien! il m'a dit que j'arrivais comme mars en carême, et je crois lui avoir dignement répondu. Il faut qu'il rétracte ce mot, et qu'il me dise, devant témoins, que j'arrivais tout simplement comme M. de la Bretonnière.

— Je crois que, s'il est raisonnable, il ne peut vous refuser cela.

Armand sortit de cette conférence non pas entièrement satisfait, mais moins inquiet qu'il n'était venu. C'était au boulevard de Gand, entre onze heures et minuit, qu'il avait rendez-vous avec son frère. Il le trouva, marchant à grands pas d'un air agité, et il s'apprêtait à négocier son accommodement dans les termes voulus par la Bretonnière, lorsque Tristan lui prit le bras en s'écriant :

— Tout est manqué! Javotte se joue de moi, je n'ai pas mon bracelet.

— Pourquoi?

— Pourquoi? Que sais-je? une idée d'hirondelle. Je suis allé chez elle tout droit; on me répond qu'elle est sortie. Je m'assure qu'en effet elle n'y est pas, et je demande si elle n'a rien laissé pour moi ; la chambrière me regarde avec étonnement. A force de questions, j'apprends que madame Rosenval a dîné avec son baron à lunettes, et une autre personne, sans doute ce damné la Bretonnière ; qu'ils se sont séparés ensuite, la Bretonnière pour rentrer chez lui, Javotte et le baron pour aller au spectacle, non pas dans la salle, mais sur le théâtre ; et je ne sais quoi encore d'incompréhensible ; le tout mêlé de verbiages de servante : « Madame avait reçu une bonne nouvelle ; Madame paraissait très-contente ; elle était pressée, on n'avait pas eu le temps de manger le dessert, mais on avait envoyé chercher à la cave du vin de Champagne. » Cependant je tire de ma poche la petite boîte de Fossin, que je remets à la chambrière, en la priant de donner cela ce soir à sa maîtresse, et en confidence. Sans chercher à comprendre ce que je ne peux savoir, je joins à mon cadeau un billet écrit à la hâte. Là-dessus, je rentre, je compte les minutes, et la réponse n'arrive pas. Voilà où en sont les choses. Maintenant que cette fille a je ne sais quoi en tête, s'en détournera-t-elle pour m'obliger? Quel vent a soufflé sur cette girouette?

— Mais, dit Armand, le spectacle a fini tard ; il lui faut bien, à cette girouette, le temps nécessaire pour lire et répondre, chercher ce bracelet et l'envoyer. Nous le trouverons chez toi tout à l'heure. Songe donc que Javotte ne peut décemment accepter ton cadeau qu'à titre d'échange. Quant à ton duel, n'y songe plus.

— Eh! mon Dieu! je n'y songe pas; j'y vais...

— Fou que tu es! et notre mère?

Tristan baissa la tête sans répondre, et les deux frères rentrèrent chez eux.

Javotte n'était pourtant pas aussi méchante qu'on pourrait le croire. Elle avait passé la journée dans une perplexité singulière. Ce bracelet redemandé, cette insistance, ce duel projeté, tout cela lui semblait autant de rêveries incompréhensibles; elle cherchait ce qu'elle avait à faire, et sentait que le plus sage eût été de demeurer indifférente à des événements qui ne la regardaient pas. Mais si madame Rosenval avait toute la fierté d'une reine de théâtre, Javotte, au fond, avait bon cœur. Berville était jeune et aimable; le nom de cette marquise mêlé à tout cela, ce mystère, ces demi-confidences, plaisaient à l'imagination de la grisette parvenue.

— S'il était vrai qu'il m'aime encore un peu, pensait-elle, et qu'une marquise fût jalouse de moi, y aurait-il grand risque à donner ce bracelet? Ni le baron ni d'autres ne s'en douteraient; je ne le porte jamais; pourquoi ne pas rendre service, si cela ne fait de mal à personne?

Tout en réfléchissant, elle avait ouvert un petit secrétaire dont la clef était suspendue à son cou. Là étaient entassés, pêle-mêle, tous les joyaux de sa couronne, un diadème en clinquant pour *la Tour de Nesle*, des colliers en strass, des émeraudes en verre qui avaient besoin des quinquets pour briller d'un éclat douteux; du milieu de ce trésor, elle tira le bracelet de Tristan, et considéra attentivement les deux noms gravés sur la plaque :

— Il est joli, ce serpentin, dit-elle; quelle peut être l'idée de Berville en voulant le reprendre? Il croit qu'il me sacrifie. Si l'inconnue me connaît, je suis compromise. Ces deux noms à côté l'un de l'autre, ce n'est pas autorisé. Si Berville n'a eu pour moi qu'un caprice, est-ce une raison?... Bah! il m'en donnera un autre; ce sera drôle.

Javotte allait peut-être envoyer le bracelet, lorsqu'un coup de sonnette vint l'interrompre dans ses réflexions. C'était le monsieur aux lunettes d'or.

— Mademoiselle, dit-il, je vous annonce un succès; vous êtes des chœurs. Ce n'est pas, de prime abord, une affaire extrêmement brillante; trente sous, vous savez, mais qu'importe? ce joli pied est dans l'étrier. Dès ce soir, vous porterez un domino dans le bal masqué de *Gustave*.

— Voilà une nouvelle! s'écria Javotte en sautant de joie. Choriste à l'Opéra! choriste tout de suite! j'ai justement repassé mon chant; je suis en voix; ce soir, *Gustave!*... Ah! mon Dieu!

Après le premier moment d'ivresse, madame Rosenval retrouva la gravité qui convient à une cantatrice :

— Baron, dit-elle, vous êtes un homme charmant. Il n'y a que vous, et je sens ma vocation; dînons;

allons à l'Opéra ; à la gloire, rentrons, soupons, allez-vous-en ; je dors déjà sur mes lauriers.

Le convive attendu arriva bientôt. On brusqua le dîner, et Javotte ne manqua pas de vouloir partir beaucoup plus tôt qu'il n'était nécessaire. Le cœur lui battait en entrant par la porte des acteurs, dans ce vieux sombre, et petit corridor où Taglioni, peut-être, a marché. Comme le ballet fut applaudi, madame Rosenval, couverte d'un capuchon rose, crut avoir contribué au succès. Elle rentra chez elle fort émue, et, dans l'ivresse du triomphe, ses pensées étaient à cent lieues de Tristan, lorsque sa femme de chambre lui remit la petite boîte soigneusement enveloppée par Fossin, et un billet où elle trouva ces mots : « Il ne faut pas que les plaisirs vous fassent oublier un ancien ami qui a besoin d'un service. Soyez bonne comme autrefois. J'attends votre réponse avec impatience. »

— Ce pauvre garçon ! dit madame Rosenval, je l'avais oublié. Il m'envoie une châtelaine ; il y a plusieurs turquoises...

Javotte se mit au lit, et ne dormit guère. Elle songea bien plus à son engagement et à sa brillante destinée qu'à la demande de Tristan. Mais le jour la retrouva dans ses bonnes pensées.

— Allons, dit-elle, il faut s'exécuter. Ma journée d'hier a été heureuse ; il faut que tout le monde soit content.

Il était huit heures du matin quand Javotte prit son

bracelet, mit son châle et son chapeau, et sortit de chez elle, pleine de cœur, et presque encore grisette. Arrivée à la maison de Tristan, elle vit, devant la loge du concierge, une grosse femme, les joues couvertes de larmes.

— Monsieur de Berville? demanda Javotte.

— Hélas! répondit la grosse femme.

— Y est-il, s'il vous plaît? Est-ce ici?

— Hélas! madame..... il s'est battu..... on vient de le rapporter... Il est mort!...

Le lendemain, Javotte chantait pour la seconde fois dans les chœurs de l'Opéra, sous un quatrième nom qu'elle avait choisi : celui de madame Amaldi.

FIN DU SECRET DE JAVOTTE.

LA MOUCHE

I

En 1756, lorsque Louis XV, fatigué des querelles entre la magistrature et le grand conseil à propos de l'impôt des deux sous[1], prit le parti de tenir un lit de justice, les membres du parlement remirent leurs offices. Seize de ces démissions furent acceptées, sur quoi il y eut autant d'exils. « Mais pourriez-vous, disait madame de Pompadour à l'un des présidents, pourriez-vous voir de sang-froid une poignée d'hommes résister à l'autorité d'un roi de France? N'en auriez-vous pas mauvaise opinion? Quittez votre petit manteau, monsieur le président, et vous verrez tout cela comme je le vois. »

Ce ne furent pas seulement les exilés qui portèrent la peine de leur mauvais vouloir, mais aussi leurs parents et leurs amis. Le *décachetage* amusait le roi. Pour se désennuyer de ses plaisirs, il se faisait lire par

[1] Deux sous pour livre du dixième du revenu.

sa favorite tout ce qu'on trouvait de curieux à la poste. Bien entendu que, sous le prétextre de faire lui-même sa police secrète, il se divertissait de mille intrigues qui lui passaient ainsi sous les yeux; mais quiconque, de près ou de loin, tenait aux chefs des factions, était presque toujours perdu. On sait que Louis XV, avec toutes sortes de faibles, n'avait qu'une seule force, celle d'être inexorable.

Un soir qu'il était devant le feu, les pieds sur le manteau de la cheminée, mélancolique à son ordinaire, la marquise, parcourant un paquet de lettres, haussait les épaules en riant. Le roi demanda ce qu'il y avait.

— C'est que je trouve là, répondit-elle, une lettre qui n'a pas le sens commun, mais c'est une chose touchante, et qui fait pitié.

— Qu'y a-t-il au bas? dit le roi.

— Point de nom : c'est une lettre d'amour.

— Et qu'y a-t-il dessus?

— Voilà le plaisant. C'est qu'elle est adressée à mademoiselle d'Annebault, la nièce de ma bonne amie, madame d'Estrades. C'est apparemment pour que je la voie qu'on l'a fourrée avec ces papiers.

— Et qu'y a -t-il dedans? dit encore le roi.

— Mais, je vous dis, c'est de l'amour. Il y est question aussi de Vauvert et de Neauflette. Est-on un gentilhomme dans ces pays-là? Votre Majesté les connaît-elle?

Le roi se piquait de savoir la France par cœur,

c'est-à-dire la noblesse de France. L'étiquette de sa cour, qu'il avait étudiée, ne lui était pas plus familière que les blasons de son royaume : science assez courte, le reste ne comptant pas. Mais il y mettait de la vanité, et la hiérarchie était devant ses yeux comme l'escalier de marbre de son palais; il y voulait marcher en maître. Après avoir rêvé quelques instants, il fronça le sourcil comme frappé d'un mauvais souvenir, puis, faisant signe à la marquise de lire, il se rejeta dans sa bergère, en disant avec un sourire :

— Va toujours, la fille est jolie.

Madame de Pompadour, prenant alors son ton le plus doucement railleur, commença à lire une longue lettre toute remplie de tirades amoureuses :

« Voyez un peu, disait l'écrivain, comme les destins me persécutent! Tout semblait disposé à remplir mes vœux, et vous-même, ma tendre amie, ne m'aviez-vous pas fait espérer le bonheur? Il faut pourtant que j'y renonce, et cela pour une faute que je n'ai pas commise. N'est-ce pas un excès de cruauté de m'avoir permis d'entrevoir les cieux, pour me précipiter dans l'abîme? Lorsqu'un infortuné est dévoué à la mort, se fait-on un barbare plaisir de laisser devant ses regards tout ce qui doit faire aimer et regretter la vie? Tel est pourtant mon sort; je n'ai plus d'autre asile, d'autre espérance que le tombeau, car, dès l'instant que je suis malheureux, je ne dois plus songer à votre main. Quand la fortune me souriait, tout mon espoir était que vous fussiez à moi; pauvre aujourd'hui, je me ferais horreur si j'osais encore y songer, et, du moment que je ne puis vous rendre heureuse, tout en mourant d'amour, je vous défends de m'aimer...

La marquise souriait à ces derniers mots.

— Madame, dit le roi, voilà un honnête homme. Mais, qu'est-ce qui l'empêche d'épouser sa maîtresse?

— Permettez, Sire, que je continue :

« Cette injustice qui m'accable, me surprend de la part du meilleur des rois. Vous savez que mon père demandait pour moi une place de cornette ou d'enseigne aux gardes, et que cette place décidait de ma vie, puisqu'elle me donnait le droit de m'offrir à vous. Le duc de Biron m'avait proposé; mais le roi m'a rejeté d'une façon dont le souvenir m'est bien amer, car si mon père a sa manière de voir (je veux que ce soit une faute), dois-je toutefois en être puni? Mon dévouement au roi est aussi véritable, aussi sincère que mon amour pour vous. On verrait clairement l'un et l'autre, si je pouvais tirer l'épée. Il est désespérant qu'on refuse ma demande; mais que ce soit sans raison valable qu'on m'enveloppe dans une pareille disgrâce, c'est ce qui est opposé à la bonté bien connue de Sa Majesté...

— Oui-dà, dit le roi, ceci m'intéresse.

« Si vous saviez combien nous sommes tristes? Ah! mon amie! cette terre de Neauflette, ce pavillon de Vauvert, ces bosquets! je m'y promène seul tout le jour. J'ai défendu de ratisser; l'odieux jardinier est venu hier avec son manche à balai ferré. Il allait toucher le sable... La trace de vos pas, plus légère que le vent, n'était pourtant pas effacée. Le bout de vos petits pieds et vos grands talons blancs étaient encore marqués dans l'allée : ils semblaient marcher devant moi, tandis que je suivais votre belle image, et ce charmant fantôme s'animait par instants, comme s'il se fût posé sur l'empreinte fugitive. C'est là, c'est en causant le long du parterre qu'il m'a été donné de vous connaître, de vous apprécier. Une éducation admirable dans l'esprit d'un ange, la dignité d'une reine avec la grâce des nymphes, des pensées dignes de Leibnitz avec un langage si simple, l'abeille de Platon sur les lèvres de Diane, tout cela m'ensevelissait sous le voile de l'adoration. Et pendant ce temps-là ces fleurs bien-aimées s'épanouissaient autour de nous. Je les ai respirées en vous écoutant; dans leur parfum vivait votre souvenir. Elles courbent à présent la tête; elles me montrent la mort...

— C'est du mauvais Jean-Jacques, dit le roi. Pourquoi me lisez-vous cela?

— Parce que Votre Majesté me l'a ordonné pour les beaux yeux de mademoiselle d'Annebault.

— Cela est vrai, elle a de beaux yeux.

« Et quand je rentre de ces promenades, je trouve mon père seul, dans le grand salon, accoudé auprès d'une chandelle, au milieu de ces dorures fanées qui couvrent nos lambris vermoulus. Il me voit venir avec peine... mon chagrin dérange le sien... Athénaïs! au fond de ce salon, près de la fenêtre, est le clavecin où voltigeaient vos doigts délicieux, qu'une seule fois ma bouche a touchés, pendant que la vôtre s'ouvrait doucement aux accords de la plus suave musique... si bien que vos chants n'étaient qu'un sourire. Qu'ils sont heureux, ce Rameau, ce Lulli, ce Duni, que sais-je? et bien d'autres! Oui, oui, vous les aimez, ils sont dans votre mémoire; leur souffle a passé sur vos lèvres. Je m'assieds aussi à ce clavecin, j'essaye d'y jouer un de ces airs qui vous plaisent; qu'ils me semblent froids, monotones! je les laisse et les écoute mourir, tandis que l'écho s'en perd sous cette voûte lugubre. Mon père se retourne et me voit désolé; qu'y peut-il faire? Un propos de ruelle, d'antichambre, a fermé nos grilles. Il me voit jeune, ardent, plein de vie, ne demandant qu'à être au monde; il est mon père, et n'y peut rien...

— Ne dirait-on pas, dit le roi, que ce garçon s'en allait en chasse, et qu'on lui tue son faucon sur le poing? A qui en a-t-il, par hasard?

« Il est bien vrai, reprit la marquise, continuant la lecture d'un ton plus bas, il est bien vrai que nous sommes proches voisins et parents éloignés de l'abbé Chauvelin...

— Voilà donc ce que c'est, dit Louis XV en bâillant. Encore quelque neveu des enquêtes et requêtes. Mon parlement abuse de ma bonté; il a vraiment trop de famille.

— Mais si ce n'est qu'un parent éloigné!...

— Bon, ce monde-là ne vaut rien du tout. Cet abbé Chauvelin est un janséniste; c'est un bon diable, mais c'est un démis. Jetez cette lettre au feu, et qu'on ne m'en parle plus.

II

Les derniers mots prononcés par le roi n'étaient pas tout à fait un arrêt de mort, mais c'était à peu près une défense de vivre. Que pouvait faire, en 1756, un jeune homme sans fortune, dont le roi ne voulait pas entendre parler? Tâcher d'être commis, ou se faire philosophe, poëte peut-être, mais sans dédicace, et le métier, en ce cas, ne valait rien.

Telle n'était pas, à beaucoup près, la vocation du chevalier de Vauvert, qui venait d'écrire avec des larmes la lettre dont le roi se moquait. Pendant ce temps-là, seul avec son père, au fond du vieux château de Neauflette, il marchait par la chambre d'un air triste et furieux :

— Je veux aller à Versailles, disait-il.

— Et qu'y ferez-vous?

— Je n'en sais rien; mais que fais-je ici?

— Vous me tenez compagnie; il est bien certain que cela ne peut pas être fort amusant pour vous, et je ne vous retiens en aucune façon. Mais oubliez-vous que votre mère est morte?

— Non, monsieur, et je lui ai promis de vous consacrer la vie que vous m'avez donnée. Je reviendrai, mais je veux partir; je ne saurais plus rester dans ces lieux.

— D'où vient cela?

— D'un amour extrême. J'aime éperdument mademoiselle d'Annebault

— Vous savez que c'est inutile. Il n'y a que Molière qui fasse des mariages sans dot. Oubliez-vous aussi ma disgrâce?

— Eh! monsieur, votre disgrâce, me serait-il permis, sans m'écarter du plus profond respect, de vous demander ce qui l'a causée? Nous ne sommes pas du parlement. Nous payons l'impôt, nous ne le faisons pas. Si le parlement lésine sur les deniers du roi, c'est son affaire et non la nôtre. Pourquoi M. l'abbé Chauvelin nous entraîne-t-il dans sa ruine?

— Monsieur l'abbé Chauvelin agit en honnête homme. Il refuse d'approuver le dixième, parce qu'il est révolté des dilapidations de la cour. Rien de pareil n'aurait eu lieu du temps de madame de Châteauroux. Elle était belle, au moins, celle-là, et elle ne coûtait rien, pas même ce qu'elle donnait si généreusement. Elle était maîtresse et souveraine, et elle se disait satisfaite si le roi ne l'envoyait pas pourrir dans un cachot lorsqu'il lui retirerait ses bonnes grâces. Mais cette Étioles, cette Le Normand, cette Poisson insatiable.

— Et qu'importe?

— Qu'importe! dites-vous? Plus que vous ne pensez. Savez-vous seulement que, à présent, tandis que le roi nous gruge, la fortune de sa grisette est incalculable? Elle s'était fait donner au début cent quatre-vingt mille livres de rente; mais ce n'était qu'une bagatelle, cela ne compte plus maintenant; on ne saurait se faire une idée des sommes effrayantes que le roi lui jette à la tête; il ne se passe pas trois mois de l'année où elle n'attrape au vol, comme par hasard, cinq ou six cent mille livres, hier sur les sels, aujourd'hui sur les augmentations du trésorier des écuries; avec les logements qu'elle a dans toutes les maisons royales, elle achète la Selle, Cressy, Aulnay, Brinborion, Marigny, Saint-Remi, Bellevue, et tant d'autres terres, des hôtels à Paris, à Fontainebleau, à Versailles, à Compiègne, sans compter une fortune secrète placée en tous pays dans toutes les banques d'Europe, en cas de disgrâce probablement, ou de la mort du souverain. Et qui paye tout cela, s'il vous plaît?

— Je l'ignore, monsieur, mais ce n'est pas moi.

— C'est vous, comme tout le monde, c'est la France, c'est le peuple qui sue sang et eau, qui crie dans la rue, qui insulte la statue de Pigalle. Et le parlement ne veut plus de cela; il ne veut plus de nouveaux impôts. Lorsqu'il s'agissait des frais de la guerre, notre dernier écu était prêt; nous ne songions pas à marchander. Le roi victorieux a pu voir clairement qu'il était aimé par tout le royaume, plus clairement encore lorsqu'il faillit mourir. Alors cessa toute dissidence, toute faction, toute rancune; la France entière se mit à genoux devant le lit du roi, et pria pour lui. Mais si nous payons, sans compter, ses soldats ou ses médecins, nous ne voulons plus payer ses maîtresses, et nous avons autre chose à faire que d'entretenir madame de Pompadour.

— Je ne la défends pas, monsieur. Je ne saurais lui donner ni tort ni raison; je ne l'ai jamais vue.

— Sans doute; et vous ne seriez pas fâché de la voir, n'est-il pas vrai, pour avoir là-dessus quelque opinion? Car, à votre âge, la tête juge par les yeux. Essayez donc, si bon vous semble; mais ce plaisir-là vous sera refusé.

— Pourquoi, monsieur?

— Parce que c'est une folie; parce que cette marquise est aussi invisible dans ses petits boudoirs de Brinborion que le Grand-Turc dans son sérail; parce qu'on vous fermera toutes les portes au nez. Que voulez-vous faire? Tenter l'impossible! chercher fortune comme un aventurier!

— Non pas, mais comme un amoureux. Je ne prétends point solliciter, monsieur, mais réclamer contre une injustice. J'avais une espérance fondée, presque une promesse de M. de Biron; j'étais à la veille de posséder ce que j'aime, et cet amour n'est point déraisonnable; vous ne l'avez pas désapprouvé. Souffrez donc que je tente de plaider ma cause. Aurai-je affaire au roi ou à madame de Pompadour, je l'ignore, mais je veux partir.

— Vous ne savez pas ce que c'est que la cour, et vous voulez vous y présenter!

— Eh! j'y serai peut-être reçu plus aisément, par cette raison que j'y suis inconnu.

— Vous inconnu, chevalier! y pensez-vous? Avec un nom comme le vôtre!... Nous sommes vieux gentilshommes, monsieur ; vous ne sauriez être inconnu.

— Eh bien donc, le roi m'écoutera!

—Il ne voudra pas seulement vous entendre. Vous rêvez Versailles, et vous croirez y être quand votre postillon s'arrêtera... Supposons que vous parveniez jusqu'à l'antichambre, à la galerie, à l'Œil-de-Bœuf : vous ne verrez entre Sa Majesté et vous que le battant d'une porte ; il y aura un abîme. Vous vous retournerez, vous chercherez des biais, des protections, vous ne trouverez rien. Nous sommes parents de M. de Chauvelin ; et comment croyez-vous que le roi se venge? Par la torture pour Damiens, par l'exil pour le parlement, mais pour nous autres, par un mot, ou, pis encore, par le silence. Savez-vous ce que c'est que le silence du roi, lorsque, avec son regard muet. au lieu de vous répondre, il vous dévisage en passant et vous anéantit? Après la Grève et la Bastille, c'est un certain degré de supplice qui, moins cruel en apparence, marque aussi bien que la main du bourreau. Le condamné, il est vrai, reste libre, mais il ne lui faut plus songer à s'approcher ni d'une femme, ni d'un courtisan, ni d'un salon, ni d'une abbaye, ni d'une caserne. Devant lui tout se ferme ou se détourne, et il se promène ainsi au hasard dans une prison invisible.

— Je m'y remuerai tant que j'en sortirai.

— Pas plus qu'un autre. Le fils de M. de Meynières n'était pas plus coupable que vous. Il avait, comme vous, des promesses, les plus légitimes espérances. Son père, le plus dévoué sujet de Sa Majesté, le plus honnête homme du royaume, repoussé par le roi, est allé, avec ses cheveux gris, non pas prier, mais essayer de persuader la grisette. Savez-vous ce qu'elle a répondu? Voici ses propres paroles, que M. de Meynières m'envoie dans une lettre : « Le roi est le maître; il ne juge pas à propos de vous marquer son mécontentement personnellement; il se contente de vous le faire éprouver en privant monsieur votre fils d'un état; vous punir autrement, ce serait commencer une affaire, et il n'en veut pas; il faut respecter ses volontés. Je vous plains cependant, j'entre dans vos peines, j'ai été mère; je sais ce qu'il doit vous en coûter pour laisser votre fils sans état. » Voilà le style de cette créature, et vous voulez vous mettre à ses pieds!

— On dit qu'ils sont charmants, monsieur.

— Parbleu, oui. Elle n'est pas jolie, et le roi ne l'aime pas, on le sait. Il cède, il plie devant cette femme. Pour maintenir son étrange pouvoir, il faut bien qu'elle ait autre chose que sa tête de bois.

— On prétend qu'elle a tant d'esprit!

— Et point de cœur, le beau mérite!

— Point de cœur! elle qui sait si bien déclamer les vers de Voltaire, chanter la musique de Rousseau!

elle qui joue Alzire et Colette! C'est impossible, je ne le croirai jamais.

— Allez-y voir, puisque vous le voulez. Je conseille et n'ordonne pas, mais vous en serez pour vos frais de voyage. Vous aimez donc beaucoup cette demoiselle d'Annebault?

— Plus que ma vie.

— Allez, monsieur.

III

On a dit que les voyages font tort à l'amour, parce qu'ils donnent des distractions; on a dit aussi qu'ils le fortifient, parce qu'ils laissent le temps d'y rêver. Le chevalier était trop jeune pour faire de si savantes distinctions. Las de la voiture, à moitié chemin, il avait pris un bidet de poste, et arrivait ainsi vers cinq heures du soir à l'auberge du Soleil, enseigne passée de mode, du temps de Louis XIV.

Il y avait à Versailles un vieux prêtre qui avait été curé près de Neauflette : le chevalier le connaissait et l'aimait. Ce curé, simple et pauvre, avait un neveu à bénéfices, abbé de cour, qui pouvait être utile. Le chevalier alla donc chez le neveu, lequel, homme d'importance, plongé dans son rabat, reçut fort bien le nouveau venu et ne dédaigna pas d'écouter sa requête.

— Mais, parbleu, dit-il, vous venez au mieux. Il y a ce soir opéra à la cour, une espèce de fête, de je ne sais quoi. Je n'y vais pas, parce que je boude la marquise, afin d'obtenir quelque chose; mais voici justement un mot de M. le duc d'Aumont, que je lui avais demandé pour quelqu'un, je ne sais plus qui. Allez là. Vous n'êtes pas encore présenté, il est vrai, mais pour le spectacle cela n'est pas nécessaire. Tâchez de vous trouver sur le passage du roi au petit foyer. Un regard, et votre fortune est faite.

Le chevalier remercia l'abbé, et, fatigué d'une nuit mal dormie et d'une journée à cheval, il fit, devant un miroir d'auberge, une de ces toilettes nonchalantes qui vont si bien aux amoureux. Une servante peu expérimentée l'accommoda du mieux qu'elle put, et couvrit de poudre son habit pailleté. Il s'achemina ainsi vers le hasard. Il avait vingt ans.

La nuit tombait lorsqu'il arriva au château. Il s'avança timidement vers la grille et demanda son chemin à la sentinelle. On lui montra le grand escalier Là, il apprit du suisse que l'opéra venait de commencer, et que le roi, c'est-à-dire tout le monde, était dans la salle [1].

Si M. le marquis veut traverser la cour, ajouta le suisse (à tout hasard, on donnait du marquis), il sera

[1] Il ne s'agit point ici de la salle actuelle, construite par Louis XV, ou plutôt par madame de Pompadour, mais terminée seulement en 1769 et inaugurée en 1770 pour le mariage du duc de Berri (Louis XVI) avec Marie-Antoinette. Il s'agit d'une sorte de théâtre mobile qu'on transportait dans une galerie ou un appartement, selon la coutume de Louis XIV.

au spectacle dans un instant. S'il aime mieux passer par les appartements...

Le chevalier ne connaissait point le palais. La curiosité lui fit répondre d'abord qu'il passerait par les appartements ; puis, comme un laquais se disposait à le suivre pour le guider, un mouvement de vanité lui fit ajouter qu'il n'avait que faire d'être accompagné. Il s'avança seul donc, non sans quelque émotion.

Versailles resplendissait de lumière. Du rez-de-chaussée jusqu'au faîte, les lustres, les girandoles, les meubles dorés, les marbres étincelaient. Hormis aux appartements de la reine, les deux battants étaient ouverts partout. A mesure que le chevalier marchait, il était frappé d'un étonnement et d'une admiration difficiles à imaginer ; car ce qui rendait tout à fait merveilleux le spectacle qui s'offrait à lui, ce n'était pas seulement la beauté, l'éclat de ce spectacle même, c'était la complète solitude où il se trouvait dans cette sorte de désert enchanté.

A se voir seul, en effet, dans une vaste enceinte, que ce soit dans un temple, un cloître ou un château, il y a quelque chose de bizarre, et, pour ainsi dire, de mystérieux. Le monument semble peser sur l'homme : les murs le regardent ; les échos l'écoutent ; le bruit de ses pas trouble un si grand silence, qu'il en ressent une crainte involontaire, et n'ose marcher qu'avec respect.

Ainsi d'abord fit le chevalier ; mais bientôt la curiosité prit le dessus et l'entraîna. Les candélabres de la galerie des glaces, en se mirant, se renvoyaient leurs feux. On sait combien de milliers d'amours, que de nymphes et de bergères se jouaient alors sur les lambris, voltigeaient aux plafonds, et semblaient enlacer d'une immense guirlande le palais tout entier. Ici de vastes salles, avec des baldaquins en velours semé d'or, et des fauteuils de parade conservant encore la roideur majestueuse du grand roi; là, des ottomanes chiffonnées, des pliants en désordre autour d'une table de jeu; une suite infinie de salons toujours vides, où la magnificence éclatait d'autant mieux qu'elle semblait plus inutile; de temps en temps des portes secrètes s'ouvrant sur des corridors à perte de vue; mille escaliers, mille passages se croisant comme dans un labyrinthe; des colonnes, des estrades faites pour des géants; des boudoirs enchevêtrés comme des cachettes d'enfants; une énorme toile de Vanloo près d'une cheminée de porphyre; une boîte à mouches oubliée à côté d'un magot de la Chine; tantôt une grandeur écrasante, tantôt une grâce efféminée; et partout, au milieu du luxe, de la prodigalité et de la mollesse, mille odeurs enivrantes, étranges et diverses, les parfums mêlés des fleurs et des femmes, une tiédeur énervante, l'air de la volupté.

Être en pareil lieu, à vingt ans, au milieu de ces merveilles, et s'y trouver seul, il y avait à coup sûr de quoi être ébloui. Le chevalier avançait au hasard, comme dans un rêve :

« Vrai palais de fées! » murmurait-il, et en effet

il lui semblait voir se réaliser pour lui un de ces contes où les princes égarés découvrent des châteaux magiques.

Était-ce bien des créatures mortelles qui habitaient ce séjour sans pareil? Était-ce des femmes véritables qui venaient de s'asseoir dans ces fauteuils, et dont les contours gracieux avaient laissé à ces coussins cette empreinte légère, pleine encore d'indolence? Qui sait? derrière ces rideaux épais, au fond de quelque immense et brillante galerie, peut-être allait-il apparaître une princesse endormie depuis cent ans, une fée en paniers, une Armide en paillettes, ou quelque hamadryade de cour, sortant d'une colonne de marbre, entr'ouvrant un lambris doré!

Étourdi, malgré lui, par toutes ces chimères, le chevalier, pour mieux rêver, s'était jeté sur un sofa, et il s'y serait peut-être oublié longtemps, s'il ne s'était souvenu qu'il était amoureux. Que faisait, pendant ce temps-là, mademoiselle d'Annebault, sa bien-aimée, restée, elle, dans un vieux château?

— Athénaïs! s'écria-t-il tout à coup, que fais-je ici à perdre mon temps? Ma raison est-elle égarée? Où suis-je donc, grand Dieu! et que se passe-t-il en moi?

Il se leva et continua son chemin à travers ce pays nouveau, et il s'y perdit, cela va sans dire. Deux ou trois laquais, parlant à voix basse, lui apparurent au fond d'une galerie. Il s'avança vers eux et leur demanda sa route pour aller à la comédie.

— Si monsieur le marquis, lui répondit-on (toujours d'après la même formule), veut bien prendre la peine de descendre par cet escalier et de suivre la galerie à droite, il trouvera au bout trois marches à monter; il tournera alors à gauche, et quand il aura traversé le salon de Diane, celui d'Apollon, celui des Muses et celui du Printemps, il redescendra encore six marches, puis, en laissant à droite la salle des gardes, comme pour gagner l'escalier des ministres, il ne peut manquer de rencontrer là d'autres huissiers qui lui indiqueront le chemin.

— Bien obligé, dit le chevalier, et avec de si bons renseignements, ce sera bien ma faute si je ne m'y retrouve pas.

Il se remit en marche avec courage, s'arrêtant toujours malgré lui pour regarder de côté et d'autre, puis, se rappelant de nouveau ses amours; enfin, au bout d'un grand quart d'heure, ainsi qu'on le lui avait annoncé, il trouva de nouveaux laquais :

— M. le marquis s'est trompé, lui dirent ceux-ci, c'est par l'autre aile du château qu'il aurait fallu prendre; mais rien n'est plus facile que de la regagner. Monsieur n'a qu'à descendre cet escalier, puis il traversera le salon des Nymphes, celui de l'Été, celui de...

— Je vous remercie, dit le chevalier.

Et je suis bien sot, pensa-t-il encore, d'interroger ainsi les gens comme un badaud. Je me déshonore en pure perte, et quand, par impossible, ils ne se moqueraient pas de moi, à quoi me sert leur nomenclature, et tous les sobriquets pompeux de ces salons dont je ne connais pas un?

Il prit le parti d'aller droit devant lui, autant que faire se pourrait : « Car, après tout, se disait-il, ce palais est fort beau, il est très-grand, mais il n'est pas sans bornes, et, fût-il long comme trois fois notre garenne, il faudra bien que j'en voie la fin. »

Mais il n'est pas facile, à Versailles, d'aller longtemps droit devant soi, et cette comparaison rustique de la royale demeure avec une garenne déplut peut-être aux nymphes de l'endroit, car elles recommencèrent de plus belle à égarer le pauvre amoureux, et, sans doute pour le punir, elles prirent plaisir à le faire tourner et retourner sur ses propres pas, le ramenant sans cesse à la même place, justement comme un campagnard fourvoyé dans une charmille; c'est ainsi qu'elles l'enveloppaient dans leur dédale de marbre et d'or.

Dans les *Antiquités de Rome*, de Piranési, il a une série de gravures que l'artiste appelle « ses rêves, » et qui sont un souvenir de ses propres visions durant le délire d'une fièvre. Ces gravures représentent de vastes salles gothiques; sur le pavé sont toutes sortes d'engins et de machines, roues, câbles, poulies, leviers, catapultes, etc., etc., expression d'énorme puissance mise en action et de résistance formidable. Le long des murs, vous apercevez un escalier, et sur cet escalier, grimpant, non sans peine, Piranési lui-même. Suivez les marches un peu plus haut, elles s'arrêtent tout à coup devant un abîme. Quoi qu'il soit advenu du pauvre Piranési, vous le croyez du moins au bout de son travail, car il ne peut faire un pas de plus sans tomber; mais levez les yeux, et vous voyez un second escalier qui s'élève en l'air, et sur cet escalier encore, Piranési sur le bord d'un autre précipice. Regardez encore plus haut, et un escalier encore plus aérien se dresse devant vous, et encore le pauvre Piranési continuant son ascension, et ainsi de suite, jusqu'à ce que l'éternel escalier et Piranési disparaissent ensemble dans les nues, c'est-à-dire dans le bord de la gravure.

Cette fiévreuse allégorie représente assez exactement l'ennui d'une peine inutile, et l'espèce de vertige que donne l'impatience. Le chevalier, voyageant toujours de salon en salon et de galerie en galerie, fut pris d'une sorte de colère :

— Parbleu, dit-il, voilà qui est cruel. Après avoir été si charmé, si ravi, si enthousiasmé de me trouver seul dans ce maudit palais (ce n'était plus le palais des fées), je n'en pourrai donc pas sortir! Peste soit de la fatuité qui m'a inspiré cette idée d'entrer ici comme le prince Fanfarinet avec ses bottes d'or massif, au lieu de dire au premier laquais venu de me conduire tout bonnement à la salle de spectacle!

Lorsqu'il ressentait ces regrets tardifs, le chevalier

était, comme Piranési, à la moitié d'un escalier, sur un palier, entre trois portes. Derrière celle du milieu, il lui sembla entendre un murmure si doux, si léger, si voluptueux, pour ainsi dire, qu'il ne put s'empêcher d'écouter. Au moment où il s'avançait, tremblant de prêter une oreille indiscrète, cette porte s'ouvrit à deux battants. Une bouffée d'air embaumée de mille parfums, un torrent de lumière à faire pâlir la galerie des glaces, vinrent le frapper si soudainement qu'il recula de quelques pas.

— Monsieur le marquis veut-il entrer? demanda l'huissier qui avait ouvert la porte.

— Je voudrais aller à la comédie, répondit le chevalier.

— Elle vient de finir à l'instant même.

En même temps, de fort belles dames, délicatement plâtrées de blanc et de carmin, donnant, non pas le bras, ni même la main, mais le bout des doigts à de vieux et jeunes seigneurs, commençaient à sortir de la salle de spectacle, ayant grand soin de marcher de profil pour ne pas gâter leurs paniers. Tout ce monde brillant parlait à voix basse, avec une demi-gaieté, mêlée de crainte et de respect.

— Qu'est-ce donc? dit le chevalier, ne devinant pas que le hasard l'avait conduit précisément au petit foyer.

— Le roi va passer, répondit l'huissier.

Il y a une sorte d'intrépidité qui ne doute de rien, elle n'est que trop facile : c'est le courage des gens mal élevés. Notre jeune provincial, bien qu'il fût raisonnablement brave, ne possédait pas cette faculté. A ces seuls mots : « Le roi va passer, » il resta immobile et presque effrayé.

Le roi Louis XV, qui faisait à cheval, à la chasse, une douzaine de lieues sans y prendre garde, était, comme l'on sait, souverainement nonchalant. Il se vantait, non sans raison, d'être le premier gentilhomme de France, et ses maîtresses lui disaient, non sans cause, qu'il en était le mieux fait et le plus beau. C'était une chose considérable que de le voir quitter son fauteuil, et daigner marcher en personne. Lorsqu'il traversa le foyer, avec un bras posé ou plutôt étendu sur l'épaule de M. d'Argenson, pendant que son talon rouge glissait sur le parquet (il avait mis cette paresse à la mode), toutes les chuchoteries cessèrent; les courtisans baissaient la tête, n'osant pas saluer tout à fait, et les belles dames, se repliant doucement sur leurs jarretières couleur de feu, au fond de leurs immenses falbalas, hasardaient ce bonsoir coquet que nos grand'mères appelaient une révérence, et que notre siècle a remplacé par le brutal « shakehand » des Anglais.

Mais le roi ne se souciait de rien, et ne voyait que ce qui lui plaisait. Alfiéri était peut-être là, qui raconte ainsi sa présentation à Versailles, dans ses Mémoires :

« Je savais que le roi ne parlait jamais aux étrangers qui n'étaient pas marquants; je ne pus cependant me faire à l'impassible et sourcilleux maintien de Louis XV. Il toisait l'homme qu'on lui présentait de la tête aux pieds, et il avait l'air de n'en recevoir aucune impression. Il me semble cependant que si l'on disait à un géant : *Voici une fourmi que je vous présente*, en la regardant il sourirait, ou dirait peut-être : Ah ! le petit animal ! »

Le taciturne monarque passa donc à travers ces fleurs, ces belles dames, et toute cette cour, gardant sa solitude au milieu de la foule. Il ne fallut pas au chevalier de longues réflexions pour comprendre qu'il n'avait rien à espérer du roi, et que le récit de ses amours n'obtiendrait là aucun succès.

— Malheureux que je suis! pensa-t-il; mon père n'avait que trop raison lorsqu'il me disait qu'à deux pas du roi je verrais un abîme entre lui et moi. Quand bien même je me hasarderais à demander une audience, qui me protégera? qui me présentera? Le voilà, ce maître absolu qui peut d'un mot changer ma destinée, assurer ma fortune, combler tous mes souhaits. Il est là, devant moi; en étendant la main, je pourrais toucher sa parure... et je me sens plus loin de lui que si j'étais encore au fond de ma province! Comment lui parler? comment l'aborder? qui viendra donc à mon secours?

Pendant que le chevalier se désolait ainsi, il vit entrer une jeune dame assez jolie, d'un air plein de grâce et de finesse; elle était vêtue fort simplement, d'une robe blanche, sans diamants ni broderies, avec une rose sur l'oreille. Elle donnait la main à un seigneur *tout à l'ambre,* comme dit Voltaire, et lui parlait tout bas derrière son éventail. Or le hasard voulut qu'en causant, en riant et en gesticulant, cet éventail vint à lui échapper et à tomber sous un fauteuil, précisément devant le chevalier. Il se précipita aussitôt pour le ramasser, et comme, pour cela, il avait mis un genou en terre, la jeune dame lui parut si charmante, qu'il lui présenta l'éventail sans se relever. Elle s'arrêta, sourit, et passa, remerciant d'un léger signe de tête: mais, au regard qu'elle avait jeté sur le chevalier, il sentit battre son cœur sans savoir pourquoi.—Il avait raison.—Cette jeune dame était la petite d'Étioles, comme l'appelaient encore les mécontents, tandis que les autres, en parlant d'elle, disaient « la Marquise, » comme on dit « la Reine. »

IV

— Celle-là me protégera, celle-là viendra à mon secours! Ah! que l'abbé avait raison de me dire qu'un regard déciderait de ma vie! Oui, ces yeux si fins et si doux, cette petite bouche railleuse et délicieuse, ce petit pied noyé dans un pompon... Voilà ma bonne fée!

Ainsi pensait, presque tout haut, le chevalier rentrant à son auberge. D'où lui venait cette espérance subite? Sa jeunesse seule parlait-elle, ou les yeux de la marquise avaient-ils parlé?

Mais la difficulté restait toujours la même. S'il ne songeait plus maintenant à être présenté au roi, qui le présenterait à la marquise?

Il passa une grande partie de la nuit à écrire à mademoiselle d'Annebault une lettre à peu près pareille à celle qu'avait lue madame de Pompadour.

Retracer cette lettre serait fort inutile. Hormis les sots, il n'y a que les amoureux qui se trouvent toujours nouveaux, en répétant toujours la même chose.

Dès le matin le chevalier sortit et se mit à marcher, en rêvant dans les rues. Il ne lui vint pas à l'esprit d'avoir encore recours à l'abbé protecteur, et il ne serait pas aisé de dire la raison qui l'en empêchait. C'était comme un mélange de crainte et d'audace, de fausse honte et de romanesque. Et, en effet, que lui aurait répondu l'abbé, s'il lui avait conté son histoire de la veille? — Vous vous êtes trouvé à propos pour ramasser un éventail; avez-vous su en profiter? Qu'avez-vous dit à la marquise? — Rien. — Vous auriez dû lui parler. — J'étais troublé, j'avais perdu la tête. — Cela est un tort; il faut savoir saisir l'occasion; mais cela peut se réparer. Voulez-vous que je vous présente à monsieur un tèl, il est de mes amis. A madame une telle? elle est mieux encore. Nous tâcherons de vous faire parvenir jusqu'à cette marquise qui vous a fait peur, et cette fois, etc., etc.

Or le chevalier ne se souciait de rien de pareil. Il lui semblait qu'en racontant son aventure il l'aurait, pour ainsi dire, gâtée et déflorée. Il se disait que le hasard avait fait pour lui une chose inouïe, incroyable, et que ce devait être un secret entre lui et la fortune; confier ce secret au premier venu, c'était, à son avis, en ôter tout le prix et s'en montrer indigne : — Je suis allé seul hier au château de Versailles, pensait-il; j'irai bien seul à Trianon (c'était en ce moment le séjour de la favorite).

Une telle façon de penser peut et doit même paraître extravagante aux esprits calculateurs, qui ne négligent rien et laissent le moins possible au hasard; mais les gens les plus froids, s'ils ont été jeunes (tout le monde ne l'est pas, même au temps de la jeunesse), ont pu connaître ce sentiment bizarre, faible et hardi, dangereux et séduisant, qui nous entraîne vers la destinée : on se sent aveugle, et on veut l'être; on ne sait où l'on va, et l'on marche. Le charme est dans cette insouciance et dans cette ignorance même; c'est le plaisir de l'artiste qui rêve, de l'amoureux qui passe la nuit sous les fenêtres de sa maîtresse; c'est aussi l'instinct du soldat; c'est, surtout, celui du joueur.

Le chevalier, presque sans le savoir, avait donc pris le chemin de Trianon. Sans être fort paré, comme on disait alors, il ne manquait ni d'élégance, ni de cette façon d'être qui fait qu'un laquais, vous rencontrant en route, ne vous demande pas où vous allez. Il ne lui fut donc pas difficile, grâce à quelques indications prises à son auberge, d'arriver jusqu'à la grille du château, si l'on peut appeler ainsi cette bonbonnière de marbre qui vit jadis tant de plaisirs et d'ennuis. Malheureusement, la grille était fermée, et un gros suisse, vêtu d'une simple houppelande, se promenait, les mains derrière le dos, dans l'avenue intérieure, comme quelqu'un qui n'attend personne.

— Le roi est ici! se dit le chevalier, ou la marquise n'y est pas. Évidemment, quand les portes sont closes et que les valets se promènent, les maîtres sont enfermés ou sortis.

Que faire? Autant il se sentait, un instant auparavant, de confiance et de courage, autant il éprouvait tout à coup de trouble et de désappointement. Cette seule pensée : « Le roi est ici! » l'effrayait plus que n'avaient fait la veille ces trois mots : « Le roi va passer! » car ce n'était alors que de l'imprévu, et maintenant il connaissait ce froid regard, cette majesté impassible.

— Ah! bon Dieu! quel visage ferais-je si j'essayais, en étourdi, de pénétrer dans ce jardin, et si j'allais me trouver face à face devant ce monarque superbe, prenant son café au bord d'un ruisseau.

Aussitôt se dessina devant le pauvre amoureux la silhouette désobligeante de la Bastille; au lieu de l'image charmante qu'il avait gardée de cette marquise passant en souriant, il vit des donjons, des cachots, du pain noir, l'eau de la question; il savait l'histoire de Latude. Peu à peu venait la réflexion, et peu à peu s'envolait l'espérance.

— Et cependant, se dit-il encore, je ne fais point de mal, ni le roi non plus. Je réclame contre une injustice; je n'ai jamais chansonné personne. On m'a si bien reçu hier à Versailles, et les laquais ont été si polis! De quoi ai-je peur? De faire une sottise. J'en ferai d'autres qui répareront celle-là.

Il s'approcha de la grille et la toucha du doigt; elle n'était pas tout à fait fermée. Il l'ouvrit et entra résolûment. Le suisse se retourna d'un air ennuyé :

— Que demandez-vous? où allez-vous?

— Je vais chez madame de Pompadour.

— Avez-vous une audience?

— Oui.

— Où est votre lettre?

Ce n'était plus le marquisat de la veille, et, cette fois, il n'y avait plus de duc d'Aumont. Le chevalier baissa tristement les yeux, et s'aperçut que ses bas blancs et ses boucles de cailloux du Rhin étaient couverts de poussière. Il avait commis la faute de venir à pied dans un pays où l'on ne marchait pas. Le suisse baissa les yeux aussi, et le toisa, non de la tête aux pieds, mais des pieds à la tête. L'habit lui parut propre, mais le chapeau était un peu de travers et la coiffure dépoudrée :

— Vous n'avez point de lettre. Que voulez-vous?

— Je voudrais parler à madame de Pompadour.

— Vraiment! Et vous croyez que ça se fait comme ça?

— Je n'en sais rien. Le roi est-il ici?

— Peut-être. Sortez, et laissez-moi en repos.

Le chevalier ne voulait pas se mettre en colère; mais, malgré lui, cette insolence le fit pâlir :

— J'ai dit quelquefois à un laquais de sortir, répondit-il, mais un laquais ne me l'a jamais dit.

— Laquais! moi? un laquais! s'écria le suisse furieux.

— Laquais, portier, valet et valetaille, je ne m'en soucie point, et très-peu m'importe.

Le suisse fit un pas vers le chevalier, les poings crispés et le visage en feu. Le chevalier, rendu à lui-même par l'apparence d'une menace, souleva légèrement la poignée de son épée :

— Prenez garde, dit-il, je suis gentilhomme, et il en coûte trente-six livres pour envoyer en terre un rustre comme vous.

— Si vous êtes gentilhomme, monsieur, moi, j'appartiens au roi; je ne fais que mon devoir, et ne croyez pas...

En ce moment, le bruit d'une fanfare, qui semblait venir du bois de Satory, se fit entendre au loin et se perdit dans l'écho. Le chevalier laissa son épée retomber dans le fourreau, et, ne songeant plus à la querelle commencée :

— Eh! morbleu! dit-il, c'est le roi qui part pour la chasse. Que ne me le disiez-vous tout de suite?

— Cela ne me regarde pas, ni vous non plus.

— Écoutez-moi, mon cher ami. Le roi n'est pas là, je n'ai pas de lettre, je n'ai pas d'audience. Voici pour boire, laissez-moi entrer.

Il tira de sa poche quelques pièces d'or. Le suisse le toisa de nouveau avec un souverain mépris :

— Qu'est-ce que c'est que ça? dit-il dédaigneusement. Cherche-t-on ainsi à s'introduire dans une demeure royale? Au lieu de vous faire sortir, prenez garde que je ne vous y enferme.

— Toi, double maraud! dit le chevalier, retrouvant sa colère et reprenant son épée.

— Oui, moi, répéta le gros homme. Mais, pendant cette conversation, où l'historien regrette d'avoir compromis son héros, d'épais nuages avaient obscurci le ciel; un orage se préparait. Un éclair rapide brilla, suivi d'un violent coup de tonnerre, et la pluie commençait à tomber lourdement. Le chevalier, qui tenait encore son or, vit une goutte d'eau sur son soulier poudreux, grande comme un petit écu :

— Peste, dit-il, mettons-nous à l'abri. Il ne s'agit pas de se laisser mouiller.

Et il se dirigea lestement vers l'antre du Cerbère, ou, si l'on veut, la maison du concierge; puis là, se jetant sans façon dans le grand fauteuil du concierge même :

— Dieu! que vous m'ennuyez! dit-il, et que je suis malheureux! Vous me prenez pour un conspirateur, et vous ne comprenez pas que j'ai dans ma poche un placet pour Sa Majesté! je suis de province, mais vous n'êtes qu'un sot.

Le suisse, pour toute réponse, alla dans un coin,

prendre sa hallebarde, et resta ainsi debout, l'arme au poing.

— Quand partirez-vous? s'écria-t-il d'une voix de Stentor.

La querelle, tour à tour oubliée et reprise, semblait cette fois devenir tout à fait sérieuse, et déjà les deux grosses mains du suisse tremblaient étrangement sur sa pique; qu'allait-il advenir? je ne sais, lorsque, tournant tout à coup la tête : « Ah! dit le chevalier, qui vient là? »

Un jeune page, montant un cheval superbe (non pas anglais; dans ce temps-là les jambes maigres n'étaient pas à la mode), accourait à toute bride et au triple galop. Le chemin était trempé par la pluie; la grille n'était qu'entr'ouverte. Il y eut une hésitation; le suisse s'avança et ouvrit la grille. Le page donna de l'éperon; le cheval, arrêté un instant, voulut reprendre son train, manqua du pied, glissa sur la terre humide et tomba.

Il est fort peu commode, presque dangereux, de faire relever un cheval tombé à terre. Il n'y a cravache qui tienne. La gesticulation des jambes de la bête, qui fait ce qu'elle peut, est extrêmement désagréable, surtout lorque l'on a soi-même une jambe aussi prise sous la selle.

Le chevalier, toutefois, vint à l'aide sans réfléchir à ces inconvénients, et il s'y prit si adroitement que bientôt le cheval fut redressé et le cavalier dégagé. Mais celui-ci était couvert de boue, et ne pouvait qu'à peine marcher en boitant. Transporté, tant bien que mal, dans la maison du suisse, et assis à son tour dans le grand fauteuil :

— Monsieur, dit-il au chevalier, vous êtes gentilhomme, à coup sûr. Vous m'avez rendu un grand service, mais vous m'en pouvez rendre un plus grand encore. Voici un message du roi pour madame la marquise, et ce message est très-pressé, comme vous le voyez, puisque mon cheval et moi, pour aller plus vite, nous avons failli nous rompre le cou. Vous comprenez que, fait comme je suis, avec une jambe éclopée, je ne saurais porter ce papier. Il faudrait, pour cela, me faire porter moi-même. Voulez-vous y aller à ma place ?

En même temps, il tirait de sa poche une grande enveloppe dorée d'arabesques, accompagnée du sceau royal.

— Très-volontiers, monsieur, répondit le chevalier, prenant l'enveloppe. Et, leste et léger comme une plume, il partit, en courant, sur la pointe du pied.

V

Quand le chevalier arriva au château, un suisse était encore devant le péristyle :

« Ordre du roi, » dit le jeune homme, qui, cette fois, ne redoutait plus les hallebardes ; et, montrant sa lettre, il entra gaiement au travers d'une demi-douzaine de laquais.

Un grand huissier, planté au milieu du vestibule, voyant l'ordre et le sceau royal, s'inclina gravement, comme un peuplier courbé par le vent, puis, de l'un de ses doigts osseux, il toucha, en souriant, le coin d'une boiserie.

Une petite porte battante, masquée par une tapisserie, s'ouvrit aussitôt comme d'elle-même. L'homme osseux fit un signe obligeant : le chevalier entra, et la tapisserie, qui s'était entr'ouverte, retomba mollement derrière lui.

Un valet de chambre silencieux l'introduisit alors dans un salon, puis dans un corridor, sur lequel s'ouvraient deux ou trois petits cabinets, puis enfin dans un second salon, et le pria d'attendre un instant.

— Suis-je encore ici au château de Versailles? se demandait le chevalier. Allons-nous recommencer à jouer à cligne-musette?

Trianon n'était, à cette époque, ni ce qu'il est maintenant, ni ce qu'il avait été. On a dit que madame de Maintenon avait fait de Versailles un oratoire, et madame de Pompadour un boudoir. On a dit aussi de Trianon que *ce petit château de porcelaine* était le boudoir de madame de Montespan. Quoi qu'il en soit de tous ces boudoirs, il paraît que Louis XV en mettait partout. Telle galerie, où son aïeul se promenait majestueusement, était alors bizarrement divisée en une infinité de compartiments. Il y en avait de toutes les couleurs ; le roi allait papillonnant dans ces bosquets de soie et de velours. « Trouvez-vous de bon goût mes petits appartements meublés ? » demanda-t-il un jour à la belle comtesse de Séran. « Non, dit-elle, je les voudrais bleus. » Comme le bleu était la couleur du roi, cette réponse le flatta. Au second rendez-vous, madame de Séran trouva le salon meublé en bleu, comme elle l'avait désiré.

Celui dans lequel, en ce moment, le chevalier se trouvait seul, n'était ni bleu, ni blanc, ni rose, mais tout en glaces. On sait combien une jolie femme qui a une jolie taille gagne à laisser ainsi son image se répéter sous mille aspects. Elle éblouit, elle enveloppe, pour ainsi dire, celui à qui elle veut plaire. De quelque côté qu'il regarde, il la voit ; comment l'éviter ? Il ne lui reste plus qu'à s'enfuir, ou à s'avouer subjugué.

Le chevalier regardait aussi le jardin. Là, derrière les charmilles et les labyrinthes, les statues et les vases de marbre, commençait à poindre le goût pastoral, que la marquise allait mettre à la mode, et que, plus tard, madame Dubarry et la reine Marie-Antoinette devaient pousser à un si haut degré de perfection. Déjà apparaissaient les fantaisies champêtres où se réfugiait le caprice blasé. Déjà les Tritons boursouflés, les graves déesses et les nymphes savantes, les bustes à grandes perruques, glacés d'horreur dans leurs niches de verdure, voyaient sortir de terre un jardin anglais au milieu des ifs étonnés. Les petites pelouses, les petits ruisseaux, les petits ponts, allaient bientôt détrôner l'Olympe pour le remplacer par une laiterie, étrange parodie de la nature, que les Anglais copient sans la comprendre, vrai jeu d'enfant devenu alors le passe-temps d'un maître indolent, qui ne savait comment se désennuyer de Versailles dans Versailles même.

Mais le chevalier était trop charmé, trop ravi de se trouver là pour qu'une réflexion critique pût se présenter à son esprit. Il était, au contraire, prêt à tout admirer, et il admirait en effet, tournant sa missive dans ses doigts, comme un provincial fait de son chapeau, lorsqu'une jolie fille de chambre ouvrit la porte et lui dit doucement :

— Venez, monsieur.

Il la suivit, et après avoir passé de nouveau par plusieurs corridors plus ou moins mystérieux, elle le fit entrer dans une grande chambre où les volets étaient à demi fermés. Là, elle s'arrêta et parut écouter :

— Toujours cligne-musette, se disait le chevalier.

Cependant, au bout de quelques instants, une porte s'ouvrit encore, et une autre fille de chambre, qui semblait devoir être aussi jolie que la première, répéta du même ton les mêmes paroles :

— Venez, monsieur.

S'il avait été ému à Versailles, il l'était maintenant bien autrement, car il comprenait qu'il touchait au seuil du temple qu'habitait la divinité. Il s'avança le cœur palpitant; une douce lumière, faiblement voilée par de légers rideaux de gaze, succéda à l'obscurité;

un parfum délicieux, presque imperceptible, se répandit dans l'air autour de lui; la fille de chambre écarta timidement le coin d'une portière de soie, et, au fond d'un grand cabinet de la plus élégante simplicité, il aperçut la dame à l'éventail, c'est-à-dire la toute-puissante marquise.

Elle était seule, assise devant une table, enveloppée d'un peignoir, la tête appuyée sur sa main, et paraissant très-préoccupée. En voyant entrer le chevalier, elle se leva par un mouvement subit et comme involontaire :

— Vous venez de la part du roi?

Le chevalier aurait pu répondre, mais il ne trouva rien de mieux que de s'incliner profondément, en présentant à la marquise la lettre qu'il lui apportait. Elle la prit, ou plutôt s'en empara avec une extrême vivacité. Pendant qu'elle la décachetait, ses mains tremblaient sur l'enveloppe.

Cette lettre, écrite de la main du roi, était assez longue. Elle la dévora d'abord, pour ainsi dire, d'un coup d'œil, puis elle la lut avidement avec une attention profonde, le sourcil froncé et serrant les lèvres. Elle n'était pas belle ainsi, et ne ressemblait plus à l'apparition magique du petit foyer. Quand elle fut au bout, elle sembla réfléchir. Peu à peu, son visage, qui avait pâl., se colora d'un léger incarnat (à cette heure-là elle n'avait pas de rouge) : non-seulement la grâce lui revint, mais un éclair de vraie beauté passa sur ses traits délicats; on aurait pu prendre ses joues pour deux feuilles de rose. Elle poussa un demi-soupir, laissa tomber la lettre sur la table, et se retournant vers le chevalier :

— Je vous ai fait attendre, monsieur, lui dit-elle avec le plus charmant sourire, mais c'est que je n'étais pas levée, et je ne le suis même pas encore. Voilà pourquoi j'ai été forcée de vous faire venir par les cachettes; car je suis assiégée ici presque autant que si j'étais chez moi. Je voudrais répondre un mot au roi. Vous ennuie-t-il de faire ma commission?

Cette fois il fallait parler; le chevalier avait eu le temps de reprendre un peu de courage :

— Hélas! madame, dit-il tristement, c'est beaucoup de grâce que vous me faites; mais, par malheur, je n'en puis profiter.

— Pourquoi cela?

— Je n'ai pas l'honneur d'appartenir à Sa Majesté.

— Comment donc êtes-vous venu ici?

— Par un hasard. J'ai rencontré en route un page qui s'est jeté par terre, et qui m'a prié...

— Comment, jeté par terre! répéta la marquise en éclatant de rire. (Elle paraissait si heureuse en ce moment, que la gaieté lui venait sans peine.)

— Oui, madame, il est tombé de cheval à la grille. Je me suis trouvé là, heureusement, pour l'aider à se relever, et, comme son habit était fort gâté, il m'a prié de me charger de son message.

— Et par quel hasard vous êtes-vous trouvé là?

— Madame, c'est que j'ai un placet à présenter à Sa Majesté.

— Sa Majesté demeure à Versailles.

— Oui, mais vous demeurez ici.

— Oui-dà! En sorte que c'était vous qui vouliez me charger d'une commission.

— Madame, je vous supplie de croire...

— Ne vous effrayez pas, vous n'êtes pas le premier. Mais à propos de quoi vous adresser à moi? Je ne suis qu'une femme... comme une autre.

En prononçant ces mots d'un air moqueur, la marquise jeta un regard triomphant sur la lettre qu'elle venait de lire.

— Madame, reprit le chevalier, j'ai toujours ouï dire que les hommes exerçaient le pouvoir, et que les femmes..

— En disposaient, n'est-ce pas? Eh bien, monsieur, il y a une reine de France.

— Je le sais, madame, et c'est ce qui fait que je me suis *trouvé là* ce matin.

La marquise était plus qu'habituée à de semblables compliments, bien qu'on ne les lui fît qu'à voix basse; mais, dans la circonstance présente, celui-ci parut lui plaire très-singulièrement.

— Et sur quelle foi, dit-elle, sur quelle assurance avez-vous cru pouvoir parvenir jusqu'ici? car vous ne comptiez pas, je suppose, sur un cheval qui tombe en chemin.

— Madame, je croyais... j'espérais..

— Qu'espériez-vous?

— J'espérais que le hasard... pourrait faire...

— Toujours le hasard ! Il est de vos amis, à ce qu'il paraît; mais je vous avertis que si vous n'en avez pas d'autres, c'est une triste recommandation.

Peut-être la fortune offensée voulut-elle se venger de cette irrévérence; mais le chevalier, que ces dernières questions avaient de plus en plus troublé, aperçut tout à coup, sur le coin de la table, précisément le même éventail qu'il avait ramassé la veille. Il le prit, et, comme la veille, il le présenta à la marquise, en fléchissant le genou devant elle :

— Voilà, madame, lui dit-il, le seul ami que j'aie ici.

La marquise parut d'abord étonnée, hésita un moment, regardant tantôt l'éventail, tantôt le chevalier :

— Ah! vous avez raison, dit-elle enfin; c'est vous, monsieur! je vous reconnais. C'est vous que j'ai vu hier, après la comédie, avec M. de Richelieu. J'ai laissé tomber cet éventail, et vous vous êtes *trouvé là*, comme vous disiez.

— Oui, madame.

— Et fort galamment, en vrai chevalier, vous me l'avez rendu : je ne vous ai pas remercié, mais j'ai toujours été persuadée que celui qui sait, d'aussi bonne grâce, relever un éventail, sait aussi, au besoin, relever le gant; et nous aimons assez cela, nous autres.

— Et cela n'est que trop vrai, madame; car, en

arrivant tout à l'heure, j'ai failli avoir un duel avec le suisse.

— Miséricorde! dit la marquise, prise d'un second accès de gaieté, avec le suisse! et pourquoi faire?

— Il ne voulait pas me laisser entrer.

— Ç'eût été dommage. Mais, monsieur, qui êtes-vous? que demandez-vous?

— Madame, je me nomme le chevalier de Vauvert. M. de Biron avait demandé pour moi une place de cornette aux gardes.

— Oui-dà! je me souviens encore. Vous venez de Neauflette; vous êtes amoureux de mademoiselle d'Annebault. .

— Madame, qui a pu vous dire?...

— Oh! je vous préviens que je suis fort à craindre. Quand la mémoire me manque, je devine. Vous êtes parent de l'abbé Chauvelin, et refusé pour cela, n'est-ce pas? Où est votre placet?

— Le voilà, madame; mais, en vérité, je ne puis comprendre...

— A quoi bon comprendre? Levez-vous, et mettez votre papier sur cette table. Je vais répondre au roi; vous lui porterez en même temps votre demande et ma lettre.

— Mais, madame, je croyais vous avoir dit...

— Vous irez. Vous êtes entré ici de par le roi, n'est-il pas vrai? Eh bien, vous entrerez là-bas de par la marquise de Pompadour, dame du palais de la reine.

Le chevalier s'inclina sans mot dire, saisi d'une

sorte de stupéfaction. Tout le monde savait depuis longtemps combien de pourparlers, de ruses et d'intrigues la favorite avait mis en jeu, et quelle obstination elle avait montrée, pour obtenir ce titre, qui, en somme, ne lui rapporta rien qu'un affront cruel du Dauphin. Mais il y avait dix ans qu'elle le désirait; elle le voulait, elle avait réussi. M. de Vauvert, qu'elle ne connaissait pas, bien qu'elle connût ses amours, lui plaisait comme une bonne nouvelle.

Immobile, debout derrière elle, le chevalier observait la marquise qui écrivait, d'abord de tout son cœur, avec passion, puis qui réfléchissait, s'arrêtait, et passait sa main sur son petit nez, fin comme l'ambre. Elle s'impatientait : un témoin la gênait. Enfin elle se décida et fit une rature; il fallait avouer que ce n'était plus qu'un brouillon.

En face du chevalier, de l'autre côté de la table, brillait un beau miroir de Venise. Le très-timide messager osait à peine lever les yeux. Il lui fut cependant difficile de ne pas voir dans ce miroir, pardessus la tête de la marquise, le visage inquiet et charmant de la nouvelle dame du palais.

— Comme elle est jolie! pensait-il. C'est malheureux que je suis amoureux d'une autre; mais Athénaïs est plus belle, et d'ailleurs ce serait, de ma part, une si affreuse déloyauté!...

— De quoi parlez-vous? dit la marquise. (Le chevalier, selon sa coutume, avait pensé tout haut sans le savoir.) Qu'est-ce que vous dites?

— Moi, madame? j'attends.

— Voilà qui est fait, répondit la marquise, prenant une autre feuille de papier; mais, au petit mouvement qu'elle venait de faire pour se retourner, le peignoir avait glissé sur son épaule.

La mode est une chose étrange. Nos grand'mères trouvaient tout simple d'aller à la cour avec d'immenses robes qui laissaient leur gorge presque découverte, et l'on ne voyait à cela nulle indécence; mais elles cachaient soigneusement leur dos, que les belles dames d'aujourd'hui montrent au bal ou à l'Opéra. C'est un beauté nouvellement inventée.

Sur l'épaule frêle, blanche et mignonne de madame de Pompadour, il y avait un petit signe noir qui ressemblait à une mouche tombée dans du lait. Le chevalier, sérieux comme un étourdi qui veut avoir bonne contenance, regardait ce signe, et la marquise, tenant sa plume en l'air, regardait le chevalier dans la glace.

Dans cette glace, un coup d'œil rapide fut échangé, coup d'œil auquel les femmes ne se trompent pas, qui veut dire, d'une part : « Vous êtes charmante, » et de l'autre : « Je n'en suis pas fâchée. »

Toutefois la marquise rajusta son peignoir :

— Vous regardez ma mouche, monsieur?

— Je ne regarde pas, madame; je vois, et j'admire.

— Tenez, voilà ma lettre; portez-la au roi avec votre placet.

— Mais, madame...

— Quoi donc?

— Sa Majesté est à la chasse; je viens d'entendre sonner dans le bois de Satory.

— C'est vrai, je n'y songeais plus; eh bien, demain, après demain, peu importe. — Non, tout de suite. Allez, vous donnerez cela à Lebel. Adieu, monsieur. Tâchez de vous souvenir que cette mouche que vous venez de voir, il n'y a dans le royaume que le roi qui l'ait vue; et quant à votre ami le hasard, dites-lui, je vous prie, qu'il s'accoutume à ne pas jaser tout seul aussi haut que tout à l'heure. Adieu, chevalier.

Elle toucha un petit timbre, puis, relevant sur sa manche un flot de dentelles, tendit au jeune homme son bras nu.

Il s'inclina encore, et du bout des lèvres effleura à peine les ongles roses de la marquise. Elle n'y vit pas une impolitesse, tant s'en faut, mais un peu trop de modestie.

Aussitôt reparurent les petites filles de chambre (les grandes n'étaient pas levées), et derrière elles, debout comme un clocher au milieu d'un troupeau de moutons, l'homme osseux, toujours souriant, indiquait le chemin.

VI

Seul, plongé dans un vieux fauteuil, au fond de sa petite chambre, à l'auberge du Soleil, le chevalier attendit le lendemain, puis le surlendemain; point de nouvelles.

Singulière femme! — douce et impérieuse, bonne et méchante, la plus frivole et la plus entêtée! — Elle m'a oublié. Oh! misère! Elle a raison, elle peut tout, et je ne suis rien.

Il s'était levé, et se promenait par la chambre :

Rien, non, je ne suis qu'un pauvre diable. Que mon père disait vrai! La marquise s'est moquée de moi; c'est tout simple—pendant que je la regardais, c'est sa beauté qui lui a plu. Elle a été bien aise de voir dans ce miroir et dans mes yeux le reflet de ses charmes, qui, ma foi, sont véritablement incomparables! Oui, ses yeux sont petits, mais quelle grâce! Et Latour, avant Diderot, a pris pour faire son portrait la poussière de l'aile d'un papillon. Elle n'est pas bien grande, mais sa taille est bien prise. — Ah! mademoiselle d'Annebault! Ah! mon amie chérie, est-ce que, moi aussi, j'oublierais!

Deux ou trois petits coups secs frappés sur la porte le réveillèrent de son chagrin :

— Qu'est-ce?

L'homme osseux, tout de noir vêtu, avec une belle

paire de bas de soie, qui simulaient des mollets absents, entra, et fit un grand salut :

—Il y a ce soir, monsieur le chevalier, bal masqué à la cour, et madame la marquise m'envoie vous dire que vous êtes invité.

— Cela suffit, monsieur, grand merci.

Dès que l'homme osseux se fut retiré, le chevalier courut à la sonnette : la même servante qui, trois jours auparavant, l'avait accommodé de son mieux, l'aida à mettre le même habit pailleté, tâchant de l'accommoder mieux encore.

Après quoi le jeune homme s'achemina vers le palais, invité cette fois, et plus tranquille en apparence, mais plus inquiet et moins hardi que lorsqu'il avait fait le premier pas dans ce monde encore inconnu de lui.

VII

Étourdi, presque autant que la première fois, par toutes les splendeurs de Versailles, qui, ce soir-là, n'était pas désert, le chevalier marchait dans la grande galerie, regardant de tous les côtés, tâchant de savoir pourquoi il était là ; mais personne ne semblait songer à l'aborder. Au bout d'une heure, il s'ennuyait et allait partir, lorsque deux masques, exactement pareils, assis sur une banquette, l'arrêtèrent au passage. L'un des deux le visa du doigt, comme s'il eût tenu un pistolet ; l'autre se leva et vint à lui :

— Il paraît, monsieur, lui dit le masque, en lui prenant le bras nonchalamment, que vous êtes assez bien avec notre marquise.

— Je vous demande pardon, madame, mais de qui parlez-vous?

— Vous le savez bien.

— Pas le moins du monde.

— Oh! si fait.

— Point du tout.

— Toute la cour le sait.

— Je ne suis pas de la cour.

— Vous faites l'enfant. Je vous dis qu'on le sait.

— Cela se peut, madame, mais je l'ignore.

— Vous n'ignorez pas, cependant, qu'avant-hier, un page est tombé de cheval à la grille de Trianon. N'étiez-vous pas là, par hasard?

— Oui, madame.

— Ne l'avez-vous pas aidé à se relever?

— Oui, madame.

— Et n'êtes-vous pas entré au château?

— Sans doute.

— Et ne vous a-t-on pas donné un papier?

— Oui, madame.

— Et ne l'avez-vous pas porté au roi?

— Assurément.

— Le roi n'était pas à Trianon; il était à la chasse, la marquise était seule..., n'est-ce pas?

— Oui, madame.

— Elle venait de se réveiller; elle était à peine

vêtue, excepté, à ce qu'on dit, d'un grand peignoir.

— Les gens qu'on ne peut pas empêcher de parler disent ce qui leur passe par la tête.

— Fort bien, mais il paraît qu'il a passé entre sa tête et la vôtre un regard qui ne l'a pas fâchée.

— Qu'entendez-vous par là, madame?

— Que vous ne lui avez pas déplu.

— Je n'en sais rien, et je serais au désespoir qu'une bienveillance si douce et si rare, à laquelle je ne m'attendais pas, qui m'a touché jusqu'au fond du cœur, pût devenir la cause d'un mauvais propos.

— Vous prenez feu bien vite, chevalier; on croirait que vous allez provoquer toute la cour; vous ne finirez jamais de tuer tant de monde.

— Mais, madame, si ce page est tombé, et si j'ai porté son message... Permettez-moi de vous demander pourquoi je suis interrogé.

Le masque lui serra le bras et lui dit : —Monsieur, écoutez.

— Tout ce qui vous plaira, madame.

— Voici à quoi nous pensons, maintenant. Le roi n'aime plus la marquise, et personne ne croit qu'il l'ait jamais aimée. Elle vient de commettre une imprudence; elle s'est mis à dos tout le parlement, avec ses deux sous d'impôt, et aujourd'hui elle ose attaquer une bien plus grande puissance, la compagnie de Jésus. Elle y succombera; mais elle a des armes, et, avant de périr, elle se défendra.

— Eh bien, madame, qu'y puis-je faire?

— Je vais vous le dire. M. de Choiseul est à moitié brouillé avec M. de Bernis; ils ne sont sûrs, ni l'un ni l'autre, de ce qu'ils voudraient essayer. Bernis va s'en aller, Choiseul prendra sa place; un mot de vous peut en décider.

— En quelle façon, madame, je vous prie?

— En laissant raconter votre visite de l'autre jour.

— Quel rapport peut-il y avoir entre ma visite, les jésuites et le parlement?

— Écrivez-moi un mot; la marquise est perdue. Et ne doutez pas que le plus vif intérêt, la plus entière reconnaissance...

— Je vous demande encore bien pardon, madame, mais c'est une lâcheté que vous me demandez là.

— Est-ce qu'il y a de la bravoure en politique?

— Je ne me connais pas à tout cela. Madame de Pompadour a laissé tomber son éventail devant moi; je l'ai ramassé, je le lui ai rendu; elle m'a remercié elle m'a permis, avec cette grâce qu'elle a, de la remercier à mon tour.

— Trêve de façons: le temps se passe; je me nomme la comtesse d'Estrades. Vous aimez mademoiselle d'Annebault, ma nièce... ne dites pas non, c'est inutile; vous demandez un emploi de cornette... vous l'aurez demain, et, si Athénaïs vous plaît, vous serez bientôt mon neveu.

— Oh! madame, quel excès de bonté!...

— Mais il faut parler.

— Non, madame.

— On m'avait dit que vous aimiez cette petite fille.

— Autant qu'on peut aimer; mais, si jamais mon amour peut s'avouer devant elle, il faut que mon honneur y soit aussi.

— Vous êtes bien entêté, chevalier! Est-ce là votre dernière réponse?

— C'est la dernière, comme la première.

— Vous refusez d'entrer aux gardes? Vous refusez la main de ma nièce?

— Oui, madame, si c'est à ce prix.

Madame d'Estrades jeta sur le chevalier un regard perçant, plein de curiosité; puis, ne voyant sur son visage aucun signe d'hésitation, elle s'éloigna lentement, et se perdit dans la foule.

Le chevalier, ne pouvant rien comprendre à cette singulière aventure, alla s'asseoir dans un coin de la galerie :

— Que pense faire cette femme? se disait-il; elle doit être un peu folle. Elle veut bouleverser l'État au moyen d'une sotte calomnie, et, pour mériter la main de sa nièce, elle me propose de me déshonorer! Mais Athénaïs ne voudrait plus de moi, ou, si elle se prêtait à une pareille intrigue, ce serait moi qui la refuserais! Quoi! tâcher de nuire à cette bonne marquise, la diffamer, la noircir... jamais! non, jamais!...

Toujours fidèle à ses distractions, le chevalier, très-probablement, allait se lever et parler tout haut, lorsqu'un petit doigt, couleur de rose, lui toucha légèrement l'épaule. Il leva les yeux, et vit devant lui les deux masques pareils qui l'avaient arrêté.

— Vous ne voulez donc pas nous aider un peu? dit l'un des masques, déguisant sa voix. Mais, bien que les deux costumes fussent tout à fait semblables, et que tout parût calculé pour donner le change, le chevalier ne s'y trompa point. Le regard ni l'accent n'étaient plus les mêmes.

— Répondrez-vous, monsieur?

— Non, madame.

— Écrirez-vous?

— Pas davantage.

— C'est vrai que vous êtes obstiné. Bonsoir, lieutenant.

— Que dites-vous, madame?

— Voilà votre brevet, et votre contrat de mariage.

Et elle lui jeta son éventail.

C'était celui que le chevalier avait déjà ramassé deux fois. Les petits amours de Boucher se jouaient sur le parchemin, au milieu de la nacre dorée. Il n'y avait pas à en douter, c'était l'éventail de madame de Pompadour.

— O ciel! marquise, est-il possible?...

— Très-possible, dit-elle, en soulevant, sur son menton, sa petite dentelle noire.

— Je ne sais, madame, comment répondre...

— Il n'est pas nécessaire. Vous êtes un galant homme, et nous nous reverrons, car vous êtes chez nous. Le roi vous a placé dans la cornette blanche.

Souvenez-vous que, pour un solliciteur, il n'y a pas de plus grande éloquence que de savoir se taire à propos...

— Et pardonnez-nous, ajouta-t-elle, en riant et en s'enfuyant, si, avant de vous donner notre nièce, nous avons pris des renseignements [1].

[1] Madame d'Estrades, peu de temps après, fut disgraciée avec M. d'Argenson, pour avoir conspiré, sérieusement cette fois, contre madame de Pompadour.

FIN DE LA MOUCHE.

HISTOIRE D'UN MERLE BLANC

I

Qu'il est glorieux, mais qu'il est pénible d'être en ce monde un merle exceptionnel ! Je ne suis point un oiseau fabuleux, et monsieur de Buffon m'a décrit. Mais, hélas ! je suis extrêmement rare, et très-difficile à trouver. Plût au ciel que je fusse tout à fait impossible !

Mon père et ma mère étaient deux bonnes gens qui vivaient, depuis nombre d'années, au fond d'un vieux jardin retiré du Marais. C'était un ménage exemplaire. Pendant que ma mère, assise dans un buisson fourré, pondait régulièrement trois fois par an, et couvait, tout en sommeillant, avec une religion patriarcale, mon père, encore fort propre et fort pétulant, malgré son grand âge, picorait autour d'elle toute la journée, lui apportant de beaux insectes qu'il saisissait délicatement par le bout de la queue pour ne pas dégoûter sa femme, et, la nuit venue, il ne manquait jamais, quand il faisait beau, de la régaler d'une chanson qui réjouissait tout le voisinage. Jamais une querelle, jamais le moindre nuage n'avait troublé cette douce union.

A peine fus-je venu au monde, que, pour la première fois de sa vie, mon père commença à montrer de la mauvaise humeur. Bien que je ne fusse encore que d'un gris douteux, il ne reconnaissait en moi ni la couleur, ni la tournure de sa nombreuse postérité.

— Voilà un sale enfant, disait-il quelquefois en me regardant de travers ; il faut que ce gamin-là aille apparemment se fourrer dans tous les plâtras et tous les tas de boue qu'il rencontre, pour être toujours si laid et si crotté.

— Eh ! mon Dieu, mon ami, répondait ma mère, toujours roulée en boule dans une vieille écuelle dont elle avait fait son nid, ne voyez-vous pas que c'est de son âge ? Et vous-même, dans votre jeune temps, n'avez-vous pas été un charmant vaurien ? Laissez grandir notre merlichon, et vous verrez comme il sera beau ; il est des mieux que j'aie pondus.

Tout en prenant ainsi ma défense, ma mère ne s'y trompait pas ; elle voyait pousser mon fatal plumage, qui lui semblait une monstruosité ; mais elle faisait comme toutes les mères, qui s'attachent souvent à leurs enfants, par cela même qu'ils sont maltraités de la nature, comme si la faute en était à elles, ou comme si elles repoussaient d'avance l'injustice du sort qui doit les frapper.

Quand vint le temps de ma première mue, mon père devint tout à fait pensif et me considéra attentivement. Tant que mes plumes tombèrent, il me traita encore avec assez de bonté et me donna même la pâtée, me voyant grelotter presque nu dans un coin; mais dès que mes pauvres ailerons transis commencèrent à se recouvrir de duvet, à chaque plume blanche qu'il vit paraître, il entra dans une telle colère, que je craignis qu'il ne me plumât pour le reste de mes jours. Hélas! je n'avais pas de miroir; j'ignorais le sujet de cette fureur, et je me demandais pourquoi le meilleur des pères se montrait pour moi si barbare.

Un jour qu'un rayon de soleil et ma fourrure naissante m'avaient mis, malgré moi, le cœur en joie, comme je voltigeais dans une allée, je me mis, pour mon malheur, à chanter. A la première note qu'il entendit, mon père sauta en l'air comme une fusée.

— Qu'est-ce que j'entends là? s'écria-t-il; est-ce ainsi qu'un merle siffle? est-ce ainsi que je siffle? est-ce là siffler?

Et, s'abattant près de ma mère avec la contenance la plus terrible :

— Malheureuse! dit-il, qui est-ce qui a pondu dans ton nid?

A ces mots, ma mère indignée s'élança de son écuelle, non sans se faire du mal à une patte; elle voulut parler, mais ses sanglots la suffoquaient; elle tomba à terre à demi pâmée. Je la vis près d'expirer; épouvanté et tremblant de peur, je me jetai aux genoux de mon père.

— O mon père! lui dis-je, si je siffle de travers, et si je suis mal vêtu, que ma mère n'en soit point punie! Est-ce sa faute si la nature m'a refusé une voix comme la vôtre? Est-ce sa faute si je n'ai pas votre beau bec jaune et votre bel habit noir à la française, qui vous donnent l'air d'un marguillier en train d'avaler une omelette? Si le ciel a fait de moi un monstre, et si quelqu'un doit en porter la peine, que je sois du moins le seul malheureux!

— Il ne s'agit pas de cela, dit mon père; que signifie la manière absurde dont tu viens de te permettre de siffler? qui t'a appris à siffler ainsi contre tous les usages et toutes les règles?

— Hélas! monsieur, répondis-je humblement, j'ai sifflé comme je pouvais, me sentant gai parce qu'il fait beau, et ayant peut-être mangé trop de mouches.

— On ne siffle pas ainsi dans ma famille, reprit mon père hors de lui. Il y a des siècles que nous sifflons de père en fils, et, lorsque je fais entendre ma voix la nuit, apprends qu'il y a ici, au premier étage, un vieux monsieur, et au grenier une jeune grisette, qui ouvrent leurs fenêtres pour m'entendre. N'est-ce pas assez que j'aie devant les yeux l'affreuse couleur de tes sottes plumes qui te donnent l'air enfariné comme un paillasse de la foire? Si je n'étais le plus pacifique des merles, je t'aurais déjà cent fois mis à nu, ni plus ni moins qu'un poulet de basse-cour prêt à être embroché.

— Eh bien! m'écriai-je, révolté de l'injustice de mon père, s'il en est ainsi, monsieur, qu'à cela ne tienne! je me déroberai à votre présence, je délivrerai vos regards de cette malheureuse queue blanche par laquelle vous me tirez toute la journée. Je partirai, monsieur, je fuirai; assez d'autres enfants consoleront votre vieillesse, puisque ma mère pond trois fois par an; j'irai loin de vous cacher ma misère, et peut-être, ajoutai-je en sanglotant, peut-être trouverai-je, dans le potager du voisin ou sur les gouttières, quelques vers de terre ou quelques araignées pour soutenir ma triste existence.

— Comme tu voudras, répliqua mon père, loin de s'attendrir à ce discours; que je ne te voie plus! Tu n'es pas mon fils; tu n'es pas un merle.

— Et que suis-je donc, monsieur, s'il vous plaît?

— Je n'en sais rien, mais tu n'es pas un merle.

Après ces paroles foudroyantes, mon père s'éloigna à pas lents. Ma mère se releva tristement, et alla, en boitant, achever de pleurer dans son écuelle. Pour moi, confus et désolé, je pris mon vol du mieux que je pus, et j'allai, comme je l'avais annoncé, me percher sur la gouttière d'une maison voisine.

II

Mon père eut l'inhumanité de me laisser pendant plusieurs jours dans cette situation mortifiante. Malgré sa violence, il avait bon cœur, et, aux regards détournés qu'il me lançait, je voyais bien qu'il aurait voulu me pardonner et me rappeler; ma mère, surtout, levait sans cesse vers moi des yeux pleins de tendresse, et se risquait même parfois à m'appeler d'un petit cri plaintif; mais mon horrible plumage blanc leur inspirait, malgré eux, une répugnance et un effroi auxquels je vis bien qu'il n'y avait point de remède.

« Je ne suis point un merle! » me répétais-je; et, en effet, en m'épluchant le matin et en me mirant dans l'eau de la gouttière, je ne reconnaissais que trop clairement combien je ressemblais peu à ma famille. « O ciel! répétais-je encore, apprends-moi donc ce que je suis! »

Une certaine nuit qu'il pleuvait à verse, j'allais m'endormir exténué de faim et de chagrin, lorsque je vis se poser près de moi un oiseau plus mouillé, plus pâle et plus maigre que je ne le croyais possible. Il était à peu près de ma couleur, autant que j'en pus juger à travers la pluie qui nous inondait; à peine avait-il sur le corps assez de plumes pour habiller un moineau, et il était plus gros que moi. Il me sembla, au premier abord, un oiseau tout à fait pauvre et nécessiteux; mais il gardait, en dépit de l'orage qui maltraitait son front presque tondu, un air de fierté qui me charma. Je lui fis modestement une grande révérence, à laquelle il répondit par un coup de bec qui faillit me jeter à bas de la gouttière. Voyant que je me grattais l'oreille et que je me retirais avec componction sans essayer de lui répondre en sa langue :

— Qui es-tu? me demanda-t-il d'une voix aussi enrouée que son crâne était chauve.

— Hélas! monseigneur, répondis-je (craignant une seconde estocade), je n'en sais rien. Je croyais être un merle, mais l'on m'a convaincu que je n'en suis pas un.

La singularité de ma réponse et mon air de sincérité l'intéressèrent. Il s'approcha de moi et me fit conter mon histoire, ce dont je m'acquittai avec toute la tristesse et toute l'humilité qui convenaient à ma position et au temps affreux qu'il faisait.

— Si tu étais un ramier comme moi, me dit-il après m'avoir écouté, les niaiseries dont tu t'affliges ne t'inquiéteraient pas un moment. Nous voyageons, c'est là notre vie, et nous avons bien nos amours, mais je ne sais qui est mon père. Fendre l'air, traverser l'espace, voir à nos pieds les monts et les plaines, respirer l'azur même des cieux, et non les exhalaisons de la terre, courir comme la flèche à un but marqué qui ne nous échappe jamais, voilà notre plaisir et notre existence. Je fais plus de chemin en un jour qu'un homme n'en peut faire en dix.

— Sur ma parole, monsieur, dis-je un peu enhardi, vous êtes un oiseau bohémien.

— C'est encore une chose dont je ne me soucie guère, reprit-il. Je n'ai point de pays; je ne connais que trois choses : les voyages, ma femme et mes petits. Où est ma femme, là est ma patrie.

— Mais qu'avez-vous là qui vous pend au cou? C'est comme une vieille papillote chiffonnée.

— Ce sont des papiers d'importance, répondit-il en se rengorgeant; je vais à Bruxelles de ce pas, et je porte au célèbre banquier *** une nouvelle qui va faire baisser la rente d'un franc soixante-dix-huit centimes.

— Juste Dieu! m'écriai-je, c'est une belle existence que la vôtre, et Bruxelles, j'en suis sûr, doit être une ville bien curieuse à voir. Ne pourriez-vous pas m'emmener avec vous? Puisque je ne suis pas un merle, je suis peut-être un pigeon ramier.

— Si tu en étais un, répliqua-t-il, tu m'aurais rendu le coup de bec que je t'ai donné tout à l'heure.

— Eh bien! monsieur, je vous le rendrai; ne nous brouillons pas pour si peu de chose. Voilà le matin qui paraît et l'orage qui s'apaise. De grâce, laissez-moi vous suivre! Je suis perdu, je n'ai plus rien au monde — si vous me refusez, il ne me reste plus qu'à me noyer dans cette gouttière.

— Eh bien, en route! suis-moi, si tu peux.

Je jetai un dernier regard sur le jardin où dormait

ma mère. Une larme coula de mes yeux; le vent et la pluie l'emportèrent. J'ouvris mes ailes, et je partis.

III

Mes ailes, je l'ai dit, n'étaient pas encore bien robustes. Tandis que mon conducteur allait comme le vent, je m'essoufflais à ses côtés; je tins bon pendant quelque temps, mais bientôt il me prit un éblouissement si violent, que je me sentis près de défaillir.

— Y en a-t-il encore pour longtemps? demandai-je d'une voix faible.

— Non, me répondit-il, nous sommes au Bourget; nous n'avons plus que soixante lieues à faire.

J'essayai de reprendre courage, ne voulant pas avoir l'air d'une poule mouillée, et je volai encore un quart d'heure, mais, pour le coup, j'étais rendu.

— Monsieur, bégayai-je de nouveau, ne pourrait-on pas s'arrêter un instant? J'ai une soif horrible qui me tourmente, et, en nous perchant sur un arbre...

— Va-t'en au diable! tu n'es qu'un merle! me répondit le ramier en colère.

Et, sans daigner tourner la tête, il continua son voyage enragé. Quant à moi, abasourdi et n'y voyant plus, je tombai dans un champ de blé.

J'ignore combien de temps dura mon évanouissement. Lorsque je repris connaissance, ce qui me revint d'abord en mémoire fut la dernière parole du ramier : « Tu n'es qu'un merle, » m'avait-il dit. — O mes chers parents, pensai-je, vous vous êtes donc trompés ! Je vais retourner près de vous ; vous me reconnaîtrez pour votre vrai et légitime enfant, et vous me rendrez ma place dans ce bon petit tas de feuilles qui est sous l'écuelle de ma mère.

Je fis un effort pour me lever ; mais la fatigue du voyage et la douleur que je ressentais de ma chute me paralysaient tous les membres. A peine me fus-je dressé sur mes pattes, que la défaillance me reprit, et je retombai sur le flanc.

L'affreuse pensée de la mort se présentait déjà à mon esprit, lorsque, à travers les bluets et les coquelicots, je vis venir à moi, sur la pointe du pied, deux charmantes personnes. L'une était une petite pie fort bien mouchetée et extrêmement coquette, et l'autre une tourterelle couleur de rose. La tourterelle s'arrêta à quelques pas de distance, avec un grand air de pudeur et de compassion pour mon infortune ; mais la pie s'approcha en sautillant de la manière la plus agréable du monde.

— Eh ! bon Dieu ! pauvre enfant, que faites-vous là ? me demanda-t-elle d'une voix folâtre et argentine.

— Hélas ! madame la marquise, répondis-je (car c'en devait être une pour le moins), je suis un pauvre diable de voyageur que son postillon a laissé en route, et je suis en train de mourir de faim.

— Sainte Vierge ! que me dites-vous ? répondit-elle.

Et aussitôt elle se mit à voltiger çà et là sur les buissons qui nous entouraient, allant et venant de côté et d'autre, m'apportant quantité de baies et de fruits, dont elle fit un petit tas près de moi, tout en continuant ses questions.

— Mais qui êtes-vous? mais d'où venez-vous? C'est une chose incroyable que votre aventure! Et où alliez-vous? Voyager seul, si jeune, car vous sortez de votre première mue! Que font vos parents? d'où sont-ils? comment vous laissent-ils aller dans cet état-là? Mais c'est à faire dresser les plumes sur la tête!

Pendant qu'elle parlait, je m'étais soulevé un peu de côté, et je mangeais de grand appétit. La tourterelle restait immobile, me regardant toujours d'un œil de pitié. Cependant elle remarqua que je retournais la tête d'un air languissant, et elle comprit que j'avais soif. De la pluie tombée dans la nuit une goutte restait sur un brin de mouron; elle recueillit timidement cette goutte dans son bec, et me l'apporta toute fraîche. Certainement, si je n'eusse pas été si malade, une personne si réservée ne se serait jamais permis une pareille démarche.

Je ne savais pas encore ce que c'est que l'amour, mais mon cœur battait violemment. Partagé entre deux émotions diverses, j'étais pénétré d'un charme inexplicable. Ma panetière était si gaie, mon échanson si expansif et si doux, que j'aurais voulu déjeuner ainsi pendant toute l'éternité. Malheureusement, tout a un terme, même l'appétit d'un convalescent. Le repas fini et mes forces revenues, je satisfis la curiosité de la petite pie, et lui racontai mes malheurs avec autant de sincérité que je l'avais fait la veille devant le pigeon. La pie m'écouta avec plus d'attention qu'il ne semblait devoir lui appartenir, et la tourterelle me donna des marques charmantes de sa profonde sensibilité. Mais, lorsque j'en fus à toucher le point capital qui causait ma peine, c'est-à-dire l'ignorance où j'étais de moi-même :

— Plaisantez-vous? s'écria la pie; vous, un merle! vous, un pigeon! Fi donc! vous êtes une pie, mon cher enfant, pie s'il en fut, et très-gentille pie, ajouta-t-elle en me donnant un petit coup d'aile, comme qui dirait un coup d'éventail.

— Mais, madame la marquise, répondis-je, il me semble que, pour une pie, je suis d'une couleur, ne vous en déplaise...

— Une pie russe, mon cher, vous êtes une pie russe! Vous ne savez pas qu'elles sont blanches? Pauvre garçon, quelle innocence!

— Mais, madame, repris-je, comment serais-je une pie russe, étant né au fond du Marais, dans une vieille écuelle cassée?

— Ah! le bon enfant! Vous êtes de l'invasion, mon cher; croyez-vous qu'il n'y ait que vous? Fiez-vous à moi, et laissez-vous faire; je veux vous emmener tout à l'heure et vous montrer les plus belles choses de la terre.

— Où cela, madame, s'il vous plaît?

— Dans mon palais vert, mon mignon; vous verrez quelle vie on y mène. Vous n'aurez pas plus tôt été pie un quart d'heure, que vous ne voudrez plus entendre parler d'autre chose. Nous sommes là une centaine, non pas de ces grosses pies de village qui demandent l'aumône sur les grands chemins, mais toutes nobles et de bonne compagnie, effilées, lestes, et pas plus grosses que le poing. Pas une de nous n'a ni plus ni moins de sept marques noires et de cinq marques blanches; c'est une chose invariable, et nous méprisons le reste du monde. Les marques noires vous manquent, il est vrai, mais votre qualité de Russe suffira pour vous faire admettre. Notre vie se compose de deux choses: caqueter et nous attifer. Depuis le matin jusqu'à midi, nous nous attifons, et, depuis midi jusqu'au soir, nous caquetons. Chacune de nous perche sur un arbre, le plus haut et le plus vieux possible. Au milieu de la forêt s'élève un chêne immense, inhabité, hélas! C'était la demeure du feu roi Pie X, où nous allons en pèlerinage en poussant de bien gros soupirs; mais, à part ce léger chagrin, nous passons le temps à merveille. Nos femmes ne sont pas plus bégueules que nos maris ne sont jaloux, mais nos plaisirs sont purs et honnêtes, parce que notre cœur est aussi noble que notre langage est libre et joyeux. Notre fierté n'a pas de bornes, et, si un geai ou toute autre canaille vient par hasard à s'introduire chez nous, nous le plumons impitoyablement.

Mais nous n'en sommes pas moins les meilleures gens du monde, et les passereaux, les mésanges, les chardonnerets, qui vivent dans nos taillis, nous trouvent toujours prêtes à les aider, à les nourrir et à les défendre. Nulle part il n'y a plus de caquetage que chez nous, et nulle part moins de médisance. Nous ne manquons pas de vieilles pies dévotes qui disent leurs patenôtres toute la journée, mais la plus éventée de nos jeunes commères peut passer, sans crainte d'un coup de bec, près de la plus sévère douairière. En un mot, nous vivons de plaisir, d'honneur, de bavardage, de gloire et de chiffons.

— Voilà qui est fort beau, madame, répliquai-je, et je serais certainement mal appris de ne point obéir aux ordres d'une personne comme vous. Mais avant d'avoir l'honneur de vous suivre, permettez-moi, de grâce, de dire un mot à cette bonne demoiselle qui est ici. — Mademoiselle, continuai-je en m'adressant à la tourterelle, parlez-moi franchement, je vous en supplie; pensez-vous que je sois véritablement une pie russe?

A cette question, la tourterelle baissa la tête, et devint rouge pâle, comme les rubans de Lolotte.

— Mais, monsieur, dit-elle, je ne sais si je puis...

— Au nom du ciel, parlez, mademoiselle! Mon dessein n'a rien qui puisse vous offenser, bien au contraire. Vous me paraissez toutes deux si charmantes, que je fais ici le serment d'offrir mon cœur et ma patte à celle de vous qui en voudra, dès l'instant que je saurai si je suis pie ou autre chose; car, en vous regardant, ajoutai-je, parlant un peu plus bas à la jeune personne, je me sens je ne sais quoi de tourtereau qui me tourmente singulièrement.

— Mais, en effet, dit la tourterelle en rougissant encore davantage, je ne sais si c'est le reflet du soleil qui tombe sur vous à travers ces coquelicots, mais votre plumage me semble avoir une légère teinte...

Elle n'osa en dire plus long.

— O perplexité! m'écriai-je, comment savoir à quoi m'en tenir? comment donner mon cœur à l'une de vous, lorsqu'il est si cruellement déchiré? O Socrate! quel précepte admirable, mais difficile à suivre, tu nous as donné, quand tu as dit : « Connais-toi toi-même! »

Depuis le jour où une malheureuse chanson avait si fort contrarié mon père, je n'avais pas fait usage de ma voix. En ce moment, il me vint à l'esprit de m'en servir comme d'un moyen pour discerner la vérité. « Parbleu! pensais-je, puisque monsieur mon père m'a mis à la porte dès le premier couplet, c'est bien le moins que le second produise quelque effet sur ces dames! » Ayant donc commencé par m'incliner poliment, comme pour réclamer l'indulgence, à cause de la pluie que j'avais reçue, je me mis d'abord à siffler, puis à gazouiller, puis à faire des roulades, puis enfin à chanter à tue-tête, comme un muletier espagnol en plein vent.

A mesure que je chantais, la petite pie s'éloignait

de moi d'un air de surprise qui devint bientôt de la stupéfaction, puis qui passa à un sentiment d'effroi accompagné d'un profond ennui. Elle décrivait des cercles autour de moi, comme un chat autour d'un morceau de lard trop chaud qui vient de le brûler, mais auquel il voudrait pourtant goûter encore Voyant l'effet de mon épreuve, et voulant la pousser jusqu'au bout, plus la pauvre marquise montrait d'impatience, plus je m'égosillais à chanter. Elle résista pendant vingt-cinq minutes à mes mélodieux efforts; enfin, n'y pouvant plus tenir, elle s'envola à grand bruit, et regagna son palais de verdure. Quant à la tourterelle, elle s'était, presque dès le commencement, profondément endormie.

— Admirable effet de l'harmonie! pensai-je. O Marais! ô écuelle maternelle! plus que jamais je reviens à vous!

Au moment où je m'élançais pour partir, la tourterelle rouvrit les yeux.

— Adieu, dit-elle, étranger si gentil et si ennuyeux! Mon nom est Gourouli; souviens-toi de moi!

— Belle Gourouli, lui répondis-je, vous êtes bonne, douce et charmante; je voudrais vivre et mourir pour vous. Mais vous êtes couleur de rose; tant de bonheur n'est pas fait pour moi!

IV

Le triste effet produit par mon chant ne laissait pas que de m'attrister. « Hélas! musique, hélas! poésie, me répétais-je en regagnant Paris, qu'il y a peu de cœurs qui vous comprennent! »

En faisant ces réflexions, je me cognai la tête contre celle d'un oiseau qui volait dans le sens opposé au mien. Le choc fut si rude et si imprévu, que nous tombâmes tous deux sur la cime d'un arbre qui, par bonheur, se trouva là. Après que nous nous fûmes un peu secoués, je regardai le nouveau venu, m'attendant à une querelle. Je vis avec surprise qu'il était blanc. A la vérité, il avait la tête un peu plus grosse que moi, et, sur le front, une espèce de panache qui lui donnait un air héroï-comique. De plus, il portait sa queue fort en l'air, avec une grande magnanimité; du reste, il ne me parut nullement disposé à la bataille. Nous nous abordâmes fort civilement, et nous nous fîmes de mutuelles excuses, après quoi nous entrâmes en conversation. Je pris la liberté de lui demander son nom et de quel pays il était.

— Je suis étonné, me dit-il, que vous ne me connaissiez pas. Est-ce que vous n'êtes pas des nôtres?

— En vérité, monsieur, répondis-je, je ne sais pas desquels je suis. Tout le monde me demande et me dit la même chose; il faut que ce soit une gageure qu'on ait faite.

— Vous voulez rire, répliqua-t-il; votre plumage vous sied trop bien pour que je méconnaisse un confrère. Vous appartenez infailliblement à cette race illustre et vénérable qu'on nomme en latin *cacuata*, en langue savante *kakatoës*, et en jargon vulgaire catacois.

— Ma foi, monsieur, cela est possible, et ce serait bien de l'honneur pour moi. Mais ne laissez pas de faire comme si je n'en étais pas, et daignez m'apprendre à qui j'ai la gloire de parler.

— Je suis, répondit l'inconnu, le grand poëte Kacatogan. J'ai fait de puissants voyages, monsieur, des traversées arides et de cruelles pérégrinations. Ce n'est pas d'hier que je rime, et ma muse a eu des malheurs. J'ai fredonné sous Louis XVI, monsieur, j'ai braillé pour la République, j'ai noblement chanté l'Empire, j'ai discrètement loué la Restauration, j'ai même fait un effort dans ces derniers temps, et je me suis soumis, non sans peine, aux exigences de ce siècle sans goût. J'ai lancé dans le monde des distiques piquants, des hymnes sublimes, de gracieux dithyrambes, de pieuses élégies, des drames chevelus, des romans crépus, des vaudevilles poudrés et des tragédies chauves. En un mot, je puis me flatter d'avoir ajouté au temple des Muses quelques festons galants, quelques sombres créneaux et quelques ingénieuses arabesques. Que voulez-vous? je me suis fait vieux. Mais je rime encore vertement, monsieur, et, tel que vous me voyez, je rêvais à un poëme en un chant, qui n'aura pas moins de six pages, quand vous m'avez fait une bosse au front. Du reste, si je puis vous être bon à quelque chose, je suis tout à votre service.

— Vraiment, monsieur, vous le pouvez, répliquai-je, car vous me voyez en ce moment dans un grand embarras poétique. Je n'ose dire que je sois un poëte, ni surtout un aussi grand poëte que vous, ajoutai-je en le saluant, mais j'ai reçu de la nature un gosier qui me démange quand je me sens bien aise ou que j'ai du chagrin. A vous dire la vérité, j'ignore absolument les règles.

— Je les ai oubliées, dit Kacatogan, ne vous inquiétez pas de cela.

— Mais il m'arrive, repris-je, une chose fâcheuse; c'est que ma voix produit sur ceux qui l'entendent à peu près le même effet que celle d'un certain Jean de Nivelle sur... Vous savez ce que je veux dire?

— Je le sais, dit Kacatogan; je connais par moi-même cet effet bizarre. La cause ne m'en est pas connue, mais l'effet est incontestable.

— Eh bien! monsieur, vous qui me semblez être le Nestor de la poésie, sauriez-vous, je vous prie, un remède à ce pénible inconvénient?

— Non, dit Kacatogan, pour ma part, je n'en ai jamais pu trouver. Je m'en suis fort tourmenté étant jeune, à cause qu'on me sifflait toujours; mais, à l'heure qu'il est, je n'y songe plus. Je crois que cette répugnance vient de ce que le public en lit d'autres que nous : cela le distrait.

— Je le pense comme vous; mais vous conviendrez, monsieur, qu'il est dur, pour une créature bien intentionnée, de mettre les gens en fuite dès qu'il lui prend un bon mouvement. Voudriez-vous me rendre le service de m'écouter, et de me dire sincèrement votre avis?

— Très-volontiers, dit Kacatogan; je suis tout oreilles.

Je me mis à chanter aussitôt, et j'eus la satisfaction de voir que Kacatogan ne s'enfuyait ni ne s'endormait. Il me regardait fixement, et, de temps en temps, il inclinait la tête d'un air d'approbation, avec une espèce de murmure flatteur. Mais je m'aperçus bientôt qu'il ne m'écoutait pas, et qu'il rêvait à son poëme. Profitant d'un moment où je reprenais haleine, il m'interrompit tout à coup.

— Je l'ai pourtant trouvée, cette rime! dit-il en souriant et en branlant la tête; c'est la soixante mille-sept-cent-quatorzième qui sort de cette cervelle-là! Et l'on ose dire que je vieillis! Je vais lire cela aux bons amis, je vais le leur lire, et nous verrons ce qu'on en dira!

Parlant ainsi, il prit son vol et disparut, ne semblant plus se souvenir de m'avoir rencontré.

V

Resté seul et désappointé, je n'avais rien de mieux à faire que de profiter du reste du jour et de voler à tire-d'aile vers Paris. Malheureusement, je ne savais pas ma route. Mon voyage avec le pigeon avait été trop peu agréable pour me laisser un souvenir exact; en sorte que, au lieu d'aller tout droit, je tournai à gauche au Bourget, et, surpris par la nuit, je fus obligé de chercher un gîte dans les bois de Morfontaine.

Tout le monde se couchait lorsque j'arrivai. Les pies et les geais, qui, comme on le sait, sont les plus mauvais coucheurs de la terre, se chamaillaient de tous les côtés. Dans les buissons piaillaient les moineaux, en piétinant les uns sur les autres. Au bord de l'eau marchaient gravement deux hérons, perchés sur leurs longues échasses, dans l'attitude de la méditation, George Dandins du lieu, attendant patiemment leurs femmes. D'énormes corbeaux, à moitié endormis, se posaient lourdement sur la pointe des arbres les plus élevés, et nasillaient leurs prières du soir. Plus bas, les mésanges amoureuses se pourchassaient encore dans les taillis, tandis qu'un pivert ébouriffé poussait son ménage par derrière, pour le faire entrer dans le creux d'un arbre. Des phalanges de friquets arrivaient des champs en dansant en l'air comme des bouffées de fumée, et se précipitaient sur un arbrisseau qu'elles couvraient tout entier; des pinsons, des fauvettes, des rouges-gorges, se groupaient légèrement sur des branches découpées, comme des cristaux sur une girandole. De toute part résonnaient des voix qui disaient bien distinctement : — Allons, ma femme! — Allons, ma fille! — Venez, ma belle! — Par ici, ma mie! — Me voilà, mon cher! — Bonsoir, ma maîtresse! — Adieu, mes amis! — Dormez bien, mes enfants!

Quelle position pour un célibataire, que de coucher dans une pareille auberge! J'eus la tentation de me joindre à quelques oiseaux de ma taille, et de leur demander l'hospitalité. — La nuit, pensais-je, tous les oiseaux sont gris; et, d'ailleurs, est-ce faire tort aux gens que de dormir poliment près d'eux?

Je me dirigeai d'abord vers un fossé où se rassemblaient des étourneaux. Ils faisaient leur toilette de nuit avec un soin tout particulier, et je remarquai que la plupart d'entre eux avaient les ailes dorées et les pattes vernies : c'étaient les dandys de la forêt. Ils étaient assez bons enfants, et ne m'honorèrent d'aucune attention. Mais leurs propos étaient si creux, ils se racontaient avec tant de fatuité leurs tracasseries et leurs bonnes fortunes, ils se frottaient si lourdement l'un à l'autre, qu'il me fut impossible d'y tenir.

J'allai ensuite me percher sur une branche où s'alignaient une demi-douzaine d'oiseaux de différentes espèces. Je pris modestement la dernière place à l'extrémité de la branche, espérant qu'on m'y souffrirait.

Par malheur, ma voisine était une vieille colombe, aussi sèche qu'une girouette rouillée. Au moment où je m'approchai d'elle, le peu de plumes qui couvraient ses os était l'objet de sa sollicitude; elle feignait de les éplucher, mais elle eût trop craint d'en arracher une : elle les passait seulement en revue pour voir si elle avait son compte. A peine l'eus-je touchée du bout de l'aile, qu'elle se redressa majestueusement.

— Qu'est-ce que vous faites donc, monsieur? me dit-elle en pinçant le bec avec une pudeur britannique.

Et, m'allongeant un grand coup de coude, elle me jeta à bas avec une vigueur qui eût fait honneur à un portefaix.

Je tombai dans une bruyère où dormait une grosse gelinotte. Ma mère elle-même, dans son écuelle, n'avait pas un tel air de béatitude. Elle était si rebondie, si épanouie, si bien assise sur son triple ventre, qu'on l'eût prise pour un pâté dont on avait mangé la croûte. Je me glissai furtivement près d'elle. — «Elle ne s'éveillera pas, me disais-je, et, en tout cas, une si bonne grosse maman ne peut pas être bien méchante.» Elle ne le fut pas en effet. Elle ouvrit les yeux à demi, et me dit en poussant un léger soupir :

— Tu me gênes, mon petit, va-t'en de là.

Au même instant, je m'entendis appeler : c'étaient des grives qui, du haut d'un sorbier, me faisaient signe de venir à elles. — «Voilà enfin de bonnes âmes, pensai-je.» Elles me firent place en riant comme des folles, et je me fourrai aussi lestement dans leur groupe emplumé qu'un billet doux dans un manchon. Mais je ne tardai pas à juger que ces dames avaient mangé plus de raisin qu'il n'est raisonnable de le faire; elles se soutenaient à peine sur les branches, et leurs plaisanteries de mauvaise compagnie, leurs éclats de rire et leurs chansons grivoises me forcèrent de m'éloigner.

Je commençais à désespérer, et j'allais m'endormir dans un coin solitaire, lorsqu'un rossignol se mit à chanter. Tout le monde aussitôt fit silence. Hélas! que sa voix était pure! que sa mélancolie même paraissait douce! Loin de troubler le sommeil d'autrui, ses accords semblaient le bercer. Personne ne songeait à le faire taire, personne ne trouvait mauvais qu'il chantât sa chanson à pareille heure; son père ne le battait pas, ses amis ne prenaient pas la fuite.

— Il n'y a donc que moi, m'écriai-je, à qui il soit défendu d'être heureux! Partons, fuyons ce monde cruel! Mieux vaut chercher ma route dans les ténèbres, au risque d'être avalé par quelque hibou, que de me laisser déchirer ainsi par le spectacle du bonheur des autres!

Sur cette pensée, je me remis en chemin et j'errai longtemps au hasard. Aux premières clartés du jour, j'aperçus les tours de Notre-Dame. En un clin d'œil j'y atteignis, et je ne promenai pas longtemps mes regards avant de reconnaître notre jardin. J'y volai plus vite que l'éclair... Hélas! il était vide... J'appelai en vain mes parents : personne ne me répondit. L'arbre où se tenait mon père, le buisson maternel, l'écuelle chérie, tout avait disparu. La cognée avait tout détruit; au lieu de l'allée verte où j'étais né, il ne restait qu'un cent de fagots.

VI

Je cherchai d'abord mes parents dans tous les jardins d'alentour, mais ce fut peine perdue; ils s'étaient sans doute réfugiés dans quelque quartier éloigné, et je ne pus jamais savoir de leurs nouvelles.

Pénétré d'une tristesse affreuse, j'allai me percher sur la gouttière où la colère de mon père m'avait d'abord exilé. J'y passais les jours et les nuits à déplorer ma triste existence. Je ne dormais plus, je mangeais à peine: j'étais près de mourir de douleur.

Un jour que je me lamentais comme à l'ordinaire:

— Ainsi donc, me disais-je tout haut, je ne suis ni un merle, puisque mon père me plumait; ni un pigeon, puisque je suis tombé en route quand j'ai voulu aller en Belgique; ni une pie russe, puisque la petite marquise s'est bouché les oreilles dès que j'ai ouvert le bec; ni une tourterelle, puisque Gourouli, la bonne Gourouli elle-même, ronflait comme un moine quand je chantais; ni un perroquet, puisque Kacatogan n'a pas daigné m'écouter; ni un oiseau quelconque, enfin, puisque à Morfontaine on m'a laissé coucher tout seul.

Et cependant j'ai des plumes sur le corps; voilà des pattes et voilà des ailes. Je ne suis point un monstre, témoin Gourouli, et cette petite marquise elle-même, qui me trouvaient assez à leur gré. Par quel mystère inexplicable ces plumes, ces ailes et ces pattes, ne sauraient-elles former un ensemble auquel on puisse donner un nom? Ne serais-je pas par hasard...

J'allais poursuivre mes doléances, lorsque je fus interrompu par deux portières qui se disputaient dans la rue.

— Ah! parbleu! dit l'une d'elles à l'autre, si tu en viens jamais à bout, je te fais cadeau d'un merle blanc!

— Dieu juste! m'écriai-je, voilà mon affaire. O Providence! je suis fils d'un merle, et je suis blanc : je suis un merle blanc!

Cette découverte, il faut l'avouer, modifia beaucoup mes idées. Au lieu de continuer à me plaindre, je commençai à me rengorger et à marcher fièrement le long de la gouttière, en regardant l'espace d'un air victorieux.

— C'est quelque chose, me dis-je, que d'être un merle blanc : cela ne se trouve point dans le pas d'un âne. J'étais bien bon de m'affliger de ne pas rencontrer mon semblable : c'est le sort du génie, c'est le mien! Je voulais fuir le monde, je veux l'étonner! Puisque je suis cet oiseau sans pareil dont le vulgaire nie l'existence, je dois et prétends me comporter comme tel, ni plus ni moins que le Phénix, et mépriser le reste des volatiles. Il faut que j'achète les mémoires d'Alfieri et les poëmes de lord Byron; cette nourriture substantielle m'inspirera un noble orgueil, sans compter celui que Dieu m'a donné. Oui, je veux ajouter, s'il se peut, au prestige de ma naissance. La nature m'a fait rare, je me ferai mystérieux. Ce sera une faveur, une gloire de me voir. — Et, au fait, ajoutai-je plus bas, si je me montrais tout bonnement pour de l'argent?

— Fi donc! quelle indigne pensée! Je veux faire un poëme comme Kacatogan, non pas en un chant, mais en vingt-quatre, comme tous les grands hommes; ce n'est pas assez, il y en aura quarante-huit, avec des notes et un appendice! Il faut que l'univers apprenne que j'existe. Je ne manquerai pas, dans mes vers, de déplorer mon isolement; mais ce sera de telle sorte, que les plus heureux me porteront envie. Puisque le ciel m'a refusé une femelle, je dirai un mal affreux de celles des autres. Je prouverai que tout est trop vert, hormis les raisins que je mange. Les rossignols n'ont qu'à se bien tenir; je démontrerai, comme deux et deux font quatre, que leurs complaintes font mal au cœur, et que leur marchandise ne vaut rien. Il faut que j'aille trouver Charpentier. Je veux me créer tout d'abord une puissante position littéraire. J'entends avoir autour de moi une cour composée, non pas seulement de journalistes, mais d'auteurs véritables et même de femmes de lettres. J'écrirai un rôle pour Mlle Rachel, et, si elle refuse de le jouer, je publierai à son de trompe que son talent est bien inférieur à celui d'une vieille actrice de province. J'irai à Venise, et je louerai, sur les bords du grand canal, au milieu de cette cité féerique, le beau palais Mocenigo, qui coûte quatre livres dix sous par jour ; là, je m'inspirerai de tous les souvenirs que l'auteur de *Lara* doit y avoir laissés. Du fond de ma solitude, j'inonderai le monde d'un déluge de rimes croisées, calquées sur la strophe de Spencer, où je soulagerai ma grande âme ; je ferai soupirer toutes les mésanges, roucouler toutes les tourterelles, fondre en larmes toutes les bécasses, et hurler toutes les vieilles chouettes. Mais, pour ce qui regarde ma personne, je me montrerai inexorable et inaccessible à l'amour. En vain me pressera-t-on, me suppliera-t-on d'avoir pitié des infortunées qu'auront séduites mes chants sublimes ; à tout cela, je répondrai : « Foin ! » O excès de gloire ! mes manuscrits se vendront au poids de l'or, mes livres traverseront les mers ; la renommée, la fortune, me suivront partout ; seul, je semblerai indifférent aux murmures de la foule qui m'environnera. En un mot, je serai un parfait merle blanc, un véritable écrivain excentrique, fêté, choyé, admiré, envié, mais complétement grognon et insupportable.

VII

Il ne me fallut pas plus de six semaines pour mettre au jour mon premier ouvrage. C'était, comme je me l'étais promis, un poëme en quarante-huit chants. Il s'y trouvait bien quelques négligences, à cause de la prodigieuse fécondité avec laquelle je l'avais écrit; mais je pensai que le public d'aujourd'hui, accoutumé à la belle littérature qui s'imprime au bas des journaux, ne m'en ferait pas un reproche.

J'eus un succès digne de moi, c'est-à-dire sans pareil. Le sujet de mon ouvrage n'était autre que moi-même : je me conformai en cela à la grande mode de notre temps. Je racontais mes souffrances passées avec une fatuité charmante; je mettais le lecteur au fait de mille détails domestiques du plus piquant intérêt; la description de l'écuelle de ma mère ne remplissait pas moins de quatorze chants : j'en avais compté les rainures, les trous, les bosses, les éclats, les échardes, les clous, les taches, les teintes diverses, les reflets; j'en montrais le dedans, le dehors, les bords, le fond, les côtés, les plans inclinés, les plans droits; passant au contenu, j'avais étudié les brins d'herbe, les pailles, les feuilles sèches, les petits morceaux de bois, les graviers, les gouttes d'eau, les débris de mouches, les pattes de hannetons cassées qui s'y trouvaient; c'était une description ravissante. Mais ne pensez pas que je l'eusse imprimée tout d'une venue; il y a des lecteurs impertinents qui l'auraient sautée. Je l'avais habilement coupée par morceaux, et entremêlée au récit, afin que rien n'en fût perdu; en sorte que, au moment le plus intéressant et le plus dramatique, arrivaient tout à coup quinze pages d'écuelle. Voilà, je crois, un des grands secrets de l'art, et, comme je n'ai point d'avarice, en profitera qui voudra

L'Europe entière fut émue à l'apparition de mon livre; elle dévora les révélations intimes que je daignais lui communiquer. Comment en eût-il été autrement? Non-seulement j'énumérais tous les faits qui se rattachaient à ma personne, mais je donnais encore au public un tableau complet de toutes les rêvasseries qui m'avaient passé par la tête depuis l'âge de deux mois; j'avais même intercalé, au plus bel endroit, une ode composée dans mon œuf. Bien entendu d'ailleurs que je ne négligeais pas de traiter en passant le grand sujet qui préoccupe maintenant tant de monde; à savoir, l'avenir de l'humanité. Ce problème m'avait paru intéressant; j'en ébauchai, dans un moment de loisir, une solution qui passa généralement pour satisfaisante.

On m'envoyait tous les jours des compliments en vers, des lettres de félicitation et des déclarations d'amour anonymes. Quant aux visites, je suivais rigoureusement le plan que je m'étais tracé; ma porte était fermée à tout le monde. Je ne pus cependant me dispenser de recevoir deux étrangers qui s'étaient annoncés comme étant de mes parents. L'un était un merle du Sénégal, et l'autre un merle de la Chine.

— Ah! monsieur, me dirent-ils en m'embrassant à m'étouffer, que vous êtes un grand merle! que vous avez bien peint, dans votre poëme immortel, la profonde souffrance du génie méconnu! Si nous n'étions pas déjà aussi incompris que possible, nous le deviendrions après vous avoir lu. Combien nous sympathisons avec vos douleurs, avec votre sublime mépris du vulgaire! Nous aussi, monsieur, nous les connaissons par nous-mêmes, les peines secrètes que vous avez chantées! Voici deux sonnets que nous avons faits, l'un portant l'autre, et que nous vous prions d'agréer.

— Voici en outre, ajouta le Chinois, de la musique que mon épouse a composée sur un passage de votre préface. Elle rend merveilleusement l'intention de l'auteur.

— Messieurs, leur dis-je, autant que j'en puis juger, vous me semblez doués d'un grand cœur et d'un esprit plein de lumières. Mais pardonnez-moi de vous faire une question. D'où vient votre mélancolie?

— Eh! monsieur, répondit l'habitant du Sénégal, regardez comme je suis bâti. Mon plumage, il est vrai, est agréable à voir, et je suis revêtu de cette belle couleur verte qu'on voit briller sur les canards; mais mon bec est trop court et mon pied trop grand; et voyez de quelle queue je suis affublé! La longueur de mon corps n'en fait pas les deux tiers. N'y a-t-il pas là de quoi se donner au diable?

— Et moi, monsieur, dit le Chinois, mon infortune est encore plus pénible. La queue de mon confrère balaye les rues; mais les polissons me montrent au doigt, à cause que je n'en ai point.

— Messieurs, repris-je, je vous plains de toute mon âme; il est toujours fâcheux d'avoir trop ou trop peu n'importe de quoi. Mais permettez-moi de vous dire qu'il y a au Jardin des Plantes plusieurs personnes qui vous ressemblent, et qui demeurent là depuis longtemps, fort paisiblement empaillées. De même qu'il ne suffit pas à une femme de lettres d'être dévergondée pour faire un bon livre, ce n'est pas non plus assez pour un merle d'être mécontent pour avoir du génie. Je suis seul de mon espèce, et je m'en afflige; j'ai peut-être tort, mais c'est mon droit. Je suis blanc, messieurs; devenez-le, et nous verrons ce que vous saurez dire.

VIII

Malgré la résolution que j'avais prise et le calme que j'affectais, je n'étais pas heureux. Mon isolement pour être glorieux, ne m'en semblait pas moins pénible, et je ne pouvais songer sans effroi à la nécessité où je me trouvais de passer ma vie entière dans le célibat. Le retour du printemps, en particulier, me causait une gêne mortelle, et je commençais à tomber de nouveau dans la tristesse, lorsqu'une circonstance imprévue décida de ma vie entière.

Il va sans dire que mes écrits avaient traversé la Manche, et que les Anglais se les arrachaient. Les Anglais s'arrachent tout, hormis ce qu'ils comprennent. Je reçus un jour, de Londres, une lettre signée d'une jeune merlette :

« J'ai lu votre poëme, me disait-elle, et l'admiration que j'ai éprouvée m'a fait prendre la résolution de vous offrir ma main et ma personne. Dieu nous a créés l'un pour l'autre! Je suis semblable à vous, je suis une merlette blanche!... »

On suppose aisément ma surprise et ma joie. Une merlette blanche! me dis-je, est-il bien possible? Je ne suis donc plus seul sur la terre! Je me hâtai de répondre à la belle inconnue, et je le fis d'une manière qui témoignait assez combien sa proposition m'agréait. Je la pressais de venir à Paris ou de me permettre de voler près d'elle. Elle me répondit qu'elle aimait mieux venir, parce que ses parents l'ennuyaient, qu'elle mettait ordre à ses affaires et que je la verrais bientôt.

Elle vint, en effet, quelques jours après. O bonheur! c'était la plus jolie merlette du monde, et elle était encore plus blanche que moi.

— Ah! mademoiselle, m'écriai-je, ou plutôt madame, car je vous considère dès à présent comme mon épouse légitime, est-il croyable qu'une créature si charmante se trouvât sur la terre sans que la renommée m'apprît son existence? Bénis soient les malheurs que j'ai éprouvés et les coups de bec que m'a donnés mon père, puisque le ciel me réservait une consolation si inespérée! Jusqu'à ce jour, je me croyais condamné à une solitude éternelle, et, à vous parler franchement, c'était un rude fardeau à porter; mais je me sens, en vous regardant, toutes les qualités d'un père de famille. Acceptez ma main sans délai; marions-nous à l'anglaise, sans cérémonie, et partons ensemble pour la Suisse.

— Je ne l'entends pas ainsi, me répondit la jeune merlette; je veux que nos noces soient magnifiques, et que tout ce qu'il y a en France de merles un peu bien nés y soient solennellement rassemblés. Des gens comme nous doivent à leur propre gloire de ne pas se marier comme des chats de gouttière. J'ai apporté une provision de *bank-notes*. Faites vos invitations, allez chez vos marchands, et ne lésinez pas sur les rafraîchissements.

Je me conformai aveuglément aux ordres de la blanche merlette. Nos noces furent d'un luxe écrasant; on y mangea dix mille mouches. Nous reçûmes la bénédiction nuptiale d'un révérend père Cormoran, qui était archevêque *in partibus*. Un bal superbe termina la journée; enfin, rien ne manqua à mon bonheur.

Plus j'approfondissais le caractère de ma charmante femme, plus mon amour augmentait. Elle réunissait, dans sa petite personne, tous les agréments de l'âme et du corps. Elle était seulement un peu bégueule; mais j'attribuai cela à l'influence du brouillard anglais dans lequel elle avait vécu jusqu'alors, et je ne doutai pas que le climat de la France ne dissipât bientôt ce léger nuage.

Une chose qui m'inquiétait plus sérieusement, c'était une sorte de mystère dont elle s'entourait quelquefois avec une rigueur singulière, s'enfermant à clef avec ses caméristes, et passant ainsi des heures entières pour faire sa toilette, à ce qu'elle prétendait. Les maris n'aiment pas beaucoup ces fantaisies dans leur ménage. Il m'était arrivé vingt fois de frapper à l'appartement de ma femme sans pouvoir obtenir qu'on m'ouvrît la porte. Cela m'impatientait cruellement. Un jour, entre autres, j'insistai avec tant de mauvaise humeur, qu'elle se vit obligée de céder et de m'ouvrir un peu à la hâte, non sans se plaindre fort de mon importunité. Je remarquai, en entrant, une grosse bouteille pleine d'une espèce de colle faite avec de la farine et du blanc d'Espagne. Je demandai à ma femme ce qu'elle faisait de cette drogue; elle me répondit que c'était un opiat pour des engelures qu'elle avait.

Cet opiat me sembla tant soit peu louche; mais quelle défiance pouvait m'inspirer une personne si douce et si sage, qui s'était donnée à moi avec tant d'enthousiasme et une sincérité si parfaite? J'ignorais d'abord que ma bien-aimée fût une femme de plume; elle me l'avoua au bout de quelque temps, et elle alla même jusqu'à me montrer le manuscrit d'un roman où elle avait imité à la fois Walter Scott et Scarron. Je laisse à penser le plaisir que me causa une si aimable surprise. Non-seulement je me voyais possesseur d'une beauté incomparable, mais j'acquérais encore la certitude que l'intelligence de ma compagne était digne en tout point de mon génie. Dès cet instant, nous travaillâmes ensemble. Tandis que je composais mes poëmes, elle barbouillait des rames de papier. Je lui récitais mes vers à haute voix, et cela ne la gênait nullement pour écrire pendant ce temps-là. Elle pondait ses romans avec une facilité presque égale à la mienne, choisissant toujours les sujets les plus dramatiques, des parricides, des rapts, des meurtres, et même jusqu'à des filouteries, ayant toujours soin, en passant, d'attaquer le gouvernement et de prêcher l'émancipation des merlettes. En un mot, aucun effort ne coûtait à son esprit, aucun tour de force à sa pudeur; il ne lui arrivait jamais de rayer une ligne, ni de faire un plan avant de se mettre à l'œuvre. C'était le type de la merlette lettrée.

Un jour qu'elle se livrait au travail avec une ardeur inaccoutumée, je m'aperçus qu'elle suait à grosses gouttes, et je fus étonné de voir en même temps qu'elle avait une grande tache noire dans le dos.

— Eh! bon Dieu! lui dis-je, qu'est-ce donc? est-ce que vous êtes malade?

Elle parut d'abord un peu effrayée et même penaude; mais la grande habitude qu'elle avait du monde l'aida bientôt à reprendre l'empire admirable qu'elle gardait toujours sur elle-même. Elle me dit que c'était une tache d'encre, et qu'elle y était fort sujette, dans ses moments d'inspiration.

— Est-ce que ma femme déteint? — me dis-je tout bas. Cette pensée m'empêcha de dormir. La bouteille de colle me revint en mémoire. — O ciel! m'écriai-je, quel soupçon! Cette créature céleste ne serait-elle qu'une peinture, un léger badigeon? se serait-elle vernie pour abuser de moi?... Quand je croyais presser sur mon cœur la sœur de mon âme, l'être privilégié créé pour moi seul, n'aurais-je donc épousé que de la farine?

Poursuivi par ce doute horrible, je formai le dessein de m'en affranchir. Je fis l'achat d'un baromètre, et j'attendis avidement qu'il vînt à faire un jour de pluie. Je voulais emmener ma femme à la campagne, choisir un dimanche douteux, et tenter l'épreuve d'une lessive. Mais nous étions en plein juillet; il faisait un beau temps effroyable.

L'apparence du bonheur et l'habitude d'écrire avaient fort excité ma sensibilité. Naïf comme j'étais, il m'arrivait parfois, en travaillant, que le sentiment fût plus fort que l'idée, et de me mettre à pleurer en attendant la rime. Ma femme aimait beaucoup ces rares occasions : toute faiblesse masculine enchante l'orgueil féminin. Une certaine nuit que je limais une rature, selon le précepte de Boileau, il advint à mon cœur de s'ouvrir.

— O toi! dis-je à ma chère merlette, toi, la seule

et la plus aimée! toi, sans qui ma vie est un songe. toi, dont un regard, un sourire, métamorphosent pour moi l'univers, vie de mon cœur, sais-tu combien je t'aime? Pour mettre en vers une idée banale déjà usée par d'autres poëtes, un peu d'étude et d'attention me font aisément trouver des paroles; mais où en prendrai-je jamais pour t'exprimer ce que ta beauté m'inspire? Le souvenir même de mes peines passées pourrait-il me fournir un mot pour te parler de mon bonheur présent? Avant que tu fusses venue à moi, mon isolement était celui d'un orphelin exilé; aujourd'hui, c'est celui d'un roi. Dans ce faible corps, dont j'ai le simulacre jusqu'à ce que la mort en fasse un débris, dans cette petite cervelle enfiévrée où fermente une inutile pensée, sais-tu, mon ange, comprends-tu, ma belle, que rien ne peut être qui ne soit à toi? Écoute ce que mon cerveau peut dire, et sens combien mon amour est plus grand! Oh! que mon génie fût une perle, et que tu fusses Cléopâtre!

En radotant ainsi, je pleurais sur ma femme, et elle déteignait visiblement. A chaque larme qui tombait de mes yeux, apparaissait une plume, non pas même noire, mais du plus vieux roux (je crois qu'elle avait déjà déteint autre part). Après quelques minutes d'attendrissement, je me trouvai vis-à-vis d'un oiseau décollé et désenfariné, identiquement semblable aux merles les plus plats et les plus ordinaires.

Que faire? que dire? quel parti prendre? Tout reproche était inutile. J'aurais bien pu, à la vérité, considérer le cas comme rédhibitoire, et faire casser mon mariage; mais comment oser publier ma honte? N'était-ce pas assez de mon malheur? Je pris mon courage à deux pattes, je résolus de quitter le monde, d'abandonner la carrière des lettres, de fuir dans un désert, s'il était possible, d'éviter à jamais l'aspect d'une créature vivante, et de chercher, comme Alceste,

. . . . . Un endroit écarté,
Où d'être un merle blanc on eût la liberté!

IX

Je m'envolai là-dessus, toujours pleurant; et le vent, qui est le hasard des oiseaux, me rapporta sur une branche de Morfontaine. Pour cette fois, on était couché. — Quel mariage! me disais-je, quelle équipée! C'est certainement à bonne intention que cette pauvre enfant s'est mis du blanc; mais je n'en suis pas moins à plaindre, ni elle moins rousse.

Le rossignol chantait encore. Seul, au fond de la nuit, il jouissait à plein cœur du bienfait de Dieu qui le rend si supérieur aux poëtes, et donnait librement sa pensée au silence qui l'entourait. Je ne pus résister à la tentation d'aller à lui et de lui parler.

— Que vous êtes heureux! lui dis-je : non-seulement vous chantez tant que vous voulez, et très-bien, et tout le monde écoute; mais vous avez une femme et des enfants, votre nid, vos amis, un bon oreiller de mousse, la pleine lune et pas de journaux. Rubini et

Rossini ne sont rien auprès de vous : vous valez l'un, et vous devinez l'autre. J'ai chanté aussi, monsieur, et c'est pitoyable. J'ai rangé des mots en bataille comme des soldats prussiens, et j'ai coordonné des fadaises pendant que vous étiez dans les bois. Votre secret peut-il s'apprendre?

— Oui, me répondit le rossignol, mais ce n'est pas ce que vous croyez. Ma femme m'ennuie, je ne l'aime point; je suis amoureux de la rose : Sadi, le Persan, en a parlé. Je m'égosille toute la nuit pour elle, mais elle dort et ne m'entend pas. Son calice est fermé à l'heure qu'il est : elle y berce un vieux scarabée, — et demain matin, quand je regagnerai mon lit, épuisé de souffrance et de fatigue, c'est alors qu'elle s'épanouira, pour qu'une abeille lui mange le cœur!

FIN DE L'HISTOIRE D'UN MERLE BLANC.

MIMI PINSON

PROFIL DE GRISETTE.

I

Parmi les étudiants qui suivaient, l'an passé, les cours de l'École de Médecine, se trouvait un jeune homme nommé Eugène Aubert. C'était un garçon de bonne famille, qui avait à peu près dix-neuf ans. Ses parents vivaient en province, et lui faisaient une pension modeste, mais qui lui suffisait. Il menait une vie tranquille, et passait pour avoir un caractère fort doux. Ses camarades l'aimaient ; en toute circonstance, on le trouvait bon et serviable, la main généreuse et le cœur ouvert. Le seul défaut qu'on lui reprochait était un singulier penchant à la rêverie et à la solitude, et une réserve si excessive dans son langage et ses moindres actions, qu'on l'avait surnommé la *Petite Fille*, surnom, du reste, dont il riait lui-même, et auquel ses amis n'attachaient aucune idée qui pût l'offenser, le sachant aussi brave qu'un autre au besoin ; mais il était vrai que sa conduite justifiait un peu ce sobriquet, surtout par la façon dont elle contrastait avec les mœurs de ses compagnons. Tant qu'il n'était question que de travail, il était le premier à l'œuvre ; mais, s'il s'agissait d'une partie de plaisir, d'un dîner au Moulin de Beurre, ou d'une contredanse à la Chaumière, la *Petite Fille* secouait la tête et regagnait sa chambrette garnie. Chose presque monstrueuse parmi les étudiants : non-seulement Eugène n'avait pas de maîtresse, quoique son âge et sa figure eussent pu lui valoir des succès, mais on ne l'avait jamais vu faire le galant au comptoir d'une grisette, usage immémorial au quartier Latin. Les beautés qui peuplent la montagne Sainte-Geneviève, et se partagent les amours des écoles, lui inspiraient une sorte de répugnance qui allait jusqu'à l'aversion. Il les regardait comme une espèce à part, dangereuse, ingrate et dépravée, née pour laisser partout le mal et le malheur en échange de quelques plaisirs. « Gardez-vous de ces femmes-là, disait-il : ce sont des poupées de fer rouge. » Et il ne trouvait malheureusement que trop d'exemples pour justifier la haine qu'elles lui inspiraient. Les querelles, les désordres, quelquefois même la ruine qu'entraînent ces liaisons passagères, dont les dehors ressemblent au bonheur, n'étaient que trop faciles à citer, l'année dernière comme aujourd'hui, et probablement comme l'année prochaine.

Il va sans dire que les amis d'Eugène le raillaient continuellement sur sa morale et ses scrupules : — Que prétends-tu ? lui demandait souvent un de ses camarades, nommé Marcel, qui faisait profession d'être un bon vivant; — que prouve une faute, ou un accident arrivé une fois par hasard?

— Qu'il faut s'abstenir, répondait Eugène, de peur que cela n'arrive une seconde fois.

— Faux raisonnement, répliquait Marcel, argument de capucin de carte, qui tombe si le compagnon trébuche. De quoi vas-tu t'inquiéter? Tel d'entre nous a perdu au jeu; est-ce une raison pour se faire moine? L'un n'a plus le sou, l'autre boit de l'eau fraîche; est-ce qu'Élise en perd l'appétit? A qui la faute si le voisin porte sa montre au mont-de-piété pour aller se casser un bras à Montmorency? la voisine n'en est pas manchote. Tu te bas pour Rosalie, on te donne un coup d'épée; elle te tourne le dos, c'est tout simple : en a-t-elle moins fine taille? Ce sont de ces petits inconvénients dont l'existence est parsemée, et ils sont plus rares que tu ne penses. Regarde un dimanche, quand il fait beau temps, que de bonnes paires d'amis dans les cafés, les promenades et les guinguettes! Considère-moi ces gros omnibus bien rebondis, bien bourrés de grisettes, qui vont au Ranelagh ou à Belleville. Compte ce qui sort, un jour de fête seulement, du quartier Saint-Jacques : les bataillons de modistes, les armées de lingères, les nuées de marchandes de tabac; tout cela s'amuse, tout cela a ses amours, tout cela va s'abattre autour de Paris, sous les tonnelles des campagnes, comme des volées de friquets. S'il pleut, cela va au mélodrame manger des oranges et pleurer; car cela mange beaucoup, c'est vrai, et pleure aussi très-volontiers : c'est ce qui prouve un bon caractère. Mais quel mal font ces pauvres filles, qui ont cousu, bâti, ourlé, piqué et ravaudé toute la semaine, en prêchant d'exemple, le dimanche, l'oubli des maux et l'amour du prochain? Et que peut faire de mieux un honnête homme, qui, de son côté, vient de passer huit jours à disséquer des choses peu agréables, que de se débarbouiller la vue en regardant un visage frais, une jambe ronde, et la belle nature?

— Sépulcres blanchis! disait Eugène.

— Je dis et maintiens, continuait Marcel, qu'on peut et doit faire l'éloge des grisettes, et qu'un usage modéré en est bon. Premièrement, elles sont vertueuses, car elles passent la journée à confectionner les vêtements les plus indispensables à la pudeur et à la modestie; en second lieu, elles sont honnêtes, car il n'y a pas de maîtresse lingère ou autre qui ne recommande à ses filles de boutique de parler au monde poliment; troisièmement, elles sont très-soigneuses et très-propres, attendu qu'elles ont sans cesse entre les mains du linge et des étoffes qu'il ne faut pas qu'elles gâtent, sous peine d'être moins bien payées; quatrièmement, elles sont sincères, parce qu'elles boivent du ratafia; en cinquième lieu, elles sont économes et frugales, parce qu'elles ont beaucoup de peine à gagner trente sous, et s'il se trouve des occasions où elles se montrent gourmandes et dépensières, ce n'est jamais avec leurs propres deniers; sixièmement, elles sont très-gaies, parce que le travail qui les occupe est en général ennuyeux à mourir, et qu'elles frétillent comme le poisson dans l'eau dès que l'ouvrage est terminé. Un autre avantage qu'on rencontre en elles, c'est qu'elles ne sont point gênantes, vu qu'elles passent leur vie clouées sur une chaise dont elles ne peuvent pas bouger, et que par conséquent il leur est impossible de courir après leurs amants comme les dames de bonne compagnie. En outre, elles ne sont pas bavardes, parce qu'elles sont obligées de compter leurs points. Elles ne dépensent pas grand'chose pour leurs chaussures, parce qu'elles marchent peu, ni pour leur toilette, parce qu'il est rare qu'on leur fasse crédit. Si on les accuse d'inconstance, ce n'est pas parce qu'elles lisent de mauvais romans ni par méchanceté naturelle; cela tient au grand nombre de personnes différentes qui passent devant leurs boutiques; d'un autre côté, elles prouvent suffisamment qu'elles sont capables de passions véritables, par la grande quantité d'entre elles qui se jettent journellement dans la Seine ou par la fenêtre, ou qui s'asphyxient dans leurs domiciles. Elles ont, il est vrai, l'inconvénient d'avoir presque toujours faim et soif, précisément à cause de leur grande tempérance; mais il est notoire qu'elles peuvent se contenter, en guise de repas, d'un verre de bière et d'un cigare : qualité précieuse qu'on rencontre bien rarement en ménage. Bref, je soutiens qu'elles sont bonnes, aimables, fidèles et désintéressées, et que c'est une choses regrettable, lorsqu'elles finissent à l'hôpital.

Lorsque Marcel parlait ainsi, c'était la plupart du temps au café, quand il s'était un peu échauffé la tête; il remplissait alors le verre de son ami, et voulait le faire boire à la santé de mademoiselle Pinson, ouvrière en linge, qui était leur voisine; mais Eugène prenait son chapeau, et, tandis que Marcel continuait à pérorer devant ses camarades, il s'esquivait doucement.

II

Mademoiselle Pinson n'était pas précisément ce qu'on appelle une jolie femme. Il y a beaucoup de différence entre une jolie femme et une jolie grisette. Si une jolie femme, reconnue pour telle, et ainsi nommée en langue parisienne, s'avisait de mettre un petit bonnet, une robe de guingan et un tablier de soie, elle serait tenue, il est vrai, de paraître une jolie grisette. Mais si une grisette s'affuble d'un chapeau, d'un camail de velours et d'une robe de Palmyre, elle n'est nullement forcée d'être une jolie femme; bien au contraire, il est probable qu'elle aura l'air d'un porte-manteau, et, en l'ayant, elle sera dans son droit. La différence consiste donc dans les conditions où vivent ces deux êtres, et principalement dans ce morceau de carton roulé, recouvert d'étoffe et appelé chapeau, que les femmes ont jugé à propos de s'appliquer de chaque côté de la tête, à peu près comme les œillères des chevaux. (Il faut remarquer cependant que les œillères empêchent les chevaux de regarder de côté et d'autre, et que le morceau de carton n'empêche rien du tout.)

Quoi qu'il en soit, un petit bonnet autorise un nez retroussé, qui, à son tour, veut une bouche bien fendue, à laquelle il faut de belles dents, et un visage rond pour cadre. Un visage rond demande des yeux brillants; le mieux est qu'ils soient le plus noirs possible, et les sourcils à l'avenant. Les cheveux sont *ad libitum*, attendu que les yeux noirs s'arrangent de tout. Un tel ensemble, comme on le voit, est loin de la beauté proprement dite. C'est ce qu'on appelle une figure chiffonnée, figure classique de grisette, qui serait peut-être laide sous le morceau de carton, mais que le bonnet rend parfois charmante, et plus jolie que la beauté. Ainsi était mademoiselle Pinson.

Marcel s'était mis dans la tête qu'Eugène devait faire la cour à cette demoiselle; pourquoi? je n'en sais rien, si ce n'est qu'il était lui-même l'adorateur de mademoiselle Zélia, amie intime de mademoiselle Pinson. Il lui semblait naturel et commode d'arranger ainsi les choses à son goût, et de faire amicalement l'amour. De pareils calculs ne sont pas rares, et réussissent assez souvent, l'occasion, depuis que le monde existe, étant, de toutes les tentations, la plus forte. Qui peut dire ce qu'ont fait naître d'événements heureux ou malheureux, d'amours, de querelles, de joies ou de désespoirs, deux portes voisines, un escalier secret, un corridor, un carreau cassé?

Certains caractères, pourtant, se refusent à ces jeux du hasard. Ils veulent conquérir leurs jouissances, non les gagner à la loterie, et ne se sentent pas disposés à aimer parce qu'ils se trouvent en diligence à côté d'une jolie femme. Tel était Eugène, et Marcel le savait; aussi avait-il formé depuis longtemps un projet assez simple, qu'il croyait merveilleux et surtout infaillible pour vaincre la résistance de son compagnon.

Il avait résolu de donner un souper, et ne trouva rien de mieux que de choisir pour prétexte le jour de sa propre fête. Il fit donc apporter chez lui deux douzaines de bouteilles de bière, un gros morceau de veau froid avec de la salade, une énorme galette de plomb, et une bouteille de vin de Champagne. Il invita d'abord deux étudiants de ses amis, puis il fit savoir à mademoiselle Zélia qu'il y avait le soir gala à la maison, et qu'elle eût à amener mademoiselle Pinson. Elles n'eurent garde d'y manquer. Marcel passait, à juste titre, pour un des talons rouges du quartier Latin, de ces gens qu'on ne refuse pas; et sept heures du soir venaient à peine de sonner, que les deux grisettes frappaient à la porte de l'étudiant, mademoiselle Zélia en robe courte, en brodequins gris et en bonnet à fleurs, mademoiselle Pinson, plus modeste, vêtue d'une robe noire qui ne la quittait pas, et qui lui donnait, disait-on, une sorte de petit air espagnol dont elle se montrait fort jalouse. Toutes deux ignoraient, on le pense bien, les secrets desseins de leur hôte.

Marcel n'avait pas fait la maladresse d'inviter Eugène d'avance; il eût été trop sûr d'un refus de sa part. Ce fut seulement lorsque ces demoiselles eurent pris place à table, et après le premier verre vidé, qu'il demanda la permission de s'absenter quelques instants pour aller chercher un convive, et qu'il se dirigea vers la maison qu'habitait Eugène; il le trouva, comme d'ordinaire, à son travail, seul, entouré de ses livres. Après quelques propos insignifiants, il commença à lui faire tout doucement ses reproches accoutumés, qu'il se fatiguait trop, qu'il avait tort de ne prendre aucune distraction, puis il lui proposa un tour de promenade. Eugène, un peu las, en effet, ayant étudié toute la journée, accepta; les deux jeunes gens sortirent ensemble, et il ne fut pas difficile à Marcel, après quelques tours d'allée au Luxembourg, d'obliger son ami à entrer chez lui.

Les deux grisettes, restées seules, et ennuyées probablement d'attendre, avaient débuté par se mettre à l'aise; elles avaient ôté leurs châles et leurs bonnets, et dansaient en chantant une contredanse, non sans faire, de temps en temps, honneur aux provisions, par manière d'essai. Les yeux déjà brillants et le visage animé, elles s'arrêtèrent joyeuses et un peu essoufflées, lorsque Eugène les salua d'un air à la fois timide et surpris. Attendu ses mœurs solitaires, il était à peine connu d'elles; aussi l'eurent-elles bientôt dévisagé des pieds à la tête avec cette curiosité intrépide qui est le privilége de leur caste; puis elles reprirent leur chanson et leur danse, comme si de rien n'était. Le nouveau venu, à demi déconcerté, faisait déjà quelques pas en arrière, songeant peut-être à la retraite, lorsque Marcel, ayant fermé la porte à double tour, jeta bruyamment la clef sur la table.

— Personne encore! s'écria-t-il. Que font donc nos amis? Mais n'importe, le sauvage nous appartient. Mesdemoiselles, je vous présente le plus vertueux jeune homme de France et de Navarre, qui désire depuis longtemps avoir l'honneur de faire votre connaissance, et qui est, particulièrement, grand admirateur de mademoiselle Pinson.

La contredanse s'arrêta de nouveau; mademoiselle Pinson fit un léger salut, et reprit son bonnet.

— Eugène! s'écria Marcel, c'est aujourd'hui ma fête; ces deux dames ont bien voulu venir la célébrer avec nous. Je t'ai presque amené de force, c'est vrai; mais j'espère que tu resteras de bon gré, à notre commune prière. Il est à présent huit heures à peu près; nous avons le temps de fumer une pipe en attendant que l'appétit nous vienne.

Parlant ainsi, il jeta un regard significatif à mademoiselle Pinson, qui, le comprenant aussitôt, s'inclina une seconde fois en souriant, et dit d'une voix douce à Eugène : — Oui, monsieur, nous vous en prions.

En ce moment les deux étudiants que Marcel avait invités frappèrent à la porte. Eugène vit qu'il n'y avait pas moyen de reculer sans trop de mauvaise grâce, et, se résignant, prit place avec les autres.

III

Le souper fut long et bruyant. Ces messieurs, ayant commencé par remplir la chambre d'un nuage de fumée, buvaient d'autant pour se rafraîchir. Ces dames faisaient les frais de la conversation, et égayaient la compagnie de propos plus ou moins piquants aux dépens de leurs amis et connaissances, et d'aventures plus ou moins croyables, tirées des arrière-boutiques. Si la matière manquait de vraisemblance, du moins n'était-elle pas stérile. Deux clercs d'avoué, à les en croire, avaient gagné vingt mille francs en jouant sur les fonds espagnols, et les avaient mangés en six semaines avec deux marchandes de gants. Le fils d'un des plus riches banquiers de Paris avait proposé à une célèbre lingère une loge à l'Opéra et une maison de campagne qu'elle avait refusée, aimant mieux soigner ses parents et rester fidèle à un commis des Deux-Magots. Certain personnage qu'on ne pouvait nommer, et qui était forcé par son rang à s'envelopper du plus grand mystère, venait incognito rendre visite à une brodeuse du passage du Pont-Neuf, laquelle avait été enlevée tout à coup par ordre supérieur, mise dans une chaise de poste à minuit, avec un portefeuille plein de billets de banque, et envoyée aux États-Unis, etc.

— Suffit, dit Marcel, nous connaissons cela. Zélia improvise, et, quant à mademoiselle Mimi (ainsi s'appelait mademoiselle Pinson en petit comité), ses renseignements sont imparfaits. Vos clercs d'avoué n'ont gagné qu'une entorse en voltigeant sur les ruisseaux; votre banquier a offert une orange, et votre brodeuse est si peu aux États-Unis, qu'elle est visible tous les jours, de midi à quatre heures, à l'hôpital de la Charité, où elle a pris un logement par suite de manque de comestibles.

Eugène était assis auprès de mademoiselle Pinson. Il crut remarquer, à ce dernier mot, prononcé avec une indifférence complète, qu'elle pâlissait. Mais, presque aussitôt, elle se leva, alluma une cigarette, et s'écria d'un air délibéré :

— Silence à votre tour! Je demande la parole. Puisque le sieur Marcel ne croit pas aux fables, je vais raconter une histoire véritable, *et quorum pars magna fui.*

— Vous parlez latin? dit Eugène.

— Comme vous voyez, répondit mademoiselle Pinson; cette sentence me vient de mon oncle, qui a servi sous le grand Napoléon, et qui n'a jamais manqué de la dire avant de réciter une bataille. Si vous ignorez ce que ces mots signifient, vous pouvez l'apprendre sans payer. Cela veut dire : « Je vous en donne ma parole d'honneur. » Vous saurez donc que, la semaine passée, je m'étais rendue, avec deux de mes amies, Blanchette et Rougette, au théâtre de l'Odéon...

— Attendez que je coupe la galette, dit Marcel.

— Coupez, mais écoutez, reprit mademoiselle Pinson. J'étais donc allée avec Blanchette et Rougette à l'Odéon, voir une tragédie. Rougette, comme vous savez, vient de perdre sa grand'mère; elle a hérité de quatre cents francs. Nous avions pris une baignoire; trois étudiants se trouvaient au parterre; ces jeunes gens nous avisèrent, et, sous prétexte que nous étions seules, nous invitèrent à souper.

— De but en blanc? demanda Marcel; en vérité, c'est très-galant. Et vous avez refusé? je suppose.

— Non, monsieur, dit mademoiselle Pinson; nous acceptâmes, et, à l'entr'acte, sans attendre la fin de la pièce, nous nous transportâmes chez Viot.

— Avec vos cavaliers?

— Avec nos cavaliers. Le garçon commença, bien entendu, par nous dire qu'il n'y avait plus rien; mais une pareille inconvenance n'était pas faite pour nous arrêter. Nous ordonnâmes qu'on allât par la ville chercher ce qui pouvait manquer. Rougette prit la plume, et commanda un festin de noces : des crevettes, une omelette au sucre, des beignets, des moules, des œufs à la neige, tout ce qu'il y a dans le monde des marmites. Nos jeunes inconnus, à dire vrai, faisaient légèrement la grimace...

— Je le crois parbleu bien! dit Marcel.

— Nous n'en tînmes compte. La chose apportée,

nous commençâmes à faire les jolies femmes. Nous ne trouvions rien de bon, tout nous dégoûtait. A peine un plat était-il entamé, que nous le renvoyions pour en demander un autre. — Garçon, emportez cela — ce n'est pas tolérable — où avez-vous pris des horreurs pareilles? — Nos inconnus désirèrent manger, mais il ne leur fut pas loisible. Bref, nous soupâmes comme dînait Sancho, et la colère nous porta même à briser quelques ustensiles.

— Belle conduite! et comment payer?

— Voilà précisément la question que les trois inconnus s'adressèrent. Par l'entretien qu'ils eurent à voix basse, l'un d'eux nous parut posséder six francs, l'autre infiniment moins, et le troisième n'avait que sa montre, qu'il tira généreusement de sa poche. En cet état, les trois infortunés se présentèrent au comptoir, dans le but d'obtenir un délai quelconque. Que pensez-vous qu'on leur répondit?

— Je pense, répliqua Marcel, que l'on vous a gardées en gage, et qu'on les a conduits au violon.

— C'est une erreur, dit mademoiselle Pinson. Avant de monter dans le cabinet, Rougette avait pris ses mesures, et tout était payé d'avance. Imaginez le coup de théâtre, à cette réponse de Viot : — Messieurs, tout est payé! — Nos inconnus nous regardèrent comme jamais trois chiens n'ont regardé trois évêques, avec une stupéfaction piteuse mêlée d'un pur attendrissement. Nous, cependant, sans feindre d'y prendre garde, nous descendîmes et fîmes venir un fiacre.

— Chère marquise, me dit Rougette, il faut reconduire ces messieurs chez eux. — Volontiers, chère comtesse, répondis-je. Nos pauvres amoureux ne savaient plus quoi dire. Je vous demande s'ils étaient penauds! ils se défendaient de notre politesse, ils ne voulaient pas qu'on les reconduisît, ils refusaient de dire leur adresse... Je le crois bien! Ils étaient convaincus qu'ils avaient affaire à des femmes du monde, et ils demeuraient rue du Chat-qui-pêche!...

Les deux étudiants, amis de Marcel, qui, jusque-là, n'avaient guère fait que fumer et boire en silence, semblèrent peu satisfaits de cette histoire. Leurs visages se rembrunirent; peut-être en savaient-ils autant que mademoiselle Pinson sur ce malencontreux souper, car ils jetèrent sur elle un regard inquiet, lorsque Marcel lui dit en riant :

— Nommez les masques, mademoiselle Mimi. Puisque c'est de la semaine dernière, il n'y a plus d'inconvénient.

— Jamais, monsieur, dit la grisette. On peut berner un homme, mais lui faire tort dans sa carrière, jamais!

— Vous avez raison, dit Eugène, et vous agissez en cela plus sagement peut-être que vous ne pensez. De tous ces jeunes gens qui peuplent les écoles, il n'y en a presque pas un seul qui n'ait derrière lui quelque faute ou quelque folie, et cependant c'est de là que sortent tous les jours ce qu'il y a en France de plus distingué et de plus respectable : des médecins, des magistrats...

— Oui, reprit Marcel, c'est la vérité. Il y a des pairs de France en herbe qui dînent chez Flicoteaux, et qui n'ont pas toujours de quoi payer la carte. Mais, ajouta-t-il en clignant de l'œil, n'avez-vous pas revu vos inconnus ?

— Pour qui nous prenez-vous ? répondit mademoiselle Pinson d'un air sérieux et presque offensé. Connaissez-vous Blanchette et Rougette ? et supposez-vous que moi-même...

— C'est bon, dit Marcel, ne vous fâchez pas. Mais voilà, en somme, une belle équipée. Trois écervelées qui n'avaient peut-être pas de quoi dîner le lendemain, et qui jettent l'argent par les fenêtres pour le plaisir de mystifier trois pauvres diables qui n'en peuvent mais !

— Pourquoi nous invitent-ils à souper ? répondit mademoiselle Pinson.

IV

Avec la galette parut, dans sa gloire, l'unique bouteille de vin de Champagne qui devait composer le dessert. Avec le vin on parla chanson. — Je vois, dit Marcel, je vois, comme dit Cervantes, Zélia qui tousse ; c'est signe qu'elle veut chanter. Mais, si ces messieurs le trouvent bon, c'est moi qu'on fête, et qui par conséquent prie mademoiselle Mimi, si elle n'est pas enrouée par son anecdote, de nous honorer d'un couplet. Eugène, continua-t-il, sois donc un peu galant, trinque avec ta voisine, et demande-lui un couplet pour moi.

Eugène rougit et obéit. De même que mademoiselle Pinson n'avait pas dédaigné de le faire pour l'engager lui-même à rester, il s'inclina, et lui dit timidement : — Oui, mademoiselle, nous vous en prions.

En même temps il souleva son verre, et toucha celui de la grisette. De ce léger choc sortit un son clair et argentin ; mademoiselle Pinson saisit cette note au vol, et d'une voix pure et fraîche la continua longtemps en cadence.

— Allons, dit-elle, j'y consens, puisque mon verre me donne le *la*. Mais que voulez-vous que je vous chante? Je ne suis pas bégueule, je vous en préviens, mais je ne sais pas de couplets de corps de garde. Je ne m'encanaille pas la mémoire!

— Connu, dit Marcel, vous êtes une vertu; allez votre train, les opinions sont libres.

— Eh bien! reprit mademoiselle Pinson, je vais vous chanter à la bonne venue des couplets qu'on a faits sur moi.

— Attention! Quel est l'auteur?

— Mes camarades du magasin. C'est de la poésie faite à l'aiguille ; ainsi je réclame l'indulgence.

— Y a-t-il un refrain à votre chanson?

— Certainement; la belle demande!

— En ce cas-là, dit Marcel, prenons nos couteaux,

et, au refrain, tapons sur la table, mais tâchons d'aller en mesure. Zélia peut s'abstenir si elle veut.

— Pourquoi cela, malhonnête garçon? demanda Zélia en colère.

— Pour cause, répondit Marcel; mais, si vous désirez être de la partie, tenez, frappez avec un bouchon, cela aura moins d'inconvénients pour nos oreilles et pour vos blanches mains.

Marcel avait rangé en rond les verres et les assiettes, et s'était assis au milieu de la table, son couteau à la main. Les deux étudiants du souper de Rougette, un peu ragaillardis, ôtèrent le fourneau de leurs pipes pour frapper avec le tuyau de bois; Eugène rêvait, Zélia boudait. Mademoiselle Pinson prit une assiette, et fit signe qu'elle voulait la casser, ce à quoi Marcel répondit par un geste d'assentiment, en sorte que la chanteuse, ayant pris les morceaux pour s'en faire des castagnettes, commença ainsi les couplets que ses compagnes avaient composés, après s'être excusée d'avance de ce qu'ils pouvaient contenir de trop flatteur pour elle.

Mimi Pinson est une blonde,
Une blonde que l'on connaît.
Elle n'a qu'une robe au monde,
    Landerirette,
    Et qu'un bonnet.
Le Grand Turc en a davantage,
Dieu voulut, de cette façon,
    La rendre sage.

On ne peut pas la mettre en gage,
La robe de Mimi Pinson.

Mimi Pinson porte une rose,
Une rose blanche au côté,
Cette fleur dans son cœur éclose,
Landerirette!
C'est la gaîté.
Quand un bon souper la réveille,
Elle fait sortir la chanson
De la bouteille.
Parfois il penche sur l'oreille,
Le bonnet de Mimi Pinson.

Elle a les yeux et la main prestes.
Les carabins, matin et soir,
Usent les manches de leurs vestes,
Landerirette!
A son comptoir.
Quoique sans maltraiter personne,
Mimi leur fait mieux la leçon
Qu'à la Sorbonne.
Il ne faut pas qu'on la chiffonne,
La robe de Mimi Pinson.

Mimi Pinson peut rester fille;
Si Dieu le veut, c'est dans son droit.
Elle aura toujours son aiguille,
Landerirette!
Au bout du doigt.
Pour entreprendre sa conquête,
Ce n'est pas tout qu'un beau garçon
Faut être honnête.
Car il n'est pas loin de sa tête,
Le bonnet de Mimi Pinson.

D'un gros bouquet de fleurs d'orange
Si l'Amour veut la couronner,
Elle a quelque chose en échange,
Landerirette !
A lui donner.
Ce n'est pas, on se l'imagine,
Un manteau sur un écusson
Fourré d'hermine;
C'est l'étui d'une perle fine,
La robe de Mimi Pinson.

Mimi n'a pas l'âme vulgaire,
Mais son cœur est républicain.
Aux trois jours elle a fait la guerre,
Landerirette!
En casaquin.
A défaut d'une hallebarde,
On l'a vue avec son poinçon
Monter la garde.
Heureux qui mettra sa cocarde
Au bonnet de Mimi Pinson !

Les couteaux et les pipes, voire même les chaises, avaient fait leur tapage, comme de raison, à la fin de chaque couplet. Les verres dansaient sur la table, et les bouteilles, à moitié pleines, se balançaient joyeusement en se donnant de petits coups d'épaule.

— Et ce sont vos bonnes amies, dit Marcel, qui vous ont fait cette chanson-là ? il y a un teinturier, c'est trop musqué. Parlez-moi de ces bons airs où on dit les choses !

Et il entonna d'une voix forte :

Nanette n'avait pas encor quinze ans...

— Assez, assez, dit mademoiselle Pinson; dansons plutôt, faisons un tour de valse. Y a-t-il ici un musicien quelconque?

— J'ai ce qu'il vous faut, répondit Marcel, j'ai une guitare; mais, continua-t-il en décrochant l'instrument, ma guitare n'a pas ce qu'il lui faut; elle est chauve de trois de ses cordes.

— Mais voilà un piano, dit Zélia; Marcel va nous faire danser.

Marcel lança à sa maîtresse un regard aussi furieux que si elle l'eût accusé d'un crime. Il était vrai qu'il en savait assez pour jouer une contredanse; mais c'était pour lui, comme pour bien d'autres, une espèce de torture à laquelle il se soumettait peu volontiers. Zélia, en le trahissant, se vengeait du bouchon.

— Êtes-vous folle? dit Marcel; vous savez bien que ce piano n'est là que pour la gloire, et qu'il n'y a que vous qui l'écorchiez, Dieu le sait. Où avez-vous pris que je sache faire danser? Je ne sais que *la Marseillaise*, que je joue d'un seul doigt. Si vous vous adressiez à Eugène, à la bonne heure; voilà un garçon qui s'y entend! Mais je ne veux pas l'ennuyer à ce point, je m'en garderai bien. Il n'y a que vous ici d'assez indiscrète pour faire des choses pareilles sans crier gare.

Pour la troisième fois, Eugène rougit, et s'apprêta à faire ce qu'on lui demandait d'une façon si politique et si détournée. Il se mit donc au piano, et un quadrille s'organisa.

Ce fut presque aussi long que le souper. Après la contredanse vint une valse; après la valse, le galop, car on galope encore au quartier Latin. Ces dames surtout étaient infatigables, et faisaient des gambades et des éclats de rire à réveiller tout le voisinage. Bientôt Eugène, doublement fatigué par le bruit et par la veillée, tomba, tout en jouant machinalement, dans une sorte de demi-sommeil, comme les postillons qui dorment à cheval. Les danseuses passaient et repassaient devant lui comme des fantômes dans un rêve; et, comme rien n'est plus aisément triste qu'un homme qui regarde rire les autres, la mélancolie, à laquelle il était sujet, ne tarda pas à s'emparer de lui : — Triste joie, pensait-il, misérables plaisirs! instants qu'on croit volés au malheur! Et qui sait laquelle de ces cinq personnes qui sautent si gaiement devant moi est sûre, comme disait Marcel, d'avoir de quoi dîner demain?

Comme il faisait cette réflexion, mademoiselle Pinson passa près de lui; il crut la voir, tout en galopant, prendre à la dérobée un morceau de galette resté sur la table, et le mettre discrètement dans sa poche.

V

Le jour commençait à paraître quand la compagnie se sépara. Eugène, avant de rentrer chez lui, marcha quelque temps dans les rues pour respirer l'air frais du matin. Suivant toujours ses tristes pensées, il se répétait tout bas, malgré lui, la chanson de la grisette :

> Elle n'a qu'une robe au monde
> Et qu'un bonnet.

— Est-ce possible? se demandait-il. La misère peut-elle être poussée à ce point, se montrer si franchement, et se railler d'elle-même? Peut-on rire de ce qu'on manque de pain?

Le morceau de galette emporté n'était pas un indice douteux. Eugène ne pouvait s'empêcher d'en sourire, et en même temps d'être ému de pitié. — Cependant, pensait-il encore, elle a pris de la galette et non du pain; il se peut que ce soit par gourmandise. Qui sait? c'est peut-être l'enfant d'une voisine à qui elle veut rapporter un gâteau, peut-être une portière bavarde, qui raconterait qu'elle a passé la nuit dehors, un Cerbère qu'il faut apaiser.

Ne regardant pas où il allait, Eugène s'était engagé par hasard dans ce dédale de petites rues qui sont derrière le carrefour Bucy, et dans lesquelles une voiture passe à peine. Au moment où il allait revenir sur ses pas, une femme, enveloppée dans un mauvais peignoir, la tête nue, les cheveux en désordre, pâle et défaite, sortit d'une vieille maison. Elle semblait tellement faible, qu'elle pouvait à peine marcher; ses genoux fléchissaient; elle s'appuyait sur les murailles, et paraissait vouloir se diriger vers une porte voisine, où se trouvait une boîte aux lettres, pour y jeter un billet qu'elle tenait à la main. Surpris et effrayé, Eugène s'approcha d'elle, et lui demanda où elle allait, ce qu'elle cherchait, et s'il pouvait l'aider. En même temps il étendit le bras pour la soutenir, car elle était près de tomber sur la borne. Mais, sans lui répondre, elle recula avec une sorte de crainte et de fierté. Elle posa son billet sur une borne, montra du doigt la boîte, et paraissant rassembler toutes ses forces : — Là! dit-elle seulement; puis, continuant à se traîner aux murs, elle regagna sa maison. Eugène essaya en vain de l'obliger à prendre son bras et de renouveler ses questions. Elle rentra lentement dans l'allée sombre et étroite dont elle était sortie.

Eugène avait ramassé la lettre; il fit d'abord quelques pas pour la mettre à la poste, mais il s'arrêta bientôt. Cette étrange rencontre l'avait si fort troublé, et il se sentait frappé d'une sorte d'horreur mêlée d'une compassion si vive, que, avant de prendre le temps de la réflexion, il rompit le cachet presque involontairement. Il lui semblait odieux et impossible de ne pas chercher, n'importe par quel moyen, à pénétrer un tel mystère. Évidemment cette femme était mourante; était-ce de maladie ou de faim? Ce devait être, en tout cas, de misère. Eugène ouvrit la lettre; elle portait sur l'adresse : « A monsieur le baron de***, » et renfermait ce qui suit :

« Lisez cette lettre, monsieur, et, par pitié, ne rejetez pas ma prière. Vous pouvez me sauver, et vous seul. Croyez-moi ce que je vous dis, sauvez-moi, et vous aurez fait une bonne action, qui vous portera bonheur. Je viens de faire une cruelle maladie, qui m'a ôté le peu de force et de courage que j'avais. Le mois d'août, je rentre en magasin; mes effets sont retenus dans mon dernier logement, et j'ai presque la certitude qu'avant samedi je me trouverai tout à fait sans asile. J'ai si peur de mourir de faim, que ce matin j'avais pris la résolution de me jeter à l'eau, car je n'ai rien pris encore depuis près de vingt-quatre heures. Lorsque je me suis souvenue de vous, un peu d'espoir m'est venu au cœur. N'est-ce pas que je ne me suis pas trompée? Monsieur, je vous en supplie à genoux, si peu que vous ferez pour moi me laissera respirer encore quelques jours. Moi, j'ai peur de mourir, et puis je n'ai que vingt-trois ans! Je viendrai peut-être à bout, avec un peu d'aide, d'atteindre le premier du mois. Si je savais des mots pour exciter votre pitié, je vous les dirais, mais rien ne me vient à l'idée. Je ne puis que pleurer de mon impuissance, car, je le crains bien, vous ferez de ma lettre comme on fait quand on en reçoit trop souvent de pareilles : vous la déchirerez sans penser qu'une pauvre femme est là, qui attend les heures et les minutes avec l'espoir que vous aurez pensé qu'il serait par trop cruel de la laisser ainsi dans l'incertitude. Ce n'est pas l'idée de donner un louis, qui est si peu de chose pour vous, qui vous retiendra, j'en suis persuadée; aussi il me semble que rien ne vous est plus facile que de plier votre aumône dans un papier, et de mettre sur l'adresse : « A mademoiselle Bertin, rue de l'Éperon. » J'ai changé de nom depuis que je travaille dans les magasins, car le mien est celui de ma mère. En sortant de chez vous, donnez cela à un commissionnaire. J'attendrai mercredi et jeudi, et je prierai avec ferveur pour que Dieu vous rende humain.

« Il me vient à l'idée que vous ne croyez pas à tant de misère; mais si vous me voyiez, vous seriez convaincu. »

« Rougette. »

Si Eugène avait d'abord été touché en lisant ces lignes, son étonnement redoubla, on le pense bien, lorsqu'il vit la signature. Ainsi c'était cette même fille qui avait follement dépensé son argent en parties de plaisir, et imaginé ce souper ridicule raconté par mademoiselle Pinson, c'était elle que le malheur réduisait à cette souffrance et à une semblable prière! Tant d'imprévoyance et de folie semblait à Eugène un rêve incroyable. Mais point de doute, la signature était là; et mademoiselle Pinson, dans le courant de la soirée, avait également prononcé le nom de guerre de son amie Rougette, devenue mademoiselle Bertin. Comment se trouvait-elle tout à coup abandonnée, sans secours, sans pain, presque sans asile? Que faisaient ses amies de la veille, pendant qu'elle expirait peut-être dans quelque grenier de cette maison? Et qu'était-ce que cette maison même où l'on pouvait mourir ainsi?

Ce n'était pas le moment de faire des conjectures; le plus pressé était de venir au secours de la faim.

Eugène commença par entrer dans la boutique d'un restaurateur qui venait de s'ouvrir, et par acheter ce qu'il y put trouver. Cela fait, il s'achemina, suivi du garçon, vers le logis de Rougette; mais il éprouvait de l'embarras à se présenter brusquement ainsi. L'air de fierté qu'il avait trouvé à cette pauvre fille lui faisait craindre, sinon un refus, du moins un mouvement de vanité blessée; comment lui avouer qu'il avait lu sa lettre?

Lorsqu'il fut arrivé devant la porte :

— Connaissez-vous, dit-il au garçon, une jeune personne qui demeure dans cette maison, et qui s'appelle mademoiselle Bertin?

— Oh que oui, monsieur! répondit le garçon. C'est nous qui portons habituellement chez elle. Mais si monsieur y va, ce n'est pas le jour. Actuellement elle est à la campagne.

— Qui vous l'a dit? demanda Eugène.

— Pardi, monsieur! c'est la portière. Mademoiselle Rougette aime à bien dîner, mais elle n'aime pas beaucoup à payer. Elle a plus tôt fait de commander des poulets rôtis et des homards que rien du tout; mais, pour voir son argent, ce n'est pas une fois qu'il faut y retourner! Aussi nous savons, dans le quartier, quand elle y est ou quand elle n'y est pas...

— Elle est revenue, reprit Eugène. Montez chez elle, laissez-lui ce que vous portez, et si elle vous doit quelque chose, ne lui demandez rien aujourd'hui. Cela me regarde, et je reviendrai. Si elle veut savoir qui lui envoie ceci, vous lui répondrez que c'est le baron de ***.

Sur ces mots, Eugène s'éloigna. Chemin faisant, il rajusta comme il put le cachet de la lettre, et la mit à la poste. — Après tout, pensa-t-il, Rougette ne refusera pas, et si elle trouve que la réponse à son billet a été un peu prompte, elle s'en expliquera avec son baron.

VI

Les étudiants, non plus que les grisettes, ne sont pas riches tous les jours. Eugène comprenait très-bien que, pour donner un air de vraisemblance à la petite fable que le garçon devait faire, il eût fallu joindre à son envoi le louis que demandait Rougette; mais là était la difficulté. Les louis ne sont pas précisément la monnaie courante de la rue Saint-Jacques. D'une autre part, Eugène venait de s'engager à payer le restaurateur, et, par malheur, son tiroir, en ce moment, n'était guère mieux garni que sa poche. C'est pourquoi il prit sans différer le chemin de la place du Panthéon.

En ce temps-là demeurait encore sur cette place ce fameux barbier qui a fait banqueroute, et s'est ruiné en ruinant les autres. Là, dans l'arrière-boutique, où se faisait en secret la grande et la petite usure, venait tous les jours l'étudiant pauvre et sans-souci, amoureux peut-être, emprunter à énorme intérêt quelques pièces dépensées gaîment le soir, et chèrement payées le lendemain. Là entrait furtivement la grisette, la tête basse, le regard honteux, venant louer pour une partie de campagne un chapeau fané, un châle reteint, une chemise achetée au mont-de-piété. Là, des jeunes gens de bonne maison, ayant besoin de vingt-cinq louis, souscrivaient pour deux ou trois mille francs de lettres de change. Des mineurs mangeaient leur bien en herbe; des étourdis ruinaient leur famille, et souvent perdaient leur avenir. Depuis la courtisane titrée, à qui un bracelet tourne la tête, jusqu'au cuistre nécessiteux qui convoite un bouquin ou un plat de lentilles, tout venait là comme aux sources du Pactole, et l'usurier barbier, fier de sa clientèle et de ses exploits jusqu'à s'en vanter, entretenait la prison de Clichy en attendant qu'il y allât lui-même.

Telle était la triste ressource à laquelle Eugene, bien qu'avec répugnance, allait avoir recours pour obliger Rougette, ou pour être du moins en mesure de le faire; car il ne lui semblait pas prouvé que la demande adressée au baron produisît l'effet désirable. C'était de la part d'un étudiant beaucoup de charité, à vrai dire, que de s'engager ainsi pour une inconnue; mais Eugène croyait en Dieu : toute bonne action lui semblait nécessaire.

Le premier visage qu'il aperçut, en entrant chez le barbier, fut celui de son ami Marcel, assis devant une toilette, une serviette au cou, et feignant de se faire coiffer. Le pauvre garçon venait peut-être chercher de quoi payer son souper de la veille; il semblait fort préoccupé, et fronçait les sourcils d'un air peu satisfait, tandis que le coiffeur, feignant de son côté de lui passer dans les cheveux un fer parfaitement froid, lui parlaît à demi-voix dans son accent gascon. Devant une autre toilette, dans un petit cabinet, se tenait assis, également affublé d'une serviette, un étranger fort inquiet, regardant sans cesse de côté et d'autre, et, par la porte entr'ouverte de l'arrière-boutique, on apercevait, dans une vieille psyché, la silhouette passablement maigre d'une jeune fille, qui, aidée de la femme du coiffeur, essayait une robe à carreaux écossais.

— Que viens-tu faire ici à cette heure? s'écria Marcel, dont la figure reprit l'expression de sa bonne humeur habituelle, dès qu'il reconnut son ami.

Eugène s'assit près de la toilette, et expliqua en peu

de mots la rencontre qu'il avait faite, et le dessein qui l'amenait.

— Ma foi, dit Marcel, tu es bien candide. De quoi te mêles-tu, puisqu'il y a un baron? Tu as vu une jeune fille intéressante qui éprouvait le besoin de prendre quelque nourriture; tu lui as payé un poulet froid, c'est digne de toi; il n'y a rien à dire. Tu n'exiges d'elle aucune reconnaissance, l'incognito te plaît; c'est héroïque. Mais aller plus loin, c'est de la chevalerie. Engager sa montre ou sa signature pour une lingère que protége un baron, et que l'on n'a pas l'honneur de fréquenter, cela ne s'est pratiqué, de mémoire humaine, que dans la Bibliothèque bleue.

— Ris de moi si tu veux, répondit Eugène. Je sais qu'il y a dans ce monde beaucoup plus de malheureux que je n'en puis soulager. Ceux que je ne connais pas, je les plains; mais si j'en vois un, il faut que je l'aide. Il m'est impossible, quoi que je fasse, de rester indifférent devant la souffrance. Ma charité ne va pas jusqu'à chercher les pauvres, je ne suis pas assez riche pour cela; mais quand je les trouve, je fais l'aumône.

— En ce cas, reprit Marcel, tu as fort à faire; il n'en manque pas dans ce pays-ci.

— Qu'importe! dit Eugène, encore ému du spectacle dont il venait d'être témoin; vaut-il mieux laisser mourir les gens et passer son chemin? Cette malheureuse est une étourdie, une folle, tout ce que tu voudras; elle ne mérite peut-être pas la compassion qu'elle fait naître; mais cette compassion, je la sens.

Vaut-il mieux agir comme ses bonnes amies, qui déjà ne semblent pas plus se soucier d'elle que si elle n'était plus au monde, et qui l'aidaient hier à se ruiner? A qui peut-elle avoir recours? à un étranger qui allumera un cigare avec sa lettre, ou à mademoiselle Pinson, je suppose, qui soupe en ville et danse de tout son cœur, pendant que sa compagne meurt de faim? Je t'avoue, mon cher Marcel, que tout cela, bien sincèrement, me fait horreur. Cette petite évaporée d'hier soir, avec sa chanson et ses quolibets, riant et babillant chez toi, au moment même où l'autre, l'héroïne de son conte, expire dans un grenier, me soulève le cœur. Vivre ainsi en amies, presque en sœurs, pendant des jours et des semaines, courir les théâtres, les bals, les cafés, et ne pas savoir le lendemain si l'une est morte et l'autre en vie, c'est pis que l'indifférence des égoïstes, c'est l'insensibilité de la brute. Ta mademoiselle Pinson est un monstre, et tes grisettes que tu vantes, ces mœurs sans vergogne, ces amitiés sans âme, je ne sais rien de si méprisable!

Le barbier, qui, pendant ces discours, avait écouté en silence, et continué de promener son fer froid sur la tête de Marcel, sourit d'un air malin lorsque Eugène se tut. Tour à tour bavard comme une pie, ou plutôt comme un perruquier qu'il était, lorsqu'il s'agissait de méchants propos, taciturne et laconique comme un Spartiate, dès que les affaires étaient en jeu, il avait adopté la prudente habitude de laisser toujours d'abord parler ses pratiques, avant de mêler son mot à la conversation. L'indignation qu'exprimait Eugène en termes si violents lui fit toutefois rompre le silence.

— Vous êtes sévère, monsieur, dit-il en riant et en gasconnant. J'ai l'honneur de coiffer mademoiselle Mimi, et je crois que c'est une fort excellente personne.

— Oui, dit Eugène, excellente en effet, s'il est question de boire et de fumer.

— Possible, reprit le barbier, je ne dis pas non. Les jeunes personnes, ça rit, ça chante, ça fume; mais il y en a qui ont du cœur.

— Où voulez-vous en venir, père Cadédis? demanda Marcel. Pas tant de diplomatie; expliquez-vous tout net.

— Je veux dire, répliqua le barbier en montrant l'arrière-boutique, qu'il y a là, pendue à un clou, une petite robe de soie noire que ces messieurs connaissent sans doute, s'ils connaissent la propriétaire, car elle ne possède pas une garde-robe très-compliquée. Mademoiselle Mimi m'a envoyé cette robe ce matin au petit jour; et je présume que, si elle n'est pas venue au secours de la petite Rougette, c'est qu'elle-même ne roule pas sur l'or.

— Voilà qui est curieux, dit Marcel, se levant et entrant dans l'arrière-boutique, sans égard pour la pauvre femme aux carreaux écossais. La chanson de Mimi en a donc menti, puisqu'elle met sa robe en gage? Mais avec quoi diable fera-t-elle ses visites à présent? Elle ne va donc pas dans le monde aujourd'hui ?

Eugène avait suivi son ami.

Le barbier ne les trompait pas : dans un coin poudreux, au milieu d'autres hardes de toute espèce, était humblement et tristement suspendue l'unique robe de mademoiselle Pinson.

— C'est bien cela, dit Marcel ; je reconnais ce vêtement pour l'avoir vu tout neuf il y a dix-huit mois. C'est la robe de chambre, l'amazone et l'uniforme de parade de mademoiselle Mimi. Il doit y avoir à la manche gauche une petite tache grosse comme une pièce de cinq sous, causée par le vin de Champagne. Et combien avez-vous prêté là-dessus, père Cadédis? car je suppose que cette robe n'est pas vendue, et qu'elle ne se trouve dans ce boudoir qu'en qualité de nantissement.

— J'ai prêté quatre francs, répondit le barbier ; et je vous assure, monsieur, que c'est pure charité. A toute autre je n'aurais pas avancé plus de quarante sous ; car la pièce est diablement mûre, on y voit à travers, c'est une lanterne magique. Mais je sais que mademoiselle Mimi me payera ; elle est bonne pour quatre francs.

— Pauvre Mimi ! reprit Marcel. Je gagerais tout de suite mon bonnet, qu'elle n'a emprunté cette petite somme que pour l'envoyer à Rougette.

— Ou pour payer quelque dette criarde, dit Eugène.

— Non, dit Marcel, je connais Mimi; je la crois incapable de se dépouiller pour un créancier.

— Possible encore, dit le barbier. J'ai connu mademoiselle Mimi dans une position meilleure que celle où elle se trouve actuellement; elle avait alors un grand nombre de dettes. On se présentait journellement chez elle pour saisir ce qu'elle possédait, et on avait fini, en effet, par lui prendre tous ses meubles, excepté son lit, car ces messieurs savent sans doute qu'on ne prend pas le lit d'un débiteur. Or, mademoiselle Mimi avait dans ce temps-là quatre robes fort convenables. Elle les mettait toutes les quatre l'une sur l'autre, et elle couchait avec pour qu'on ne les saisît pas; c'est pourquoi je serais surpris si, n'ayant plus qu'une seule robe aujourd'hui, elle l'engageait pour payer quelqu'un.

— Pauvre Mimi! répéta Marcel. Mais, en vérité, comment s'arrange-t-elle? Elle a donc trompé ses amis? elle possède donc un vêtement inconnu? Peut-être se trouve-t-elle malade d'avoir trop mangé de galette, et, en effet, si elle est au lit, elle n'a que faire de s'habiller. N'importe, père Cadédis, cette robe me fait peine, avec ses manches pendantes qui ont l'air de demander grâce; tenez, retranchez-moi quatre francs sur les trente-cinq livres que vous venez de m'avancer, et mettez-moi cette robe dans une serviette, que je la rapporte à cette enfant. Eh bien, Eugène, continua-t-il, que dit à cela ta charité chrétienne?

— Que tu as raison, répondit Eugène, de parler et d'agir comme tu fais, mais que je n'ai peut-être pas tort ; j'en fais le pari, si tu veux.

— Soit, dit Marcel, parions un cigare, comme les membres du Jockey-Club. Aussi bien, tu n'as plus que faire ici. J'ai trente et un francs, nous sommes riches. Allons de ce pas chez mademoiselle Pinson ; je suis curieux de la voir.

Il mit la robe sous son bras, et tous deux sortirent de la boutique.

VII

— Mademoiselle est allée à la messe, répondit la portière aux deux étudiants, lorsqu'ils furent arrivés chez mademoiselle Pinson.

— A la messe ! dit Eugène surpris.

— A la messe ! répéta Marcel. C'est impossible, elle n'est pas sortie. Laissez-nous entrer ; nous sommes de vieux amis.

— Je vous assure, monsieur, répondit la portière, qu'elle est sortie pour aller à la messe, il y a environ trois quarts d'heure.

— Et à quelle église est-elle allée ?

— A Saint-Sulpice, comme de coutume ; elle n'y manque pas un matin.

— Oui, oui, je sais qu'elle prie le bon Dieu ; mais cela me semble bizarre qu'elle soit dehors aujourd'hui.

— La voici qui rentre, monsieur; elle tourne la rue; vous la voyez vous-même.

Mademoiselle Pinson, sortant de l'église, revenait chez elle, en effet. Marcel ne l'eut pas plus tôt aperçue, qu'il courut à elle, impatient de voir de près sa toilette. Elle avait, en guise de robe, un jupon d'indienne foncée, à demi caché sous un rideau de serge verte dont elle s'était fait, tant bien que mal, un châle. De cet accoutrement singulier, mais qui, du reste, n'attirait pas les regards, à cause de sa couleur sombre, sortaient sa tête gracieuse coiffée de son bonnet blanc, et ses petits pieds chaussés de brodequins. Elle s'était enveloppée dans son rideau avec tant d'art et de précaution, qu'il ressemblait vraiment à un vieux châle, et qu'on ne voyait presque pas la bordure. En un mot, elle trouvait moyen de plaire encore dans cette friperie, et de prouver, une fois de plus sur terre, qu'une jolie femme est toujours jolie.

— Comment me trouvez-vous ? dit-elle aux deux jeunes gens en écartant un peu son rideau, et en laissant voir sa fine taille serrée dans son corset. C'est un déshabillé du matin que Palmire vient de m'apporter.

— Vous êtes charmante, dit Marcel. Ma foi, je n'aurais jamais cru qu'on pût avoir si bonne mine avec le châle d'une fenêtre.

— En vérité? reprit mademoiselle Pinson; j'ai pourtant l'air un peu paquet.

— Paquet de roses, répondit Marcel. J'ai presque

regret maintenant de vous avoir rapporté votre robe.

— Ma robe? Où l'avez-vous trouvée?

— Où elle était, apparemment.

— Et vous l'avez tirée de l'esclavage?

— Eh! mon Dieu, oui, j'ai payé sa rançon. M'en voulez-vous de cette audace?

— Non pas! à charge de revanche. Je suis bien aise de revoir ma robe; car, à vous dire vrai, voilà déjà longtemps que nous vivons toutes les deux ensemble, et je m'y suis attachée insensiblement.

En parlant ainsi, mademoiselle Pinson montait lestement les cinq étages qui conduisaient à sa chambrette, où les deux amis entrèrent avec elle.

— Je ne puis pourtant, reprit Marcel, vous rendre cette robe qu'à une condition.

— Fi donc! dit la grisette. Quelque sottise! Des conditions? je n'en veux pas.

— J'ai fait un pari, dit Marcel; il faut que vous nous disiez franchement pourquoi cette robe était en gage.

— Laissez-moi donc d'abord la remettre, répondit mademoiselle Pinson; je vous dirai ensuite mon pourquoi. Mais je vous préviens que, si vous ne voulez pas faire antichambre dans mon armoire ou sur la gouttière, il faut, pendant que je vais m'habiller, que vous vous voiliez la face comme Agamemnon.

— Qu'à cela ne tienne, dit Marcel; nous sommes

plus honnêtes qu'on ne pense, et je ne hasarderai pas même un œil.

— Attendez, reprit mademoiselle Pinson ; je suis pleine de confiance, mais la sagesse des nations nous dit que deux précautions valent mieux qu'une.

En même temps elle se débarrassa de son rideau, et l'étendit délicatement sur la tête des deux amis, de manière à les rendre complétement aveugles.

— Ne bougez pas, leur dit-elle ; c'est l'affaire d'un instant.

— Prenez garde à vous, dit Marcel. S'il y a un trou au rideau, je ne réponds de rien. Vous ne voulez pas vous contenter de notre parole, par conséquent elle est dégagée.

— Heureusement ma robe l'est aussi, dit mademoiselle Pinson ; et ma taille aussi, ajouta-t-elle en riant et en jetant le rideau par terre. Pauvre petite robe ! il me semble qu'elle est toute neuve. J'ai un plaisir à me sentir dedans !

— Et votre secret ? nous le direz-vous maintenant ? Voyons, soyez sincère, nous ne sommes pas bavards. Pourquoi et comment une jeune personne comme vous, sage, rangée, vertueuse et modeste, a-t-elle pu accrocher ainsi, d'un seul coup, toute sa garde-robe à un clou ?

— Pourquoi ?... pourquoi ?... répondit mademoiselle Pinson, paraissant hésiter ; puis elle prit les deux jeunes gens chacun par un bras, et leur dit en les poussant vers la porte : Venez avec moi, vous le verrez.

Comme Marcel s'y attendait, elle les conduisit rue de l'Éperon.

VIII

Marcel avait gagné son pari. Les quatre francs et le morceau de galette de mademoiselle Pinson étaient sur la table de Rougette, avec les débris du poulet d'Eugène.

La pauvre malade allait un peu mieux, mais elle gardait encore le lit; et, quelle que fût sa reconnaissance envers son bienfaiteur inconnu, elle fit dire à ces messieurs, par son amie, qu'elle les priait de l'excuser, et qu'elle n'était pas en état de les recevoir.

— Que je la reconnais bien là! dit Marcel; elle mourrait sur la paille dans sa mansarde, qu'elle ferait encore la duchesse vis-à-vis de son pot à l'eau.

Les deux amis, bien qu'à regret, furent donc obligés de s'en retourner chez eux comme ils étaient venus, non sans rire entre eux de cette fierté et de cette discrétion si étrangement nichées dans une mansarde.

Après avoir été à l'École de médecine suivre les leçons du jour, ils dînèrent ensemble, et, le soir venu, ils firent un tour de promenade au boulevard Italien. Là, tout en fumant le cigare qu'il avait gagné le matin :

— Avec tout cela, disait Marcel, n'es-tu pas forcé de convenir que j'ai raison d'aimer, au fond, et même d'estimer ces pauvres créatures? Considérons sainement les choses sous un point de vue philosophique

Cette petite Mimi, que tu as tant calomniée, ne fait-elle pas, en se dépouillant de sa robe, une œuvre plus louable, plus méritoire, j'ose même dire plus chrétienne, que le bon roi Robert en laissant un pauvre couper la frange de son manteau ? Le bon roi Robert, d'une part, avait évidemment quantité de manteaux; d'un autre côté, il était à table, dit l'histoire, lorsqu'un mendiant s'approcha de lui, en se traînant à quatre pattes, et coupa avec des ciseaux la frange d'or de l'habit de son roi. Madame la reine trouva la chose mauvaise, et le digne monarque, il est vrai, pardonna généreusement au coupeur de franges; mais peut-être avait-il bien dîné. Vois quelle distance entre lui et Mimi! Mimi, quand elle a appris l'infortune de Rougette, assurément était à jeun. Sois convaincu que le morceau de galette qu'elle avait emporté de chez moi était destiné par avance à composer son propre repas. Or, que fait-elle? Au lieu de déjeuner, elle va à la messe, et en ceci elle se montre encore au moins l'égale du roi Robert, qui était fort pieux, j'en conviens, mais qui perdait son temps à chanter au lutrin, pendant que les Normands faisaient le diable à quatre. Le roi Robert abandonne sa frange, et, en somme, le manteau lui reste. Mimi envoie sa robe tout entière au père Cadédis, action incomparable en ce que Mimi est femme, jeune, jolie, coquette et pauvre; et note bien que cette robe lui est nécessaire pour qu'elle puisse aller, comme de coutume, à son magasin, gagner le pain de sa journée. Non-seulement donc elle se prive du morceau de galette qu'elle allait avaler, mais elle se met volontairement dans le cas de ne pas dîner. Observons en outre que le père Cadédis est fort éloigné d'être un mendiant, et de se traîner à quatre pattes sous la table. Le roi Robert, renonçant à sa frange, ne fait pas un grand sacrifice, puisqu'il la trouve toute coupée d'avance, et c'est à savoir si cette frange était coupée de travers ou non, et en état d'être recousue; tandis que Mimi, de son propre mouvement, bien loin d'attendre qu'on lui vole sa robe, arrache elle-même de dessus son pauvre corps ce vêtement, plus précieux, plus utile que le clinquant de tous les passementiers de Paris. Elle sort vêtue d'un rideau; mais sois sûr qu'elle n'irait pas ainsi dans un autre lieu que l'église. Elle se ferait plutôt couper un bras que de se laisser voir ainsi fagotée au Luxembourg ou aux Tuileries; mais elle ose se montrer à Dieu, parce qu'il est l'heure où elle prie tous les jours. Crois-moi, Eugène, dans ce seul fait de traverser avec son rideau la place Saint-Michel, la rue de Tournon et la rue du Petit-Lion, où elle connaît tout le monde, il y a plus de courage, d'humilité et de religion véritable, que dans toutes les hymnes du bon roi Robert, dont tout le monde parle pourtant, depuis le grand Bossuet jusqu'au plat Anquetil, tandis que Mimi mourra inconnue dans son cinquième étage, entre un pot de fleurs et un ourlet.

— Tant mieux pour elle, dit Eugène.

— Si je voulais maintenant, dit Marcel, continuer

à comparer, je pourrais te faire un parallèle entre Mucius Scœvola et Rougette. Penses-tu, en effet, qu'il soit plus difficile à un Romain du temps de Tarquin de tenir son bras, pendant cinq minutes, au-dessus d'un réchaud allumé, qu'à une grisette contemporaine de rester vingt-quatre heures sans manger? Ni l'un ni l'autre n'ont crié, mais examine par quels motifs. Mucius est au milieu d'un camp, en présence d'un roi Étrusque qu'il a voulu assassiner; il a manqué son coup d'une maniere pitoyable, il est entre les mains des gendarmes. Qu'imagine-t-il? Une bravade. Pour qu'on l'admire avant qu'on le pende, il se roussit le poing sur un tison (car rien ne prouve que le brasier fût bien chaud, ni que le poing soit tombé en cendres). Là-dessus, le digne Porsenna, stupéfait de sa fanfaronnade, lui pardonne et le renvoie chez lui. Il est à parier que ledit Porsenna, capable d'un tel pardon, avait une bonne figure, et que Scœvola se doutait que, en sacrifiant son bras, il sauvait sa tête. Rougette, au contraire, endure patiemment le plus horrible et le plus lent des supplices, celui de la faim; personne ne la regarde. Elle est seule au fond d'un grenier, et elle n'a là pour l'admirer ni Porsenna, c'est-à-dire le baron, ni les Romains, c'est-à-dire les voisins, ni les Étrusques, c'est-à-dire ses créanciers, ni même le brasier, car son poêle est éteint. Or, pourquoi souffre-t-elle sans se plaindre? Par vanité d'abord, cela est certain, mais Mucius est dans le même cas; par grandeur d'âme ensuite, et ici est sa gloire; car si elle reste muette derrière son verrou, c'est précisément pour que ses amis ne sachent pas qu'elle se meurt, pour qu'on n'ait pas pitié de son courage, pour que sa camarade Pinson, qu'elle sait bonne et toute dévouée, ne soit pas obligée, comme elle l'a fait, de lui donner sa robe et sa galette. Mucius, à la place de Rougette, eût fait semblant de mourir en silence, mais c'eût été dans un carrefour ou à la porte de Flicoteaux. Son taciturne et sublime orgueil eût été une manière délicate de demander à l'assistance un verre de vin et un croûton. Rougette, il est vrai, a demandé un louis au baron, que je persiste à comparer à Porsenna. Mais ne vois-tu pas que le baron doit évidemment être redevable à Rougette de quelques obligations personnelles? Cela saute aux yeux du moins clairvoyant. Comme tu l'as, d'ailleurs, sagement remarqué, il se peut que le baron soit à la campagne, et dès lors Rougette est perdue. Et ne crois pas pouvoir me répondre ici par cette vaine objection qu'on oppose à toutes les belles actions des femmes, à savoir qu'elles ne savent ce qu'elles font, et qu'elles courent au danger comme les chats sur les gouttières. Rougette sait ce qu'est la mort; elle l'a vue de près au pont d'Iéna, car elle s'est déjà jetée à l'eau une fois, et je lui ai demandé si elle avait souffert. Elle m'a dit que non, qu'elle n'avait rien senti, excepté au moment où on l'avait repêchée, parce que les bateliers la tiraient par les jambes, et qu'ils lui avaient, à ce qu'elle disait, *râclé* la tête sur le bord du bateau.

— Assez! dit Eugène, fais-moi grâce de tes affreuses plaisanteries. Réponds-moi sérieusement : crois-tu que de si horribles épreuves, tant de fois répétées, toujours menaçantes, puissent enfin porter quelque fruit? Ces pauvres filles, livrées à elles-mêmes, sans appui, sans conseil, ont-elles assez de bon sens pour avoir de l'expérience? Y a-t-il un démon, attaché à elles, qui les voue à tout jamais au malheur et à la folie, ou, malgré tant d'extravagances, peuvent-elles revenir au bien? En voilà une qui prie Dieu, dis-tu; elle va à l'église, elle remplit ses devoirs, elle vit honnêtement de son travail; ses compagnes paraissent l'estimer... et vous autres mauvais sujets, vous ne la traitez pas vous-mêmes avec votre légèreté habituelle. En voilà une autre qui passe sans cesse de l'étourderie à la misère, de la prodigalité aux horreurs de la faim. Certes, elle doit se rappeler longtemps les leçons cruelles qu'elle reçoit. Crois-tu que, avec de sages avis, une conduite réglée, un peu d'aide, on puisse faire de telles femmes des êtres raisonnables? S'il en est ainsi, dis-le-moi; une occasion s'offre à nous. Allons de ce pas chez la pauvre Rougette; elle est sans doute encore bien souffrante, et son amie veille à son chevet. Ne me décourage pas, laisse-moi agir. Je veux essayer de les ramener dans la bonne route, de leur parler un langage sincère; je ne veux leur faire ni sermon ni reproches. Je veux m'approcher de ce lit, leur prendre la main, et leur dire...

En ce moment, les deux amis passaient devant le café Tortoni. La silhouette de deux jeunes femmes, qui prenaient des glaces près d'une fenêtre, se dessinait à la clarté des lustres. L'une d'elles agita son mouchoir, et l'autre partit d'un éclat de rire.

— Parbleu! dit Marcel, si tu veux leur parler, nous n'avons que faire d'aller si loin, car les voilà, Dieu me pardonne! Je reconnais Mimi à sa robe, et Rougette à son panache blanc, toujours sur le chemin de la friandise. Il paraît que monsieur le baron a bien fait les choses.

IX

— Et une pareille folie, dit Eugène, ne t'épouvante pas?

— Si fait, dit Marcel; mais, je t'en prie, quand tu diras du mal des grisettes, fais une exception pour la petite Pinson. Elle nous a conté une histoire à souper, elle a engagé sa robe pour quatre francs, elle s'est fait un châle avec un rideau; et qui dit ce qu'il sait, qui donne ce qu'il a, qui fait ce qu'il peut, n'est pas obligé à davantage.

FIN DE MIMI PINSON.

LETTRES
DE DUPUIS ET COTONET
AU DIRECTEUR
DE LA REVUE DES DEUX-MONDES.

NOTE DE L'ÉDITEUR.

Ces lettres ont été imprimées pour la première fois en 1836 et 1837 dans la *Revue des Deux-Mondes,* alors que ce recueil n'avait pas l'importance qu'il a maintenant. N'étant pas, d'ailleurs, signées du nom de l'auteur, elles sont peu connues, et, en les réimprimant aujourd'hui avec les autres œuvres de M. Alfred de Musset, nous pensons faire plaisir à un grand nombre de personnes. Elles composent un excellent chapitre d'histoire littéraire à cette époque, dans lequel on retrouve, sous une forme nouvelle, l'esprit toujours vif et juste, le goût exquis, le naturel plein de sens de M. Alfred de Musset, et cette distinction noble et aisée, ce ton fin et railleur du meilleur temps de notre littérature. Ch.

PREMIÈRE LETTRE.

La Ferté-sous-Jouarre, 8 septembre 1836.

Mon cher monsieur,

Que les dieux immortels vous assistent et vous préservent des romans nouveaux! Nous sommes deux abonnés de votre *Revue*, mon ami Cotonet et moi, qui avons résolu de vous écrire touchant une remarque que nous avons faite: c'est que, dans les livres d'aujourd'hui, on emploie beaucoup d'adjectifs, et que nous croyons que les auteurs se font par là un tort considérable.

Nous savons, monsieur, que ce n'est plus la mode de parler de littérature, et vous trouverez peut-être que, dans ce moment-ci, nous nous inquiétons de bien peu de chose. Nous en conviendrons volontiers, car nous recevons *le Constitutionnel*, et nous avons des fonds espagnols qui nous démangent terriblement. Mais, mieux qu'un autre, vous comprendrez sans doute toute la douceur que deux âmes bien nées trouvent à s'occuper des beaux-arts, qui font le charme de la vie, au milieu des tourmentes sociales; nous ne sommes point Béotiens, monsieur, vous le voyez par ces paroles.

Pour que vous goûtiez notre remarque, simple en apparence, mais qui nous a coûté douze ans de réflexions, il faut que vous nous permettiez de vous raconter, posément et graduellement, de quelle manière elle nous est venue. Bien que les lettres soient maintenant avilies, il fut un temps, monsieur, où elles florissaient; il fut un temps où l'on lisait les livres, et, dans nos théâtres, naguère encore, il fut un temps où l'on sifflait. C'était, si notre mémoire est bonne, de 1824 à 1829. Le roi d'alors, le clergé aidant, se préparait à renverser la charte, et à priver le peuple de ses droits; et vous n'êtes pas sans vous souvenir que, à cette époque, il a été grandement question d'une méthode toute nouvelle qu'on venait d'inventer pour faire des pièces de théâtre, des romans, et même des sonnets. On s'en est fort occupé ici; mais nous n'avons jamais pu comprendre, ni mon ami Cotonet ni moi, ce que c'était que le *romantisme*, et cependant nous avons beaucoup lu, notamment des préfaces, car nous ne sommes pas de Falaise, nous savons bien que c'est le principal, et que le reste n'est que pour enfler la chose; mais il ne faut pas anticiper.

A vous dire vrai, dans ce pays-ci, on est badaud

jusqu'aux oreilles, et, sans compter le tapage des journaux, nous sommes bien aises de jaser sur les quatre ou cinq heures. Nous avons dans la rue Marchande un gros cabinet de lecture, où il nous vient des cloyères de livres. Deux sous le volume, c'est comme partout, et il n'y aurait pas à se plaindre, si les portières se lavaient les mains; mais depuis qu'il n'y a plus de loterie, elles dévorent les romans, que Dieu leur pardonne! c'est à ne pas savoir par où y toucher. Mais peu importe; nous autres Français, nous ne regardons pas à la marge. En Angleterre, les gens qui sont propres aiment à lire dans des livres propres. En France, on lit à la gamelle; c'est notre manière d'encourager les arts. Nos petites-maîtresses ne souffriraient pas une mouche de crotte sur un bas qui n'a affaire qu'à leur pied; mais elles ouvrent très-délicatement, de leur main blanche, un volume banal qui sent la cuisine, et porte la marque du pouce de leur cocher. Il me semble pourtant que si j'étais femme, et que si je tenais au fond de mon alcôve, les rideaux tirés, un auteur qui me plût, je n'aimerais pas que, au parfum poétique d'un page, il se mêlât... Je reviens à mon sujet.

Je vous disais que nous ne comprenions pas ce que signifiait ce mot de *romantisme*. Si ce que je vous raconte vous paraît un peu usé et connu au premier abord, il ne faut pas vous effrayer, mais seulement me laisser faire; j'ai intention d'en venir à mes fins. C'était donc vers 1824, ou un peu plus tard, je l'ai oublié; on se battait dans le *Journal des Débats*. Il était question de *pittoresque*, de *grotesque*, du paysage introduit dans la poésie, de l'histoire dramatisée, du drame blasonné, de l'art pur, du rhythme brisé, du tragique fondu avec le comique, et du moyen âge ressuscité. Mon ami Cotonet et moi, nous nous promenions devant le jeu de boule. Il faut savoir qu'à la Ferté-sous-Jouarre, nous avions alors un grand clerc d'avoué qui venait de Paris, fier et fort impertinent, ne doutant de rien, tranchant sur tout, et qui avait l'air de comprendre tout ce qu'il lisait. Il nous aborda, le journal à la main, en nous demandant ce que nous pensions de toutes ces querelles littéraires. Cotonet est fort à son aise, il a cheval et cabriolet; nous ne sommes plus jeunes ni l'un ni l'autre, et, de mon côté, j'ai quelque poids; ces questions nous révoltèrent, et toute la ville fut pour nous. Mais, à dater de ce jour, on ne parla chez nous que de romantique et de classique; madame Dupuis seule n'a rien voulu entendre; elle dit que c'est jus-vert, ou vert-jus. Nous lûmes tout ce qui paraissait, et nous reçûmes *la Muse* au cercle. Quelques-uns de nous (je fus du nombre) vinrent à Paris et virent *les Vêpres;* le sous-préfet acheta la pièce, et, à une quête pour les Grecs, mon fils récita *Parthénope et l'Étrangère*, septième messénienne. D'une autre part, M. Ducoudray, magistrat distingué, au retour des vacances, rapporta *les Méditations* parfaitement reliées, qu'il donna à sa femme. Madame Javart en fut choquée; elle déteste les novateurs; ma nièce y allait, nous cessâmes de nous voir. Le receveur fut de notre bord; c'était un esprit caustique et mordant, il travaillait sous main à *la Pandore;* quatre ans après il fut destitué, leva le masque, et fit un pamphlet qu'imprima le fameux Firmin Didot. M. Ducoudray nous donna, vers la mi-septembre, un dîner qui fut des plus orageux; ce fut là qu'éclata la guerre; voici comment l'affaire arriva. Madame Javart, qui porte perruque et qui s'imaginait qu'on n'en savait rien, ayant fait ce jour-là de grands frais de toilette, avait fiché dans sa coiffure une petite poignée de marabouts; elle était à la droite du receveur, et ils causaient de littérature; peu à peu la discussion s'échauffa; madame Javart, classique entêtée, se prononça pour l'abbé Delille; le receveur l'appela *perruque*, et par une fatalité déplorable, au moment où il prononçait ce mot, d'un ton de voix passablement violent, les marabouts de madame Javart prirent feu à une bougie placée auprès d'elle; elle n'en sentait rien et continuait de s'agiter, quand le receveur, la voyant toute en flammes, saisit les marabouts et les arracha; malheureusement le toupet tout entier quitta la tête de la pauvre femme, qui se trouva tout à coup exposée aux regards, le chef complétement dégarni. Madame Javart, ignorant le danger qu'elle avait couru, crut que le receveur la décoiffait pour ajouter le geste à la parole, et comme elle était en train de manger un œuf à la coque, elle le lui lança au visage; le receveur en fut aveuglé; le jaune couvrait sa chemise et son gilet, et n'ayant voulu que rendre un service, il fut impossible de l'apaiser, quelque effort qu'on fît pour cela. Madame Javart, de son côté, se leva et sortit en fureur; elle traversa toute la ville sa perruque à la main, malgré les prières de sa servante, et perdit connaissance en rentrant chez elle. Jamais elle n'a voulu croire que le feu eût pris à ses marabouts; elle soutient encore qu'on l'a outragée de la manière la plus inconvenante, et vous pensez le bruit qu'elle en a fait. Voilà, monsieur, comment nous devînmes romantiques à la Ferté-sous-Jouarre.

Cependant, Cotonet et moi, nous résolûmes d'approfondir la question, et de nous rendre compte des querelles qui divisaient tant d'esprits habiles. Nous avons fait de bonnes études, Cotonet surtout, qui est notaire et qui s'occupe d'ornithologie. Nous crûmes d'abord, pendant deux ans, que le *romantisme*, en matière d'écriture, ne s'appliquait qu'au théâtre, et qu'il se distinguait du classique parce qu'il se passait des unités. C'est clair; Shakspeare, par exemple, fait voyager les gens de Rome à Londres, et d'Athènes à Alexandrie, en un quart d'heure; ses héros vivent dix ou vingt ans dans un entr'acte; ses héroïnes, anges de vertu pendant toute une scène, n'ont qu'à passer dans la coulisse pour reparaître mariées, adultères, veuves et grand'mères. Voilà, disions-nous, le romantique. Sophocle, au contraire, fait asseoir Œdipe, encore est-ce à grand'peine, sur un rocher, dès le commencement de sa tragédie; tous les personnages viennent le trouver là, l'un après l'autre; peut-être se lève-t-il, mais j'en doute, à moins qu ce ne soit par respect pour Thésée, qui, durant toute la pièce, court sur le grand chemin pour l'obliger, rentrant en scène et sortant sans cesse. Le chœur est là, et si quelque chose cloche, s'il y a un geste obscur, il l'explique; ce qui s'est passé, il le raconte; ce qui se passe, il le commente; ce qui va se passer, il le prédit; bref, il est dans la tragédie grecque comme une note de M. Aimé Martin au bas d'une page de Molière. Voilà, disions-nous, le classique; il n'y avait point de quoi disputer, et les choses allaient sans dire. Mais on nous apprend tout à coup (c'était, je crois, en 1828) qu'il y avait poésie romantique et poésie classique, roman romantique et roman classique, ode romantique et ode classique; que dis-je? un seul vers, mon cher monsieur, un seul et unique vers pouvait être romantique ou classique, selon que l'envie lui en prenait.

Quand nous reçûmes cette nouvelle, nous ne pûmes fermer l'œil de la nuit. Deux ans de paisible conviction venaient de s'évanouir comme un songe. Toutes nos idées étaient bouleversées; car si les règles d'Aristote n'étaient plus la ligne de démarcation qui séparait les camps littéraires, où se retrouver et sur quoi s'appuyer? Par quel moyen, en lisant un ouvrage, savoir à quelle école il appartenait? Nous pensions bien que les initiés de Paris devaient avoir une espèce de mo d'ordre qui les tirait d'abord d'embarras; mais en province, comment faire? Et il faut vous dire, monsieur, qu'en province, le mot *romantique* a, en général, une signification facile à retenir, il est synonyme d'absurde, et on ne s'en inquiète pas autrement. Heureusement, dans la même année, parut une illustre préface que nous dévorâmes aussitôt, et qui faillit nous convaincre à jamais. Il y respirait un air d'assurance qui était fait pour tranquilliser, et les principes de la nouvelle école s'y trouvaient détaillés au long. On y disait très-nettement que le romantisme n'était autre chose que l'alliance du fou et du sérieux, du grotesque et du terrible, du bouffon et de l'horrible, autrement dit, si vous l'aimez mieux, de la comédie et de la tragédie. Nous le crûmes, Cotonet et moi, pendant l'espace d'une année entière. Le drame fut notre passion, car on avait baptisé de ce nom de *drame*, non-seulement les ouvrages dialogués, mais toutes les inventions modernes de l'imagination, sous le prétexte qu'elles étaient dramatiques. Il y avait bien là quelque galimatias, mais enfin c'était quelque chose. Le drame nous apparaissait comme un prêtre respectable qui avait marié, après tant de siècles, le comique avec le tragique; nous le voyions, vêtu de blanc et de noir, riant d'un œil et pleurant de l'autre, agiter d'une main un poignard, et de l'autre une marotte; à la rigueur, cela se comprenait, les poëtes du jour proclamaient ce genre une découverte toute moderne : « La mélancolie, disaient-ils, était inconnue aux anciens; c'est elle qui, jointe à l'esprit d'analyse et de controverse, a créé la religion nouvelle, la société nouvelle, et introduit dans l'art un type nouveau. » A parler franc, nous croyions tout cela un peu sur parole, et cette mélancolie inconnue aux anciens ne nous fut pas d'une digestion facile. Quoi! disions-nous, Sapho expirante, Platon regardant le ciel, n'ont pas ressenti quelque tristesse? Le vieux Priam redemandant son fils mort, à genoux devant le meurtrier, et s'écriant : « Souviens-toi de ton père, ô Achille! » n'éprouvait point quelque mélancolie? Le beau Narcisse, couché dans les roseaux, n'était point malade de quelque dégoût des choses de la terre? Et la jeune nymphe qui l'aimait, cette pauvre Écho si malheureuse, n'était-elle donc pas le parfait symbole de la mélancolie solitaire, lorsque, épuisée par sa douleur, il ne lui restait que les os et la voix? D'autre part, dans la susdite préface écrite d'ailleurs avec un grand talent, l'antiquité nous semblait comprise d'une assez étrange façon. On y comparait, entre autres choses, les Furies avec les sorcières, et on disait que les Furies s'appelaient Euménides, c'est-à-dire *douces et bienfaisantes*, ce qui prouvait, ajoutait-on, qu'elles n'étaient que médiocrement difformes, par conséquent à peine grotesques. Il nous étonnait que l'auteur pût ignorer que l'antiphrase est au nombre des tropes, bien que Sanctius ne veuille pas l'admettre. Mais passons; l'important pour nous était de répondre aux questionneurs : « Le romantisme est l'alliance de la comédie et de la tragédie, ou, de quelque genre d'ouvrage qu'il s'agisse, le mélange du bouffon et du sérieux. » Voilà qui allait encore à merveille, et nous dormions tranquilles là-dessus. Mais que pensai-je, monsieur, lorsqu'un matin je vis Cotonet entrer dans ma chambre avec six petits volumes sous le bras! Aristophane, vous le savez, est, de tous les génies de la Grèce antique, le plus noble à la fois et le plus grotesque, le plus sérieux et le plus bouffon, le plus lyrique et le plus satirique. Que répondre lorsque Cotonet, avec sa belle basse-taille, commença à déclamer pompeusement l'admirable dispute du juste et de l'injuste[1], la plus grave et la plus noble scène que jamais théâtre ait entendue? Comment, en écoutant ce style énergique, ces pensées sublimes, cette simple éloquence, en assistant à ce combat divin entre les deux puissances qui gouvernent le monde, comment ne pas s'écrier avec le chœur : « O toi qui habites le temple élevé de la sagesse, le parfum de la vertu émane de tes discours! » Puis, tout à coup, à quelques pages de là, voilà le poëte qui nous fait assister au spectacle d'un homme qui se relève la nuit pour soulager son ventre[2]. Quel écrivain s'est jamais élevé plus haut qu'Aristophane dans ce terrible drame des *Chevaliers*, où paraît le peuple athénien lui-même personnifié dans un vieillard? Quoi de plus sérieux, quoi de plus imposant que les anapestes où le poëte gour-

[1] Dans *les Nuées*.

[2] Dans *les Harangueuses*.

mande le public, et que ce chœur qui commence ainsi : « Maintenant, Athéniens, prêtez-nous votre attention, si vous aimez un langage sincère [1]. » Quoi de plus grotesque en même temps, quoi de plus bouffon que Bacchus et Xanthias [2] ? quoi de plus comique et de plus plaisant que cette Myrrhine, se déchaussant à demi nue, sur le lit où son pauvre époux meurt d'abstinence et de désirs [3] ? A voir cette rusée commère, plus rouée que la rouée Merteuil, les spectateurs eux-mêmes devaient partager le tourment de Cinésias, pour peu que la scène fût bien rendue. Dans quelle classification pourra-t-on jamais faire entrer les ouvrages d'Aristophane ? quelles lignes, quels cercles tracera-t-on jamais autour de la pensée humaine, que ce génie audacieux ne dépassera pas ? Il n'est pas seulement tragique et comique, il est tendre et terrible, pur et obscène, honnête et corrompu, noble et trivial, et au fond de tout cela, pour qui sait comprendre, assurément il est mélancolique. Hélas ! monsieur, si on le lisait davantage, on se dispenserait de beaucoup parler, et on pourrait savoir au juste d'où viennent bien des inventions nouvelles qui se font donner des brevets. Il n'est pas jusqu'aux saint-simoniens qui ne se trouvent dans Aristophane ; que lui avaient fait ces pauvres gens ? La comédie des *Harangueuses* est pour-

[1] Dans *les Guêpes.*
[2] Dans *les Grenouilles*
[3] Dans *Lysistrate.*

tant leur complète satire, comme *les Chevaliers*, à plus d'un égard, pourraient passer pour celle du gouvernement représentatif.

Nous voilà donc, Cotonet et moi, retombés dans l'incertitude. Le romantisme devait, avant tout, être une découverte, sinon récente, du moins moderne. Ce n'était donc pas plus l'alliance du comique et du tragique que l'infraction permise aux règles d'Aristote (J'ai oublié de vous dire qu'Aristophane ne tient lui-même aucun compte des unités). Nous fîmes donc ce raisonnement très-simple : « Puisqu'on se bat à Paris dans les théâtres, dans les préfaces, et dans les journaux, il faut que ce soit pour quelque chose; puisque les auteurs proclament une trouvaille, un art nouveau et une foi nouvelle, il faut que ce quelque chose soit autre chose qu'une chose renouvelée des Grecs; puisque nous n'avons rien de mieux à faire, nous allons chercher ce que c'est. »

— Mais, me direz-vous, mon cher monsieur, Aristophane est romantique; voilà tout ce que prouvent vos discours; la différence des genres n'en subsiste pas moins, et l'art moderne, l'art humanitaire, l'art social, l'art pur, l'art naïf, l'art moyen âge...

Patience, monsieur; que Dieu vous garde d'être si vif! Je ne discute pas, je vous raconte un événement qui m'est arrivé. D'abord, pour ce qui est du mot *humanitaire*, je le révère, et quand je l'entends, je ne manque jamais de tirer mon chapeau; puissent les dieux me le faire comprendre! mais je me résigne et j'attends. Je ne cherche pas, remarquez bien, à savoir si le romantisme existe ou non; je suis Français, et je me rends compte de ce qu'on appelle le romantisme en France.

Et, à propos des mots nouveaux, je vous dirai que, durant une autre année, nous tombâmes dans une triste erreur. Las d'examiner et de peser, trouvant toujours des phrases vides et des professions de foi incompréhensibles, nous en vînmes à croire que ce mot de *romantisme* n'était qu'un mot; nous le trouvions beau, et il nous semblait que c'était dommage qu'il ne voulût rien dire. Il ressemble à *Rome* et à *Romain*, à *roman* et à *romanesque;* peut-être est-ce la même chose que *romanesque;* nous fûmes du moins tentés de le croire par comparaison, car il est arrivé depuis peu, comme vous savez, que certains mots, d'ailleurs convenables, ont éprouvé de petites variations qui ne font de tort à personne. Autrefois, par exemple, on disait tout bêtement : Voilà une idée raisonnable; maintenant on dit bien plus dignement : Voilà une déduction *rationnelle*. C'est comme *la patrie*, vieux mot assez usé; on dit *le pays;* voyez nos orateurs, ils n'y manqueraient pas pour dix écus. Quand deux gouvernements, la Suisse et la France, je suppose, convenaient ensemble de faire payer dix ou douze sous un port de lettre, on disait jadis trivialement : « C'est une convention de poste; » maintenant on dit : Convention *postale*. » Quelle différence et quelle magnificence! Au lieu de *surpris* ou d'*étonné*, on dit *stupéfié*. Sentez-vous la nuance? Stupéfié! non pas stupéfait, prenez-y garde; *stupéfait* est pauvre, rebattu; fi! ne m'en parlez pas, c'est un drôle capable de se laisser trouver dans un dictionnaire. Qui est-ce qui voudrait de cela? Mais Cotonet, par-dessus tout, préfère trois mots dans la langue moderne; l'auteur qui, dans une seule phrase, les réunirait par hasard, serait, à son gré, le premier des hommes. Le premier de ces mots est : *morganatique;* le second, *blandices*, et le troisième... le troisième est un mot allemand.

Je retourne à mon dire. Nous ne pûmes longtemps demeurer dans l'indifférence. Notre sous-préfet venait d'être changé; le nouveau venu avait une nièce, jolie brune pâle, quoique un peu maigre, qui s'était éprise des manières anglaises, et qui portait un voile vert, des gants orange, et des lunettes d'argent. Un soir qu'elle passait près de nous (Cotonet et moi, à notre habitude, nous nous promenions sur le jeu de boule), elle se retourna du côté du moulin à eau qui est près du gué, où il y avait des sacs de farine, des oies et un bœuf attaché : « Voilà un site romantique, » dit-elle à sa gouvernante. A ce mot, nous nous sentîmes saisis de notre curiosité première. Eh, ventrebleu, dis-je, que veut-elle dire? ne saurons-nous pas à quoi nous en tenir? Il nous arriva sur ces entrefaites un journal qui contenait ces mots : « André Chénier et madame de Staël sont les deux sources du fleuve immense qui nous entraîne vers l'avenir. C'est par eux que la rénovation poétique, déjà triomphante et presque accomplie, se divisera en deux branches fleuries sur le tronc flétri du passé. La poésie romantique, fille de l'Allemagne, attachera ainsi à son front une palme verte, sœur des myrtes d'Athènes. Ossian et Homère se donnent la main. » « Mon ami, dis-je à Cotonet, je crois que voilà notre affaire; le romantisme, c'est la poésie allemande; madame de Staël est la première qui nous ait fait connaître cette littérature, et de l'apparition de son livre date la rage qui nous a pris. Achetons Goëthe, Schiller et Wieland; nous sommes sauvés, tout est venu de là. »

Nous crûmes, jusqu'en 1830, que le romantisme était l'imitation des Allemands, et nous y ajoutâmes les Anglais, sur le conseil qu'on nous en donna. Il est incontestable, en effet, que ces deux peuples ont dans leur poésie un caractère particulier, et qu'ils ne ressemblent ni aux Grecs, ni aux Romains, ni aux Français. Les Espagnols nous embarrassèrent, car ils ont aussi leur cachet, et il était clair que l'école moderne se ressentait d'eux terriblement. Les romantiques, par exemple, ont constamment prôné *le Cid* de Corneille, qui est une traduction presque littérale d'une fort belle pièce espagnole. A ce propos, nous ne savions pas pourquoi ils n'en prônaient pas aussi bien quelque autre, malgré la beauté de celle-là; mais, à tout prix, c'était une issue qui nous tirait du labyrinthe. « Mais, disait encore Cotonet, quelle invention peut-il y avoir à naturaliser une imitation? »

Les Allemands ont fait des ballades ; nous en faisons, c'est à merveille ; ils aiment les spectres, les gnomes, les goules, les psylles, les vampires, les squelettes, les ogres, les cauchemars, les rats, les aspioles, les vipères, les sorcières, le sabbat, Satan, Puck, les mandragores ; enfin cela leur fait plaisir ; nous les imitons et en disons autant, quoique cela nous régale médiocrement ; mais je l'accorde. D'autre part, dans leurs romans, on se tue, on pleure, on revient, on fait des phrases longues d'une aune, on sort à tout bout de champ du bon sens et de la nature ; nous les copions, il n'y a rien de mieux. Viennent les Anglais par là-dessus qui passent le temps et usent leur cervelle à broyer du noir dans un pot ; toutes leurs poésies, présentes et futures, ont été résumées par Goëthe dans cette simple et aimable phrase : « L'expérience et la douleur s'unissent pour guider l'homme à travers cette vie, et le conduire à la mort. » C'est assez faux, et même assez sot, mais je veux bien encore qu'on s'y plaise. Buvons gaiement, avec l'aide de Dieu et de notre bon tempérament français, du sang de pendu dans la chaudière anglaise. Survient l'Espagne, avec ses Castillans, qui se coupent la gorge comme on boit un verre d'eau, ses Andalouses qui font plus vite encore un petit métier moins dépeuplant, ses taureaux, ses toréadors, matadors, etc..., j'y souscris. Quoi enfin ? Quand nous aurons tout imité, copié, plagié, traduit et compilé, qu'y a-t-il là de romantique ? Il n'y a rien de moins nouveau sous le ciel que de compiler et de plagier..

Ainsi raisonnait Cotonet, et nous tombions de mal en pis; car, examinée sous ce point de vue, la question se rétrécissait singulièrement. Le classique ne serait-il donc que l'imitation de la poésie grecque, et le romantique que l'imitation des poésies allemande, anglaise et espagnole? Diable! que deviendraient alors tant de beaux discours sur Boileau et sur Aristote, sur l'antiquité et le christianisme, sur le génie et la liberté, sur le passé et sur l'avenir, etc...? C'est impossible; quelque chose nous criait que ce ne pouvait être là le résultat de recherches si curieuses et si empressées. Ne serait-ce pas, pensâmes-nous, seulement affaire de forme? Ce romantisme indéchiffrable ne consisterait-il pas dans ce vers brisé dont on fait assez de bruit dans le monde? Mais non; car, dans leurs plaidoyers, nous voyons les auteurs nouveaux citer Molière et quelques autres comme ayant donné l'exemple de cette méthode; le vers brisé, d'ailleurs, est horrible; il faut dire plus, il est impie; c'est un sacrilége envers les dieux, une offense à la Muse.

Je vous expose naïvement, monsieur, toute la suite de nos tribulations, et si vous trouvez mon récit un peu long, il faut songer à douze ans de souffrances; nous avançons, ne vous inquiétez pas. De 1830 à 1831, nous crûmes que le romantisme était le genre historique, ou, si vous voulez, cette manie qui, depuis peu, a pris nos auteurs d'appeler des personnages de romans et de mélodrames Charlemagne,

François Ier ou Henri IV, au lieu d'Amadis, d'Oronte ou de Saint-Albin. Mademoiselle de Scudéry est, je crois, la première qui ait donné en France l'exemple de cette mode, et beaucoup de gens disent du mal des ouvrages de cette demoiselle, qui ne les ont certainement pas lus. Nous ne prétendons pas les juger ici; ils ont fait les délices du siècle le plus poli, le plus classique et le plus galant du monde; mais ils nous ont semblé aussi vraisemblables, mieux écrits, et guère plus ridicules que certains romans de nos jours dont on ne parlera pas si longtemps.

De 1831 à l'année suivante, voyant le genre historique discrédité, et le romantisme toujours en vie, nous pensâmes que c'était le genre *intime*, dont on parlait fort. Mais quelque peine que nous ayons prise, nous n'avons jamais pu découvrir ce que c'était que le genre intime. Les romans intimes sont tout comme les autres, ils ont deux vol. in-8°, beaucoup de blanc; il y est question d'adultères, de marasme, de suicides, avec force archaïsmes et néologismes; ils ont une couverture jaune, et ils coûtent 15 fr.; nous n'y avons trouvé aucun autre signe particulier qui les distinguât.

De 1832 à 1833, il nous vint à l'esprit que le romantisme pouvait être un système de philosophie et d'économie politique. En effet, les écrivains affectaient alors dans leurs préfaces (que nous n'avons jamais cessé de lire avant tout, comme le plus important) de parler de l'avenir, du progrès social, de l'humanité et de la civilisation; mais nous avons pensé que c'était la révolution de juillet qui était cause de cette mode, et d'ailleurs, il n'est pas possible de croire qu'il soit nouveau d'être républicain. On a dit que Jésus-Christ l'était; j'en doute, car il voulait se faire roi de Jérusalem; mais depuis que le monde existe, il est certain que quiconque n'a que deux sous et en voit quatre à son voisin, ou une jolie femme, désire les lui prendre, et doit conséquemment dans ce but parler d'égalité, de liberté, des droits de l'homme, etc., etc. .

De 1833 à 1834, nous crûmes que le romantisme consistait à ne pas se raser, et à porter des gilets à larges revers, très-empesés. L'année suivante, nous crûmes que c'était de refuser de monter la garde. L'année d'après, nous ne crûmes rien. Cotonet ayant fait un petit voyage pour une succession dans le Midi, et me trouvant moi-même très-occupé à faire réparer une grange que les grandes pluies m'avaient endommagée.

Maintenant, monsieur, j'arrive au résultat définitif de ces trop longues incertitudes. Un jour que nous nous promenions (c'était toujours sur le jeu de boule), nous nous souvînmes de ce flandrin qui, le premier, en 1824, avait porté le trouble dans notre esprit, et par suite dans toute la ville. Nous fûmes le voir, décidés cette fois à l'interroger lui-même, et à trancher le nœud gordien. Nous le trouvâmes en bonnet de nuit, fort triste, et mangeant une omelette. Il se disait dégoûté de la vie et blasé sur l'amour ; comme nous étions au mois de janvier, nous pensâmes que c'était qu'il n'avait pas eu de gratification cette année, et ne lui en sûmes pas mauvais gré. Après le premières civilités, le dialogue suivant eut lieu entre nous, permettez-moi de vous le transcrire le plus brièvement possible :

MOI.

Monsieur, je vous prie de m'expliquer ce que c'est que le romantisme. Est-ce le mépris des unités établies par Aristote, et respectées par les auteurs français?

LE CLERC.

Assurément. Nous nous soucions bien d'Aristote! faut-il qu'un pédant de collége, mort il y a deux ou trois mille ans...

COTONET.

Comment le romantisme serait-il le mépris des unités, puisque le romantisme s'applique à mille autres choses qu'aux pièces de théâtre?

LE CLERC.

C'est vrai ; le mépris des unités n'est rien ; pure bagatelle! nous ne nous y arrêtons pas.

MOI.

En ce cas, serait-ce l'alliance du comique et du tragique ?

LE CLERC.

Vous l'avez dit ; c'est cela même ; vous l'avez nommé par son nom.

COTONET.

Monsieur, il y a longtemps qu'Aristote est mort, mais il y a tout aussi longtemps qu'il existe des ouvrages où le comique est allié au tragique. D'ailleurs Ossian, votre Homère nouveau, est sérieux d'un bout à l'autre; il n'y a, ma foi, pas de quoi rire. Pourquoi l'appelez-vous donc romantique? Homère est beaucoup plus romantique que lui.

LE CLERC.

C'est juste; je vous prie de m'excuser; le romantisme est bien autre chose.

MOI.

Serait-ce l'imitation ou l'inspiration de certaines littératures étrangères, ou, pour m'expliquer en un seul mot, serait-ce tout, hors les Grecs et les Romains?

LE CLERC.

N'en doutez pas. Les Grecs et les Romains sont à jamais bannis de France; un vers spirituel et mordant...

COTONET.

Alors le romantisme n'est qu'un plagiat, un simulacre, une copie; c'est honteux, monsieur, c'est avilissant. La France n'est ni anglaise ni allemande, pas plus qu'elle n'est ni grecque ni romaine, et plagiat pour plagiat, j'aime mieux un beau plâtre pris sur la Diane chasseresse qu'un monstre de bois vermoulu décroché d'un grenier gothique.

LE CLERC.

Le romantisme n'est qu'un plagiat, et nous ne voulons imiter personne ; non, l'Angleterre ni l'Allemagne n'ont rien à faire dans notre pays.

COTONET, vivement.

Qu'est-ce donc alors que le romantisme? Est-ce l'emploi des mots crus? Est-ce la haine des périphrases? Est-ce l'usage de la musique au théâtre à l'entrée d'un personnage principal? Mais on en a toujours agi ainsi dans les mélodrames, et nos pièces nouvelles ne sont pas autre chose. Pourquoi changer les termes? *Mélos*, musique, et *drama*, drame. *Calas* et *le Joueur* sont deux modèles en ce genre. Est-ce l'abus des noms historiques? Est-ce la forme des costumes? Est-ce le choix de certaines époques à la mode, comme la Fronde ou le règne de Charles IX? Est-ce la manie du suicide et l'héroïsme à la Byron? Sont-ce les néologismes, le néo-christianisme, et, pour appeler d'un nom nouveau une peste nouvelle, tous les *néosophismes* de la terre? Est-ce de jurer par écrit? Est-ce de choquer le bon sens et la grammaire? Est-ce quelque chose enfin, ou n'est-ce rien qu'un mot sonore et l'orgueil à vide qui se bat les flancs?

LE CLERC, avec exaltation.

Non! ce n'est rien de tout cela; non! vous ne comprenez pas la chose. Que vous êtes grossier, monsieur! quelle épaisseur dans vos paroles! Allez, les sylphes ne vous hantent point; vous êtes ponsif, vous êtes trumeau, vous êtes volute, vous n'avez rien d'ogive ; ce que vous dites est sans galbe ; vous ne vous doutez pas de l'instinct sociétaire ; vous avez marché sur Campistron.

COTONET.

Vertu de ma vie ! qu'est-ce c'est que cela ?

LE CLERC.

Le romantique, mon cher monsieur ! Non, à coup sûr, ce n'est ni le mépris des unités, ni l'alliance du comique et du tragique, ni rien au monde que vous puissiez dire ; vous saisiriez vainement l'aile du papillon, la poussière qui le colore vous resterait dans les doigts. Le romantisme, c'est l'étoile qui pleure, c'est le vent qui vagit, c'est la nuit qui frissonne, la fleur qui vole et l'oiseau qui embaume ; c'est le jet inespéré, l'extase allanguie, la citerne sous les palmiers, et l'espoir vermeil et ses mille amours, l'ange et la perle, la robe blanche des saules, ô la belle chose, monsieur ! C'est l'infini et l'étoilé, le chaud, le rompu, le désenivré, et pourtant en même temps le plein et le rond, le diamétral, le pyramidal, l'oriental, le nu à vif, l'étreint, l'embrassé, le tourbillonnant ; quelle science nouvelle ! C'est la philosophie providentielle géométrisant les faits accomplis, puis s'élançant dans le vague des expériences pour y ciseler les fibres secrètes...

COTONET.

Monsieur, ceci est une faribole. Je sue à grosses gouttes pour vous écouter.

LE CLERC.

J'en suis fâché; j'ai dit mon opinion, et rien au monde ne m'en fera changer.

Nous fûmes chez M. Ducoudray après cette scène, que je vous abrége, vu qu'elle dura trois heures et que la tête tourne en y pensant. M. Ducoudray est un magistrat, comme j'ai eu l'honneur de vous le dire. Il porte habit marron et culotte de soie, le tout bien brossé, et il nous offrit une prise de tabac sec dans sa tabatière de corne, propre et luisante comme un écu neuf. Nous lui contâmes, comme vous pensez, la visite que nous venions de faire, et reprenant le même sujet, voici quelle fut son opinion :

« Sous la restauration, nous dit-il, le gouvernement faisait tous ses efforts pour ramener le passé. Les premières places aux Tuileries étaient remplies, vous le savez, par les mêmes noms que sous Louis XIV. Les prêtres, ressaisissant le pouvoir, organisaient de tous côtés une sorte d'inquisition occulte, comme aujourd'hui les associations républicaines. D'autre part, une censure sévère interdisait aux écrivains la peinture libre des choses présentes; quels portraits de mœurs ou quelles satires, même les plus douces, auraient été tolérés sur un théâtre où *Germanicus* était défendu? En troisième lieu, la cassette royale, ouverte à quelques gens de lettres, avait justement récompensé en eux des talents remarquables, mais en même temps des opinions religieuses et monarchiques. Ces deux grands mots, la religion et la monarchie, étaient alors dans leur toute-puissance; avec eux seuls il pouvait y avoir succès, fortune et gloire; sans eux, rien au monde, sinon l'oubli ou la persécution. Cependant la France ne manquait pas de jeunes têtes qui avaient grand besoin de se produire et la meilleure envie de parler. Plus de guerre, partant beaucoup d'oisiveté; une éducation très-contraire au corps, mais très-favorable à l'esprit, l'ennui de la paix, les carrières obstruées, tout portait la jeunesse à écrire; aussi n'y eut-il à aucune époque le quart autant d'écrivains que dans celle-ci. Mais de quoi parler? Que pouvait-on écrire? Comme le gouvernement, comme les mœurs, comme la cour et la ville, la littérature chercha à revenir au passé. Le trône et l'autel défrayèrent tout; en même temps, cela va sans dire, il y eut une littérature d'opposition. Celle-ci, forte de sa pensée, ou de l'intérêt qui s'attachait à elle, prit la route convenue, et resta classique; les poëtes qui chantaient l'empire, la gloire de la France ou la liberté, sûrs de plaire par le fond, ne s'embarrassèrent point de la forme. Mais il n'en fut pas de même de ceux qui chantaient le trône et l'autel; ayant affaire à des idées rebattues et à des sentiments antipathiques à la nation, ils cherchèrent à rajeunir, par des moyens nouveaux, la vieillesse de leur pensée; ils hasardèrent d'abord quelques contorsions poétiques, pour appeler la curiosité; elle ne vint pas, ils redoublèrent. D'étranges qu'ils voulaient être, ils devinrent bizarres, de bizarres baroques, ou peu s'en fallait. Madame de Staël, ce Blücher littéraire, venait d'achever son invasion, et de même que le passage des Cosaques en France avait introduit dans les familles quelques types de physionomie expressive, la littérature portait dans son sein une bâtardise encore sommeillante. Elle parut bientôt au grand jour; les libraires étonnés accouchaient de certains enfants qui avaient le nez allemand et l'oreille anglaise. La superstition et ses légendes, mortes et enterrées depuis longtemps, profitèrent du moment pour se glisser par la seule porte qui pût leur être ouverte, et vivre encore un jour avant de mourir à jamais. La manie des ballades, arrivant d'Allemagne, rencontra un beau jour la poésie monarchique chez le libraire Ladvocat, et toutes deux, la pioche en main, s'en allèrent, à la nuit tombée, déterrer dans une église le moyen âge, qui ne s'y attendait pas. Comme pour aller à Notre-Dame on passe devant la Morgue, ils y entrèrent de compagnie; ce fut là que, sur le cadavre d'un monomane, ils se jurèrent foi et amitié. Le roi Louis XVIII, qui avait pour lecteur un homme d'esprit, et qui ne manquait pas d'esprit lui-même, ne lut rien et trouva tout au mieux. Malheureusement il vint à mourir, et Charles X abolit la censure. Le moyen âge était alors très-bien portant, et à peu près remis de la peur qu'il avait eu de se croire mort pendant trois siècles. Il nourrissait et élevait une quantité de petites chauves-souris, de petits lézards et de jeunes grenouilles, à qui il apprenait le catéchisme, la haine de Boileau, et la crainte du roi. Il fut effrayé d'y voir clair, quand on lui ôta l'éteignoir dont il avait fait son bonnet. Ébloui par les premières clartés du jour, il se mit à courir par les rues, et comme le soleil l'aveuglait, il prit la Porte-Saint-Martin pour une cathédrale et y entra avec ses poussins. Ce fut la mode de l'y aller voir; bientôt ce fut une rage, et, consolé de sa méprise, il commença à régner ostensiblement. Toute la journée on lui taillait des pourpoints, des manches longues, des pièces de velours, des drames et des culottes. Enfin, un matin, on le planta là; le gouvernement lui-même passait de mode, et la révolution changea tout. Qu'arriva-t-il? Roi dépossédé, il fit comme Denys, il ouvrit une école. Il était en France en bateleur, comme le bouffon de la restauration; il ne lui plut point d'aller à Saint-Denis, et, au moment où on le croyait tué, il monta en chaire, chaussa ses lunettes, et fit un sermon sur la liberté. Les bonnes gens qui l'écoutent maintenant ont peut-être sous les yeux le plus singulier spectacle qui puisse se rencontrer dans l'histoire d'une littérature; c'est un revenant, ou plutôt un mort, qui, affublé d'oripeaux d'un autre siècle, prêche et déclame sur celui-ci; car en changeant de texte, il n'a pu quitter son vieux masque, et garde encore ses manières d'emprunt; il se sert du style de Ronsard pour célébrer les chemins de fer; en chantant Washington ou Lafayette, il imite Dante; et pour parler de république, d'égalité, de la loi agraire et du divorce, il va chercher des mots et des phrases dans le glossaire de ces siècles ténébreux où tout était despotisme, honte, misère et superstition. Il s'adresse au peuple le plus libre, le plus brave, le plus gai et le plus sain de l'univers, et au théâtre, devant ce peuple intelligent, qui a le cœur ouvert et les mains si promptes, il ne trouve rien de mieux que de faire faire des barbarismes à des fantômes inconnus; il se dit jeune, et parle à notre jeunesse comme on parlait sous un roi podagre qui tuait tout ce qui remuait; il appelle l'avenir à grands cris, et asperge de vieille eau bénite la statue de la Liberté; vive Dieu! qu'en penserait-elle, si elle n'était de marbre? Mais le public est de chair et d'os, et qu'en pense-t-il? De quoi se soucie-t-il? Que va-t-il voir et qu'est-ce qui l'attire à ces myriades de vaudevilles sans but, sans queue, sans tête, sans rime ni raison? Qu'est-ce que c'est que tant de marquis, de cardinaux, de pages, de rois, de reines, de ministres, de pantins, de criailleries et de balivernes? La restauration, en partant, nous a légué ses friperies. Ah! Français, on se moquerait de vous, si vous ne vous en moquiez pas vous-mêmes. Le grand Goëthe n'en riait pas, lui, il y a quatre ou cinq ans, lorsqu'il maudissait notre littérature, qui désespérait sa vieillesse, car le digne homme s'en croyait la cause. Mais ce n'est qu'à nous qu'il faut nous en prendre, oui, à nous seuls, car il n'y a que nous sur la terre d'assez badauds pour nous laisser faire. Les autres nations civilisées n'auraient qu'une clef et qu'une pomme cuite pour les niaiseries que nous tolérons. Pourquoi Molière n'est-il plus au monde? Que l'homme eût pu être immortel, dont immortel est le génie! Quel misanthrope nous aurions! Ce ne serait plus l'homme aux rubans verts, et il ne s'agirait pas d'un sonnet. Quel siècle fut jamais plus favorable? Il n'y a qu'à oser, tout est prêt; les mœurs sont là, les choses et les hommes, et tout est nouveau; le théâtre est libre, quoi qu'on veuille dire là-dessus, ou, s'il ne l'est pas, Molière l'était-il? Faites *le Tartufe*, quitte à faire le dénoûment du *Tartufe;* mais que non pas! nous aimons bien mieux quelque autre chose, comme qui dirait Philippe le Long, ou Charles VI, qui n'était que fou et imbécile; voilà notre homme, et il nous démange de savoir de quelle couleur était sa barrette; que le costume soit juste surtout! sans quoi, c'est le tailleur qu'on siffle, et ne taille pas qui veut de ces habits-là. Malepeste! où en serions-nous si les tailleurs allaient se fâcher? car ces tailleurs ont la tête chaude. Que deviendraient nos après-dînées si on ne taillait plus? Comment digérer? Que dire de la reine Berthe ou de la reine Blanche, ou de Charles IX, ah! le pauvre homme! si son pourpoint allait lui manquer. Qu'il ait son pourpoint, et qu'il soit de velours noir, et que les crevés y soient, et en satin, et les bottes, et la fraise, et la chaîne au cou, et l'épée du temps, et qu'il jure, et qu'on l'entende, ou rendez-moi l'argent! Je suis venu pour qu'on m'intéresse, et je n'entends pas qu'on me plaisante avec du velours de coton; mais quelle jouissance quand tout s'y trouve! Nous avons bien affaire du style, ou des passions, ou des caractères! Affaire de bottes nous avons, affaire de fraises, et c'est le sublime. Nous ne manquons ni de vices, ni de ridicules; il y aurait peut-être bien quelque petite bluette à arranger sur nos amis et nos voisins, quand ce ne serait que les députés, les filles entretenues et les journalistes; mais quoi! nous craignons le scandale, et si nous abordons le présent, ce n'est que pour traîner sur les planches madame de la Vallette et Chabert, dont l'une est devenue folle de vertu et d'héroïsme, et l'autre, grand Dieu! sa femme remariée lui a montré son propre extrait mortuaire. Il y aurait de quoi faire un couplet. Mais qu'est-ce auprès de Marguerite de Bourgogne? Voilà où l'on mène ses filles; quatre incestes et deux parricides, en costumes du temps, c'est de la haute littérature; Phèdre est une mijaurée de couvent; c'est Marguerite que demandent les colléges, le jour de la fête de leur proviseur; voilà ce qu'il nous faut, ou la Brinvilliers, ou Lucrèce Borgia, ou Alexandre VI lui-même; on pourrait le faire battre avec un bouc, à défaut de gladiateur. Voilà le romantisme, mon voisin, et ce pourquoi ne se joue point le *Polyeucte* du bonhomme Corneille, qui, dit Tallemant, fit de bonnes comédies. »

Telle fut, à peu de chose près, l'opinion de M. Ducoudray; je fus tenté d'être de son avis, mais Cotonet.

qui a l'esprit doux, fut choqué de sa violence. D'ailleurs la conclusion ne satisfaisait pas ; Cotonet recherchait l'effet, quelle que pût être la cause ; il s'enferma durant quatre mois, et m'a fait part du fruit de ses veilles. Nous allons, monsieur, si vous permettez. vous le soumettre d'un commun accord. Nous avons pensé qu'une phrase ou deux, écrites dans un style ordinaire, pouvaient être prises pour le texte, ou, comme on dit au collége, pour la *matière* d'un morceau romantique, et nous croyons avoir trouvé ainsi la véritable et unique différence du romantique et du classique. Voici notre travail :

LETTRE D'UNE JEUNE FILLE ABANDONNÉE PAR SON AMANT.

(Style romantique.)

« Considère, mon amour adoré, mon ange, mon bien, mon cœur, ma vie ; toi que j'idolâtre de toutes les puissances de mon âme ; toi, ma joie et mon désespoir ; toi, mon rire et mes larmes ; toi, ma vie et ma mort ! —jusqu'à quel excès effroyable tu as outragé et méconnu les nobles sentiments dont ton cœur est plein, et oublié la sauvegarde de l'homme, la seule force de la faiblesse, la seule armure, la seule cuirasse, la seule visière baissée dans le combat de la vie, la seule aile d'ange qui palpite sur nous, la seule vertu qui marche sur les flots, comme le divin Rédempteur, la prévoyance, sœur de l'adversité !

« Tu as été trahi et tu as trahi ; tu as été trompé et

tu as trompé ; tu as reçu la blessure et tu l'as rendue ; tu as saigné et tu as frappé ; la verte espérance s'est enfuie loin de nous. Une passion si pleine de projets, si pleine de séve et de puissance, si pleine de crainte et de douces larmes, si riche, si belle, si jeune encore, et qui suffisait à toute une vie, à toute une vie d'angoisses et de délires, de joies et de terreurs, et de suprême oubli ; — cette passion, consacrée par le bonheur, jurée devant Dieu comme un serment jaloux ; — cette passion qui nous a attachés l'un à l'autre comme une chaîne de fer à jamais fermée, comme le serpent unit sa proie au tronc flexible du bambou pliant ; — cette passion qui fut notre âme elle-même, le sang de nos veines et le battement de notre cœur ; — cette passion, tu l'as oubliée, anéantie, perdue à jamais ; ce qui fut ta joie et ton délice n'est plus pour toi qu'un mortel désespoir qu'on ne peut comparer qu'à l'absence qui le cause. — Quoi, cette absence !... etc., etc. »

TEXTE VÉRITABLE DE LA LETTRE, LA PREMIÈRE DES LETTRES PORTUGAISES.

(Style ordinaire.)

« Considère, mon amour, jusqu'à quel excès tu as manqué de prévoyance ! Ah ! malheureux, tu as été trahi, et tu m'as trahie par des espérances trompeuses. Une passion sur laquelle tu avais fait tant de projets de plaisirs, ne te cause présentement qu'un mortel désespoir, qu'on ne peut comparer qu'à la cruauté de l'absence qui le cause. Quoi! cette absence... etc. »

Vous voyez, monsieur, par ce faible essai, la nature de nos recherches. L'exemple suivant vous fera mieux sentir l'avantage de notre procédé, comme étant moins exagéré :

PORTRAIT DE DEUX ENFANTS.

(Style romantique.)

« Aucun souci précoce n'avait ridé leur front naïf, aucune intempérance n'avait corrompu leur jeune sang; aucune passion malheureuse n'avait dépravé leur cœur enfantin, fraîche fleur à peine entr'ouverte; l'amour candide, l'innocence aux yeux bleus, la suave piété, développaient chaque jour la beauté sereine de leur âme radieuse en grâces ineffables, dans leurs souples attitudes et leurs harmonieux mouvements. »

TEXTE.

« Aucun souci n'avait ridé leur front, aucune intempérance n'avait corrompu leur sang, aucune passion malheureuse n'avait dépravé leur cœur; l'amour, l'innocence, la piété, développaient chaque jour la beauté de leur âme en grâces ineffables, dans leurs traits, leurs attitudes et leurs mouvements. »

Ce second texte, monsieur, est tiré de *Paul et Virginie*. Vous savez que Quintilien compare une phrase trop chargée d'adjectifs à une armée où chaque soldat aurait derrière lui son valet de chambre. Nous voilà arrivés au sujet de cette lettre; c'est que nous pensons qu'on met trop d'adjectifs dans ce moment-ci. Vous apprécierez, nous l'espérons, la réserve de cette dernière amplification; il y a juste le nécessaire; mais notre opinion concluante est que si on rayait tous les adjectifs des livres qu'on fait aujourd'hui, il n'y aurait qu'un volume au lieu de deux, et donc il n'en coûterait que sept livres dix sous au lieu de quinze francs, ce qui mérite réflexion. Les auteurs vendraient mieux leurs ouvrages, selon toute apparence. Vous vous souvenez, monsieur, des *âcres* baisers de Julie, dans *la Nouvelle Héloïse;* ils ont produit de l'effet dans leur temps; mais il nous semble que dans celui-ci ils n'en produiraient guère, car il faut une grande sobriété dans un ouvrage, pour qu'une épithète se remarque. Il n'y a guère de romans maintenant où l'on n'ait rencontré autant d'épithètes au bout de trois pages, et plus violentes, qu'il n'y en a dans tout Montesquieu. Pour en finir, nous croyons que le romantisme consiste à employer tous ces adjectifs, et non en autre chose. Sur quoi, nous vous saluons bien cordialement, et signons ensemble.

DEUXIÈME LETTRE.

La Ferté-sous-Jouarre, 25 novembre 1836.

MON CHER MONSIEUR,

Que les dieux immortels vous assistent, et vous préservent des romans nouveaux! Nous vous écrivons derechef, mon ami Cotonet et moi, touchant une remarque qu'on nous a faite : c'est que, dans notre lettre de l'autre fois, nous vous disions que nous ne comprenions pas le sens du mot *humanitaire*, et qu'on nous l'a très-bien expliqué.

Celui qui nous a démontré la chose est un muscadin de Paris. C'est un gaillard qui en dégoise; il porte une barbe longue d'une aune, des pantalons collants, un habit à larges revers, et un bolivar sur la tête, si bien qu'on ne sait, quand on le regarde, si on voit Ponce-Pilate, ou un truand du moyen âge, ou un quaker, ou Robespierre; mais cela ne lui messied pas. Il vient d'arriver par le coche, et vous ne sauriez croire l'effet qu'il produit ici : c'est une berlue à dormir debout ; on ne sait où l'on est quand il parle, ni ce qu'on entend, ni l'heure qu'il est ; c'est quelque chose comme un aérolithe ; il vous cause du ciel et de l'enfer, de l'avenir et de la Providence, ni plus ni moins que s'il était conseiller privé du Père Éternel. Nous l'avons eu à dîner à la maison, et comme ces dames en raffollent, il a parlé considérablement ; mais ce qui nous a le plus frappés, c'est son adresse incomparable à avaler en même temps ; sa mâchoire est, Dieu me pardonne ! un chef-d'œuvre de mécanique ; il y en entre autant qu'il en sort (notez qu'il ne tousse ni n'éternue ; par ma foi, c'est un habile homme). Quand on lui fait une question, il n'a pas l'air de vous entendre, et avant de vous avoir écouté, il vous a déjà répondu, et confondu, cela va sans dire. Demandez-lui ce qui se fera dans deux mille ans sur les confins de la Poméranie, il vous l'expose doux comme miel ; avez-vous besoin, au contraire, d'un renseignement sur le déluge ? Parlez de grâce, asseyez-vous ; il ne faut point vous gêner pour cela ; son calepin est plein de notes recueillies par Deucalion ; génie complet, comme vous voyez, nature éminemment besacière, sachant le passé comme l'avenir ; quant au présent, c'est de boire frais ; grand réformateur, artiste enthousiaste, républicain comme Saint-Just, dévot comme saint Ignace, ignorant du reste, mais point méchant, voilà le personnage. Madame Cotonet l'a tenu sur les fonts ; c'est son neveu à la mode de Bretagne. Bref, de tant de merveilles que nous avons ouïes (les oreilles m'en cornent encore et de longtemps m'en corneront), nous avons nonobstant retenu quelque chose, à notre grand honneur et profit. C'est une définition catégorique que nous gardons comme résultat ; nous la transcrivons, vierge et nette, telle que nous l'avons dûment enregistrée :

« *Humanitaire*, en style de préface, veut dire : homme croyant à la perfectibilité du genre humain, et travaillant de son mieux, pour sa quote-part, au perfectionnement dudit genre humain. » Amen.

Voilà, monsieur, si nous ne nous trompons, la traduction de ce mot mirifique ; les dictionnaires n'en parlent point, il est vrai, pas même Boiste qui fut un habile homme, indulgent au néologisme, et qui eût fait un parfait lexique, s'il n'avait oublié qu'un dictionnaire ne doit pas être une satire. Mais nos jeunes gens n'y regardent pas de si près ; ils ont bien autre affaire en tête que le bonhomme Boiste et ses renvois ; quand l'expression manque, ils la créent, c'est aux vilains de se gratter la tête. Qui ne connaît pas ces moments où la mémoire est de mauvaise humeur ? Il y a de ces jours de pluie où l'on ne saurait nommer son chapeau ; ce fut sans doute en telle occurrence qu'un étudiant affligé de marasme, rentrant chez lui avec un ami, voulut parler d'un philanthrope ; c'est un vieux mot qui s'entendait : *philos*, ami, *anthrôpos*, homme. Mais que voulez-vous ? le mot ne vint pas ; *humanitaire* fut fabriqué : ainsi se fabriquent bien d'autres choses ; ce n'est pas là de quoi s'étonner.

Il serait *pourtant temps*, comme dit la chanson, de savoir ce que parler veut dire. Un mot, si peu qu'il signifie, n'en a pas moins son quant-à-soi ; c'est quelquefois même une pensée, non pas toujours, entendons-nous, nos écrivains se fâcheraient. Mais qui naît du hasard est enclin à faire fortune, et le susdit mot n'y a point failli. Le voilà imprimé tout d'abord, et les journaux s'en sont emparés. Or, ce de quoi les journaux s'emparent, c'est d'autre chose qu'il faut plaisanter. Ce ne sont pas là de ces petits jardins pour y aller jeter des pierres ; les journaux sont d'honnêtes gens, et nous les prions, avant tout, de ne point se blesser en cette matière. Malepeste ! nous les respectons comme dieux et demi-dieux, et sommes leurs très-humbles serviteurs. Les journaux, monsieur, sont puissants, très-formidables sont les journaux ; nous en parcourons peu ou prou, mais les révérons tous sur parole. Il ne faut pas croire que nous ne sachions rien faire parce que nous sommes de notre pays. Nous savons lire, et honorer le mérite, et saluer les autorités. Les journaux sont les souverains dispensateurs de bien des choses, parmi lesquelles il y en a de bonnes, et le pire n'est pas pour eux. Qui n'aurait pas quarante sous par mois à donner aux cabinets littéraires ne connaîtrait pas les journaux ; de tel oubli le ciel nous garde ! Nous les donnons, monsieur, depuis vingt ans ; aussi très-bien connaissons-nous et vénérons-nous lesdits journaux ; ils siégent en maître dans le forum, consuls, tribuns, sénateurs à la fois, lus de tous, hantés de plusieurs, nourris à souhait, compris de quelques-uns, mais toujours puissants, et toujours imprimés. Rien ne se débat qu'ils n'y soient et qu'ils n'y touchent, et c'est de main de maître ; les libraires n'osent vendre que ce qu'ils prônent, et, fût-ce à un drame nouveau, on ne saurait siffler s'ils ne bâillent. Voyez un peu quelle dictature! La *Cuisinière bourgeoise* les redoute elle-même ; le *Rudiment* de Lhomond leur tire son bonnet, mais, il est vrai, par simple politesse, étant de l'Université. Y a-t-il procès quelque part? ils dénoncent, témoignent, plaident, répliquent, concluent, jugent, condamnent, et vont dîner ; c'est un emploi de haute justice. Sans eux George Sand serait notaire, et Rossini fût mort ignoré ; le libraire de Béranger l'allait tirer à sept exemplaires, n'eût été que, par aventure, un feuilleton l'encouragea ; ce fut heureux, nous perdions notre Horace ; mais quelles actions de grâces ne leur devons-nous pas? Aussi, monsieur, comme c'est notre devoir, nous commençons notre propos par leur faire la révérence, leur déclarant qu'en ce sujet nous ne les prenons aucunement à partie.

Mais, là-dessus, venons au fait. Brailler est bon, mais selon ce qu'on braille ; et voilà bien quelque cinq ans qu'il est cruellement question de ce grand verbe humanitaire. Nous l'avons saisi des plus tard, mais c'est le défaut de la province. Suffit enfin que nous croyons comprendre ; nous demandons la permission de nous instruire quelque peu davantage. Vouloir se rendre compte des choses annonce peut-être un mauvais caractère, mais c'est notre marotte; du reste, nous n'avons qu'une simple question à faire, et rien autre, comme vous verrez. Or, à qui peut nuire une question?

D'après les renseignements qui nous sont parvenus, on distingue, au premier abord, des humanitaires de deux sortes. Les uns ont un système tout fait, complet, relié, coulé en bronze, comme qui dirait une utopie. Rien ne leur manque ni ne les gêne; leur monde est créé, dormons là-dessus; ils attendent qu'on reconnaisse qu'il n'y a qu'eux qui aient le sens commun. De ceux-là, monsieur, nous n'en parlerons pas. Ils ont fait preuve, dans leurs théories, de plus ou moins d'imagination, voire de science et grandes lumières; mais, depuis que la terre tourne, jamais utopie n'a servi de rien, ni fait aucun mal, que l'on sache, pas plus Thomas Morus que Platon, Owen et autres, que Dieu tienne en joie. D'ailleurs il est écrit quelque part : Jamais n'attaquez, ne détruisez l'inoffensive utopie de personne.

L'autre sorte d'humanitaires est celle dont nous deviserons. Ceux-ci n'ont point de système réglé, écrivent peu, lisent encore moins, et ne créent rien, sinon quelque bruit. Mais au lieu de s'enfermer pacifiquement, prudemment, dans une placide rêverie, ils prêchent et courent, et vont semaillant je ne sais quoi que le vent emporte; tranchent sur tout, se disent prophètes, à la barbe de leur pays; accusent d'autant, qui les lois, qui les hommes; ne se font scrupule de berner Solon; qu'a-t-il à faire dans cette galère? enfin, ce sont des législateurs; la main leur démange de manier toutes les pâtes, et la narine ouverte, comme les cavales, ils aspirent le *quand viendras-tu?* Que parmi eux il en soit d'honnêtes, de braves même, il le faut noter; c'est le meilleur de la jeunesse : et qui rêverait sinon les grands cœurs? pauvres jeunes gens qu'un follet emmène, comme Faust au Broken, à travers champs, et, les bras tendus vers l'ombre fuyarde, ils marchent sur les récoltes du voisin, traînent leur dada sur les luzernes, et gâtent le blé finalement! Rendons-leur néanmoins justice, le cœur en eux vaut mieux que la tête; aux jours de crises et de révolutions, il est permis de prendre parfois un météore pour le soleil, et l'héroïsme est toujours beau, même dans le gouffre de Curtius.

Mais, hélas! le gouffre est profond, très-profond, monsieur, et plus large encore. Serait-ce un mal d'y regarder? non, sans doute, surtout si l'on y pouvait voir. Tâchons d'y voir, et regardons.

Quel conflit, bon Dieu, quel chaos! nous voici lancés à la nage; quels flots, quelle mer, quelle vapeur! à qui entendre, et où s'accrocher? Celui-là demande le divorce, celui-ci veut l'abolition de l'hérédité, qu'il n'y ait plus ni nobles ni riches; un tiers réclame les biens en commun, la polygamie, cas pendable, mais ce pourrait être divertissant. Que veut ce quatrième? il prie pour les pauvres, et qu'on traite les gens selon leur capacité; ne pensez pas qu'il s'agisse de boire, capacité ici veut dire intelligence, c'est une simple variante. En voilà un, là-bas, dans un coin, qui a trouvé une façon nouvelle d'envisager l'histoire; au lieu de dire, par exemple, que Jésus-Christ est venu après Platon, il vous dira : Pour que Jésus-Christ vînt, il fallait que Platon eût existé; quelle invention et quelle érudition! J'en avise un sixième encore; celui-là s'occupe d'accommoder, après tant de siècles, Josué avec Galilée, qui, vous le savez, se chamaillent quelque peu sur certain point d'astronomie; mais les témoins ont clos l'affaire; désormais tout est harmonie, il ne s'agit plus de ces vieilles gens. Ce septième résume l'univers, hommes, choses, dieux, lois, coutumes, guerres, sciences, arts, et prouve que tout ce qui a été n'est que pour la montre, et pour nous annoncer; l'antiquité est un cauchemar, et le monde éveillé se tire les bras; voilà un homme universel, et au delà de tout ce qu'on a pu dire d'Aristote, Voltaire, Leibnitz, et autre menu fretin; Newton vaut mieux, il sut compter jadis, mais ignorait la phrénologie; quant à Copernic, c'est un drôle, et Platon est inexcusable d'avoir appelé *animal imparfait* la pierre angulaire du futur édifice social, *id est*, la femme. Un huitième se présente, et s'annonce simplement comme membre indigne d'une confrérie immense; oui, monsieur, si on veut le croire, ils ne sont pas moins de deux ou trois cent mille hommes, tous de même force, et qui ne badinent pas ; c'est une des conséquences de leur trouvaille que dans un demi-siècle tout au plus, probablement plus tôt, peut-être dimanche, on ne verra sur terre que des hommes de génie; voyez l'effet des saines doctrines! Ce neuvième-ci est plus inquiétant; il veut que tout change de face, sans cependant rien déranger, comme ce garçon de mes amis qui avait cédé à quelqu'un ses entrées à l'Opéra, en les conser vant néanmoins; à l'écouter, pour sauver l'univers il faut que les cureurs de puits se fassent géomètres, et les académiciens raffineurs de sucre: quelle régénération! vous figurez-vous une société pareille? mais tout le monde aura cent mille livres de rente, et vous verrez que nul ne se plaindra. Un dixième va plus loin, car il faut bien qu'on aille, c'est loi de nature que le progrès, et remarquez que si par hasard mon voisin dit : Deux et deux font quatre, j'arrive sur-le-champ et m'écrie : Deux et deux font quatre, dites-vous? deux et deux font six, et je suis sublime! Grand prodige de l'émulation. Ce dixième donc déclare d'abord, que toutes les femmes vont avoir de l'esprit; il y a de quoi se donner au diable. Mais il a soin d'ajouter aussitôt : Pourra se marier qui voudra. La correction du moins soulage; il était temps de s'expliquer. Mais que vois-je, et que dit-on là? Un dernier vient couronner l'œuvre; il a un ballon sous le bras, et propose d'aller dans la lune, et d'y transporter le Palais-Royal; Saturne devient le faubourg Saint-Germain, et Vénus le boulevard de Gand, c'est vraiment une belle ville, et il ne reste qu'à s'embrasser.

Cependant, parmi ce chaos, ne saurait-on rien débrouiller? Je ne crois pas la chose impossible. Peut-être même, dans cette multitude, pourrait-on trouver deux camps bien distincts, savoir: les uns qui veulent certaines choses, les autres qui ne savent ce qu'ils veulent. Posons ceci, nous nous effrayerons moins. Que les derniers aillent à leur bureau, s'ils en ont, ce que je souhaite; nous leur parlerons tout à l'heure. Occupons-nous d'abord des premiers. Commençons par nous rendre compte de ce que voudraient ceux qui veulent, et nous verrons ce qu'on en peut vouloir, si nous pouvons. Le divorce, donc; point d'héritage, mais la loi agraire; point de famille, bien entendu; de pauvreté pas plus que de richesse, c'est-à-dire plus de métaux (car ces métaux sont traîtres en diable); à chacun selon son mérite, ceci n'est pas le souhait le plus nouveau; enfin, union entre les hommes, soit pour le travail, soit pour les plaisirs; association. Je crois que c'est tout.

Si pourtant ce n'est que cela, ce n'est pas de quoi fouetter nos chats, quoique l'apparence soit effrayante. Lycurgue, monsieur, fut un Grec d'esprit; il vous en souvient sans nul doute. Or, le résumé que nous faisons, il le fit dans sa république. Ce digne homme voyagea longtemps, et rapporta de sa tournée deux choses à tout jamais louables, ses lois et le manuscrit d'Homère (pour mon goût, j'aime mieux le manuscrit; mais ce n'est point le cas de disputer). Pour attacher le peuple à la constitution, il prit deux moyens décisifs : ce fut le partage de toutes les terres entre les citoyens, et l'abolition de la monnaie. Vous voyez que de prime abord il ne frappait pas de main morte. On divisa la Laconie en trente mille parts, les terres de Sparte en neuf mille, et chaque habitant eut son bien. Ce devait être moins grand que nos duchés. Pour l'abolition de la monnaie, le législateur se garda de dépouiller ceux qui avaient de l'or ou de l'argent; il était bien trop galant homme. Mais, respectant scrupuleusement ces richesses, il en anéantit la valeur en ne permettant de recevoir dans le commerce qu'une certaine monnaie de fer, laquelle monnaie était si pesante, qu'il fallait deux bœufs pour traîner dix mines, ce qui équivaut à vingt-cinq louis; chose peu commode pour entretenir des filles, mais il n'en était point question. Les riches gardèrent donc leur or, et en purent jouer aux osselets. Afin de rendre la tempérance et la sobriété recommandables, Lycurgue voulut qu'on dînât en public, comme du temps de la terreur. Un bâtiment fut construit tout exprès, crainte de la pluie et des mouches; là, chaque citoyen, tous les mois, était tenu d'envoyer ses provisions, non pas en chevreuils ou homards, ni poissons frais de chez madame Beauvais, mais en farine, fromage, carottes, vin du cru, et deux livres et demie de figues. Jugez des ripailles qui se faisaient là. Agis lui-même, après une victoire, fut réprimandé vertement pour avoir dîné au coin de son feu avec madame la reine, sa femme, et peu s'en fallut qu'on ne le mît au pain sec. Point de viande donc, mais force brouet; on en a perdu la recette, au grand dommage de la postérité. Ce devait être un cruel potage! Denys le Tyran le trouvait insipide, nous dit Goldsmith en ses *Essais;* mais d'un tyran rien ne m'étonne, ces gens-là boivent du vin pur. Lycurgue n'entendait pas cela, non plus que Solon, car, à Athènes, un archonte ivre était puni de mort. Revenons à Sparte. Au lieu de confier à père et mère l'éducation des petits enfants, on en chargeait des instituteurs publics. Lycurgue était si fort en peine d'avoir de beaux hommes dans l'armée, qu'il voulut prendre soin des enfants jusque dans le ventre de leurs mères, mettant celles-ci au régime, et leur faisant faire de bonnes courses à pied, promenades et exercices propres à les réconforter; ceux qui naissaient mal conformés étaient condamnés à périr, et, par amour pour la plastique, on les jetait, dans une serviette, du haut en bas du mont Taygète. Les beaux garçons, l'État les adoptait et les élevait martialement, les faisait marcher pieds nus, passer les nuits à la belle étoile, leur défendait de choisir dans le plat les pommes qui n'étaient pas pourries, les habituait à aller à la cave sans chandelle, la tête rasée, sans vêtement, et à se donner, par dessus tout, de bons coups de poing les uns aux autres. Tous les ans, pour leur récompense, on les fouettait publiquement au pied de l'autel de Diane, mais je dis fouetter d'importance, et celui qui criait le moins, on le couronnait vert comme pré. Que les parents devaient être aises! A eux, d'ailleurs, permis de voler; c'était aux fruitières à garder leurs boutiques. Quant aux jeunes filles, même sévérité; point de mari avant vingt ans, des amoureux tant qu'elles voulaient; courir, lutter, sauter les barrières, tels étaient leurs amusements; et de peur qu'en ces évolutions diverses leur robe ne vînt à se retrousser, elles se montraient nues, dans leurs exercices, devant les citoyens rassemblés. Mais, dit l'histoire, la pudeur publique sanctifiait cette nudité. Je ne suis point éloigné de le croire; car, s'il y en avait de belles dans le nombre, il s'y devait trouver des correctifs. Tel était le peuple lacédémonien, sortant des mains du grand Lycurgue. Cependant les Ilotes labouraient la terre et mouraient de faim sur les sillons. Mais ceci n'est qu'épisodique, et il ne faut point s'y arrêter. Toujours est-il que cette république est, à peu de chose près, la réalisation des rêves du jour et le portrait de nos hyperboles.

Maintenant nos apôtres modernes nous diront-ils que cette peinture est le souhait de toute leur vie, et qu'ils ne demandent rien de mieux? Cela peut tenter en effet, quand ce ne serait que par curiosité (je ne parle pas du costume des femmes), mais seulement pour voir ce qui adviendrait. Et aussi bien pourquoi ne pas essayer? Mais voici un point embarrassant, et qui demande réflexion.

Si Lycurgue fut grand législateur, Montesquieu fut savant légiste : or sur les questions de ce genre il avait parfois médité; son avis pourrait être utile, mais qui s'en inquiète aujourd'hui? « Montesquieu, vivant sous un prince, n'a pu montrer d'impartialité; » ainsi parlent sans doute ceux qui ne l'ont pas lu; ouvrons-le pourtant, si vous permettez. Il y a, je crois, dans l'*Esprit des Lois*, qui, dans son temps, fut un bon livre, certain chapitre qui nous irait. « Il est de la nature d'une république, y dit l'auteur, qu'elle n'ait qu'un petit territoire; sans cela, elle ne peut guère subsister. Dans une grande république il y a de grandes fortunes, et par conséquent peu de modération dans les esprits; il y a de trop grands dépôts à mettre entre les mains d'un citoyen; les intérêts se particularisent : un homme sent d'abord qu'il peut être heureux, grand, glorieux, sans sa patrie; et bientôt qu'il peut être seul grand sur les ruines de sa patrie. »

Que pensez-vous de ce morceau? N'est-il pas fait pour notre histoire? Mais continuons : « Un État monarchique doit être d'une grandeur médiocre. S'il était petit, il se formerait en république. S'il était fort étendu, les principaux de l'État pourraient cesser d'obéir... Un grand empire supose une autorité despotique dans celui qui gouverne. Il faut que la promptitude des résolutions supplée à la distance des lieux où elles sont envoyées... La propriété naturelle des petits États est d'être gouvernés en république; celle des médiocres, d'être soumis à un monarque; celle des grands empires, d'être dominés par un despote. »

Ne vous semble-t-il pas que ceci peut avoir quelque poids, monsieur? Quant à moi, plus je le relis, plus je me figure que c'est juste. La France aurait donc, par son étendue, une première difficulté à présenter aux humanitaires; mais ne nous fâchons pas pour si peu; car, après tout, en cas de besoin, ne pourrait-on rétrécir la place? Ce qui nous tourmente vraisemblablement n'est pas l'amour de la patrie. Voici donc une seconde objection que nous ne tirerons point de Montesquieu, mais de la nature, assez bon livre aussi.

Nous poserons d'abord un principe que peu de gens contesteront : c'est que l'ombre produit la lumière, et que toute chose a son inconvénient. De ce qui est sous le soleil, rien ne s'éclaire des deux côtés. Or, parmi les animaux différents, habitants du terrestre globe, les uns sont faits pour vivre seuls, les autres pour vivre en société. Vous ne persuaderiez point à un aigle de se mettre à la queue d'un autre aigle, comme les canes qui vont aux champs; de même feriez-vous de vains efforts pour trouver une cane solitaire; et sous ce rapport, l'homme est cane, il faut l'avouer : Dieu nous a créés pour loger ensemble; les peuples donc s'arrangent comme ils peuvent; arrivent les lois, us et coutumes, lesquels ont du bon, partant du mauvais. J'en conclus qu'en toute société, il faut que les uns se félicitent, que les autres se plaignent par conséquent; mais de ces plaintes et félicitations, lequel faut-il écouter de préférence? D'une plainte naît souvent un désir, et ces désirs sont dangereux. Je m'explique, car je ne veux pas qu'on me prenne ici pour un Machiavel. Une femme a pour mari un butor, joueur, dépensier, ce qu'on voudra; ne va-t-elle pas croire toutes les femmes malheureuses, et que le mariage est un martyre? N'est-il pas plausible qu'un homme sans le sou demande que tout le monde puisse être riche? Ajoutons à cela les cervelles oisives, et les chagrins qui s'engendrent d'eux-mêmes, comme faisait le phénix, dit-on; cela se voit de par le monde. Faut-il que le législateur écoute la foule ou l'exception? Puisque le mariage est notre exemple, considérons un peu cette affaire.

Le mariage, contre lequel déclament beaucoup de gens plus ou moins mariés, est une des choses d'ici-bas qui ont le plus évidemment un bon et un mauvais côté. Sous quel côté faut-il donc le voir? Il a cela de bon qu'avec lui il faut rentrer chez soi et payer son terme; il a ceci de mauvais qu'on ne peut pas découcher et envoyer promener ses créanciers; il a cela de bon qu'il force aux apparences et à l'air d'honnêteté, quand ce ne serait que crainte des voisins; il a ceci de mauvais qu'il mène à l'hypocrisie, mais cela de bon qu'il empêche l'impudeur du vice, mais ceci de mauvais qu'on le traite comme une fiction, et qu'il sert de manteau à bien des actes de célibataires; pour ce qui regarde la famille, il en est le lien. et en cela louable:

pour ce qui regarde les amours, il en en est le fléau, et en ceci blâmable. C'est la sauvegarde des fortunes, c'est la ruine des passions. Avec lui on est sage, sans lui comme on serait fou! Il assure protection à la femme, mais quelquefois donne du ridicule au mari; cependant, quand on revient triste, où seraient, sans le mariage, le toit, l'abri, le feu qui flambe, la main amie qui vous serre la main? Mais quand il fait beau et qu'on sort joyeux, où sont, avec le mariage, les rendez-vous, le punch, la liberté? C'est une terrible alternative; qu'en décidez-vous, mon cher monsieur? Les humanitaires ne veulent point du mariage, sous le prétexte qu'on s'en gausse, et que l'adultère le souille; mais sont-ils sûrs, en disant cela, d'avoir mis leurs meilleures lunettes? Puisque rien n'est qu'ombre et lumière, sont-ils sûrs de ce qu'ils ont vu? J'admets qu'ils connaissent les salons, et qu'ils aillent au bal tout l'hiver; ils ont peut-être observé dans les beaux quartiers de Paris quelques infractions à l'hyménée, le fait n'est point inadmissible; ont-ils parcouru nos provinces? sont-ils entrés dans nos fermes; au village? ont-ils bu la piquette des vachers de la Beauce? se sont-ils assis au coin de l'âtre immense des vignerons du Roussillon? ont-ils consulté, avant de trancher si vite, la paysanne qui allaite et son nourrisson rebondi? se sont-ils demandé quel effet produiraient leurs doctrines à la mode sur ces robustes charretières, sur ces laborieuses et saines nourrices? Ce n'est pas tout que la Chaussée-d'Antin. Savent-ils ce que c'est, eux qui parlent d'adultère, et qui ont leurs maîtresses sans doute, savent-ils ce que c'est que le mariage, non pas musqué, sous les robes de Palmire, au fond d'un boudoir en lampas, mais dans les prés, au plein soleil, sur la place, à la fontaine publique, à la paroisse, et dans le lit de vieux chêne?

Troisième objection maintenant, et j'en reviens toujours à mes Spartiates, qui étaient de francs saint-simoniens; dites-moi un peu, je vous en prie, quelle figure auraient faite à Lacédémone les déterminés émancipateurs d'aujourd'hui qui ne veulent pas monter leur garde? Que j'aime à les entendre au fond d'un restaurant, splendidement éclairé par le gaz, évoquer le spectre de Lycurgue au milieu des fumées champenoises! Qu'il fait bon les admirer, le dos à la cheminée, les basques d'habit retroussées, balançant sous leur nez un verre de vin de Chypre, et nous lançant avec une bouffée de cigare un plan de réforme pour les peuples futurs! Ne voilà-t-il pas de beaux Alcibiades, et que diraient-ils si on les prenait au mot? Je voudrais les voir le lendemain s'éveiller dans leur république; que leur coiffeur leur brûle un favori, ils vont pousser des cris d'angoisse; ne voudraient-ils pas qu'on leur rasât la tête? Et le brouet, et l'autel de Diane? qu'en pensez-vous? C'est quelque autre chose que le bois de Boulogne et les bals de Musard. Dites-moi un peu, sans plaisanterie, comment nous autres, peuple français, qui avons tout vu, tout bu, tout usé, tout chanté, tout mis en guenilles, même les rois; dites-moi comment et de quel visage nous pourrions débarquer en Grèce, sinon pour rebâtir Athènes? Mais pour ne pas remonter si haut, dites-moi comment on est assez fou pour vouloir servir à nos tables des plats refroidis apportés d'Amérique? Quel rapport entre nous et une nation vierge, imberbe encore, accouchée d'hier? Ces boutures qu'on nous vante, est-ce dans nos champs qu'on les veut planter, dans nos vieux champs pleins de reliques, gras du sang étranger, du nôtre, hélas! de celui de nos pères? Est-ce à nous qu'on parle de la loi agraire, à nous qui avons pour bornes dans nos prairies des tombes de famille? Est-ce à nous qu'on propose un président civil, à nous qui portons encore sur les épaules les marques du pavois impérial? Est-ce chez nous qu'on veut élire ces despotes, éphémères qui règnent un ou deux ans, nous qu'une proclamation de Napoléon faisait partir hier pour la Russie? Est-ce à nous qu'on propose les langes de New-York ou la tunique trouée de Lacédémone? On dit à cela, et on va répétant, que les nations doivent se régénérer quand elles se sentent décrépites; cela fut vrai pour le monde romain, et que Dieu veuille nous le rendre! Mais si pareille chose nous peut arriver, où ont-ils étudié, nos modernes prophètes, pour ignorer la maxime la plus vraie, peut-être la plus triste de l'antiquité? « Ce qui a été une fois ne peut ni être une seconde fois ni s'oublier tout à fait.» Oui, sans doute, il en faut convenir, deux révolutions, coup sur coup, nous ont donné une rude secousse; sans doute l'humanité se régénère en nous. L'État n'a plus de religion, et, quoi qu'en disent les humanitaires eux-mêmes, c'est pour le peuple un vrai malheur; le vin à bon marché ne lui rend pas ce qu'il y perd, et tous les cabarets de Paris ne valent pas pour lui une église de campagne, quel qu'en soit d'ailleurs le curé; car c'est l'oubli des maux qu'on y fête, et l'espérance qu'on y reçoit dans l'hostie. Oui, sans doute, parmi tant de nations, la France a sonné la première un tocsin qui ébranle l'Europe; elle en est elle-même effrayée, et le son terrible retentit en elle; mais si nos docteurs veulent nous guérir, s'ils veulent changer le monde, ou la France, ou seulement un département, qu'ils inventent donc quelque système dont les livres ne parlent pas! Qu'ils oublient donc les phrases du collége, et qu'ils ne revêtent pas de mots futiles le squelette des temps passés! Car sous tant de formules, sous tant d'habits ridicules, sous tant d'exaltations peut-être sincères, louables en elles-mêmes, que germe-t-il? Quel filon découvert? Que saisir dans ce labyrinthe où Ariane nous laisse à tâtons? Vous avez du moins, dites-vous, la bonne volonté de bien faire. Eh! pauvres enfants, qui en doute? Volonté de vivre, à qui manque-t-elle?

Nous nous adressons ici, monsieur le directeur, à la section humanitaire qui nous paraît vouloir quelque chose. Mais nous devons encore nous adresser à celle qui ne nous semble pas savoir au juste ce qu'elle désire (car, dans tout cela, vous vous en souvenez, nous ne faisons que des questions). Or il est certain que, dans la capitale, il y a un nombre de jeunes gens, femmes, hommes mûrs, vieillards enfin, qui font entendre journellement une sorte de soupirs et de demi-rêves où l'avenir est entrevu; bonnes gens d'ailleurs, nul n'y contredit, mais il serait à désirer qu'ils s'expliquassent plus clairement. On a remarqué, dans leurs phrases favorites, le mot de *perfectibilité;* il semble un des plus forts symptômes d'un degré modéré d'enthousiasme; c'est donc sur ce mot, et sur ce mot seul, que nous vous demandons la permission de les interroger poliment, ainsi qu'il suit. Simple question :

Messieurs (et mesdames) de l'avenir et de l'humanitairerie, qu'entendez-vous par ces paroles? Entendez-vous que, dans les temps futurs, on perfectionnera les moyens matériels du bien-être de tous, tels que charrues, pains mollets, fiacres, lits de plume, fritures, etc.? ou entendez-vous que l'objet du perfectionnement sera l'homme lui-même?

Vous voyez, monsieur, que notre demande est d'une lucidité parfaite, ce qui est déjà un avantage; mais nous ne voulons point nous enfler. S'agit-il, disons-nous, parmi les adeptes de la foi nouvelle, de perfectionner les choses, ou de perfectionner les gens? Vous sentez que le cas est grave; c'est à savoir si on me propose de m'améliorer mon habit, ou de m'améliorer mon tailleur. *Hìc iacet lepus;* tout est là. Nous ne nous inquiétons de rien autre. Car vous comprenez encore sans nul doute, que si on ne veut que m'améliorer mon habit, je ne saurais me plaindre sans injustice tandis que si on veut décidément m'améliorer mon tailleur, ce sera peut-être une raison pour qu'on me détériore mon habit, et par conséquent... *quod erat demonstrandum*, comme dit Spinosa. Ne croyez pas que ce soit par égoïsme; mais nous tenons à être éclaircis.

Perfectionner les choses n'est pas nouveau; rien n'est plus vieux, tout au contraire, mais aussi rien n'est plus permis, loisible, honnête et salutaire; quand on ne perfectionnerait que les allumettes, c'est rendre service au monde entier, car les briquets s'éteignent sans cesse. Mais s'attaquer aux gens en personne et s'en venir les perfectionner, oh, oh! l'affaire est sérieuse, je ne sais trop qui s'y prêterait, mais ce ne serait pas dans ce pays-ci. Perfectionner un homme, d'autorité, par force majeure et arrêt de la cour, c'est une entreprise neuve de tout point; Lycurgue et Solon sont ici fort en arrière; mais croyez-vous qu'on réussira? Il y aurait de quoi prendre la poste, et se sauver en Sibérie. Car j'imagine que ce doit être une rude torture inquisitoriale que ces moyens de perfection; c'est quelque chose, sans doute, au moral, comme un établissement orthopédique, à moins que par là on entende seulement le rudiment et l'école primaire; mais il n'y a rien de moins perfectionnant. Que diantre cela peut-il être? Nous ôtera-t-on nos cinq sens de nature? nous en donnera-t-on un sixième? Les chauves-souris, dit-on, sont ainsi bâties; triste perspective pour nous que de ressembler à pareille bête! c'est à faire dresser les cheveux. Mais, bon! c'est une fantaisie; nous nous alarmons à tort; quand on tournerait cent ans autour de mes pieds, on ne perfectionnerait jamais que mes bottes; la raison seule doit nous rassurer. Comment, cependant, croire que c'est là tout? S'il ne s'agissait que de faire des routes, ou des ballons, ou des lampes, on ne crierait jamais si haut; Adam lui-même perfectionnait à sa mode, quand il bêchait dans le paradis; il faut qu'il y ait quelque mystère. Seraient-ce nos passions que l'on corrigerait? Par Dieu! ce serait une belle merveille que de nous empêcher d'être gourmands, ivrognes, menteurs, avares, vicieux! et si j'aime les œufs à la neige, me défenderez-vous d'en manger? Et si mon vin est bon, ou le vôtre, à vous qui parlez, et si votre femme... vous me feriez dire quelque sottise; non, ce ne doit point être encore cela. Ouvrirait-on quelque grand gymnase pour nous y administrer, au nom du roi, une éducation jusqu'alors inconnue? D'ailleurs, qui ose décider, ici-bas, entre un savant et un ignare, lequel des deux est le plus parfait, ou le moins sot, pour parler net? Helvétius dit, il est vrai, que toutes les intelligences sont égales; mais en cela il fit tort à la sienne, car pour plâtrer sa balourdise, il fut obligé d'ajouter que la différence entre les hommes résultait du plus ou du moins d'attention qu'ils apportent à leurs études; belle découverte! Passons donc plus loin. Serait-ce qu'au moyen de certaines lois on changerait tellement nos mœurs et le milieu dans lequel nous vivons, que, doucement et sans effort, on nous rendrait ce paradis terrestre dont nous parlions tout à l'heure? Mais si nous ne sommes plus à Sparte, nous voilà en pleine utopie. Diable! je commence à croire derechef qu'on se moque de nous pour nous faire peur; car comment nous perfectionner, du moment que nous restons hommes? on se tâte sans le vouloir en pensant à ces choses-là. Serait-ce seulement qu'à l'avenir on s'occupera des intérêts du peuple, qu'on l'hébergera plus chaudement, vêtira, prêchera, instruira et nourrira de pommes de terre? Mais nous voilà revenus aux fritures... Ma foi, monsieur, bien le bonjour; si vous trouvez la clef de cette porte, soyez assez bon pour nous l'envoyer; nous vous le rendrons en une barrique de notre vin de cette année. Mais jusque-là, nous vous l'avouons, nous nous renfermons dans ce dire: ou il s'agit de perfectionner les choses, et c'est plus vieux que Barabbas; ou il s'agit de perfectionner les hommes, et les hommes, quelque manteau qu'ils portent, quelque rôle qu'ils jouent, risquent fort de vivre et de mourir hommes, c'est-à-dire singes, plus la parole, dont ils abusent.

Agréez, monsieur, etc.

TROISIÈME LETTRE.

La Ferté-sous-Jouarre, 5 mars 1837

MON CHER MONSIEUR,

Que les dieux immortels vous assistent et vous préservent de ce que vous savez! Vous nous engagez à continuer notre correspondance commencée avec la *Revue des Deux-Mondes*, et c'est bien honnête de votre part. *Homo sum*, monsieur le directeur, et je sais que c'est loi de nature de trouver doux d'être imprimé. D'ailleurs, la gloire est chère aux Français, sans compter l'argent et le voisin qui enrage. Nous écririons donc comme tout le monde, quitte à compiler comme quelques autres, n'était certain lieu où le bât nous blesse. C'est que depuis nos deux lettres, révérence parler, on nous appelle *journalistes* dans le pays; voilà le fait : nous sommes ronds en affaire, et nous vous le disons entre nous.

A Dieu ne plaise qu'en aucune façon nous regardions ce mot comme une injure! Chez beaucoup de gens, et avec raison, on sait qu'il est devenu un titre. Si nous nous permettons de plaisanter parfois là-dessus, nous ne prétendons nullement médire de la presse, qui a fait beaucoup de mal et beaucoup de bien. Les journaux sont les terres de l'intelligence; c'est là qu'elle laboure, sème, plante, déracine, récolte, et parmi les fermiers de ses domaines nous ne serions pas embarrassés de citer des noms tout aussi honorables que ceux de tels propriétaires qui n'en conviennent peut-être pas. Mais enfin, quand on est notaire, on n'est pas journaliste, ce sont deux choses différentes, et quand on est quelque chose, si peu que ce soit, on veut être appelé par son nom.

L'âge d'or, monsieur, ne fleurit pas plus à La Ferté-sous-Jouarre qu'ailleurs; quand nous allons au jeu de boule, on nous tourne le dos de tous les côtés: « Voilà, dit-on, les beaux esprits, les écrivains, les gens de plume; regardez un peu ce M. Cotonet qui écarte tout de travers au piquet, et qui se mêle de littérature! ne sont-ce pas là de beaux aristarques? etc., etc. » Tout cela est fort désagréable. Si nous avions prévu ce qui arrive, nous n'aurions certainement pas mis notre nom en toutes lettres, ni celui de notre ville; rien n'était plus aisé au monde que de mettre seulement La Ferté, et là-dessus, allez-y voir; il n'y en a pas qu'une sur la carte: La Ferté-Alais, La Ferté-Bernard, La Ferté-Milon, La Ferté-sur-Aube, La Ferté-Aurain, La Ferté-Chaudron; ce n'est pas de Fertés que l'on chôme. Mais

Cotonet n'est qu'un étourdi; c'est lui qui a recopié nos lettres, et il n'y a pas à s'y méprendre. La Ferté-sous-Jouarre y est bien au long, sous-Jouarre, ou Aucol, ou Aucout, c'est tout un, *Firmitas Auculphi*. Et que diable voulez-vous y faire?

Mais il nous est venu, en outre, une idée qui nous inquiète bien davantage; car enfin, mépriser les railleries du vulgaire, nous savons que les grands hommes ne font autre chose; mais s'il était vrai, nous sommes-nous dit, que nous fussions réellement devenus journalistes? Deux lettres écrites ne sont pas grand péché; qui sait pourtant? nous n'aurions qu'à en écrire trois; pensez-vous au danger que nous courons, et quel orage fondrait sur nous? Nous avons connu un honnête garçon à qui ses amis, en voyage, avaient persuadé que tout ce qu'il disait était un calembour : il ne pouvait plus ouvrir la bouche que tout le monde n'éclatât de rire, et, quand il demandait un verre d'eau, on le suppliait de mettre un terme à ses jeux de mots fatigants. L'histoire ne parle-t-elle pas de gens à qui on a fait accroire qu'ils étaient sorciers, et qui l'ont cru, c'est incontestable, d'autant que, pour le leur prouver, on les a brûlés vifs? Il y a de quoi réfléchir; car, notez-le bien, pour nous mettre en péril, il ne serait pas besoin de nous persuader à nous-mêmes que nous sommes journalistes; il suffirait de le persuader aux journalistes véritables; bon Dieu! en pareil cas, que deviendrions-nous?

Si une fois, mon cher monsieur, nous étions atteints et convaincus de journalisme, c'est fait de nous; telle est notre opinion sincère. Et pourquoi? direz-vous peut-être. — *Parce que,* comme dit M. Berryer.

Mais, tenez, nous vous le dirons, et retenez bien ces paroles : Parce que, d'une façon ou d'une autre, d'un côté ou d'un autre, un jour ou l'autre, pour un motif ou pour un autre, nous recevrons une tuile sur la tête. Pyrrhus en mourut, dit l'histoire. Pyrrhus, monsieur, roi des Épirotes, était un bien autre gaillard que nous : il n'inventa point la *pyrrhique* dont parle l'avocat Patelin; ce fut un certain fils d'Achille. Mais Pyrrhus le Molosse ne dansait point; il combattait à Héraclée, où les Romains jouaient du talon. Il y avait son épée pour archet, et pour musique les cris des éléphants; il ravagea la Pouille et la Sicile; Sparte, Tarente, l'appelèrent à leur secours; vainqueur partout, hors à Bénévent, dont aujourd'hui M. de Talleyrand est prince. Tout cela n'empêcha point qu'à Argos il ne reçût une tuile sur la nuque; après quoi survint un soldat, qui, le voyant étendu roide mort, lui coupa vaillamment la tête. Voilà le sort que nous craignons, et avec moins de gloire et de profit.

Nous savons bien que, dans votre *Revue*, nous n'aurions pas affaire aux journaux; mais ne se pourrait-il qu'ils eussent affaire à nous? Je vous demande si cela plaisante. Mais je suppose que, bien entendu, nous y mettions de la prudence. Je veux d'abord que nous ne traitions jamais que des choses les plus générales, j'entends de ces choses qui ne font rien à personne, qu'on sait par cœur. Croyez-vous que cela suffise? que nul ne se plaindra, nul ne clabaudera? Ah! que, si vous croyez ceci, vous est peu connue la gent gazettière! Vous vous imaginez bonnement, vous, monsieur, qui êtes au coin de votre feu, et qui ne savez qui passe dans la rue, ni si le voisin est à sa croisée; vous vous imaginez qu'on peut impunément dire au public qu'on aime les pois verts? les pois verts, peu importe, ou la purée, ou la musique de Donizetti, enfin la vérité la plus banale, que nos vaudevilles sont plats et nos romans mort-nés? Eh bien! monsieur, désabusez-vous, on ne dit rien, n'écrit rien sans péril, pas même qu'Alibaud est un assassin, car il y a des gens qui disent le contraire; meurtrier, soit, mais non assassin; gredin, misérable, ils l'accordent; mais non malhonnête homme, ce qui est bien différent.

Croire que l'on peut donner son avis sur quoi que ce soit (je dis poliment et discrètement, avec convenances et par parenthèses), grâce à Dieu et aux journaux, il n'y a pas de plus grande erreur; et la raison en est simple comme bonjour. Que voulez-vous qu'on puisse dire, du moment que l'on peut tout dire? Exemple: Je trouve que Chollet chante faux et que la Madeleine est un beau monument. Je crois cela vrai, c'est mon goût, je l'imprime, non pas en toutes lettres, s'il vous plaît, car, avant tout, il faut des formes. Je laisse donc à entendre dans mon article que M. Chollet, de l'Opéra-Comique, n'a pas les tons d'en-haut toujours parfaitement justes, et qu'il me semble que la Madeleine est construite à la grecque, dans de belles proportions. Jusque-là, point de mal. Arrive le voisin, qui répond à cela : « L'article d'hier est pitoyable ; M. Chollet chante juste, et la Madeleine est hideuse. » Il n'y a point encore grand dommage ; je suis de bonne humeur, et permets qu'on s'échauffe. Survient un tiers, qui réplique à tous deux : « Les deux articles sont aussi absurdes l'un que l'autre ; Chollet ne chante ni faux ni juste, il chante du nez ; la Madeleine n'est ni belle ni hideuse, elle est médiocre, bête et ennuyeuse. » Ceci commence à devenir brutal. Mais passons ; je ne réplique rien, ne voulant point me faire de querelle. Un quart aussitôt s'en charge pour moi ; il prend donc sa plume, essuie sa manche, bâille, tousse, et dit : « Vous êtes tous trois des imbéciles. Quand on se mêle de parler musique et de trancher de l'important, il faut d'abord savoir la musique ; vos parents n'avaient pas de quoi vous donner des maîtres, car ils sont encore au village, où ils raccommodent des souliers. On sait de bonne part qui vous êtes, et il ne vous sied point de faire tant de bruit. Quant à ce qui est de la Madeleine, payez vos dettes avant d'en parler. » Ainsi s'exprime maître Perrin Dandin, à quoi un cinquième riposte vitement : « Et toi, qui outrages les autres, qui es-tu donc, pour le prendre si haut ? Tu n'es qu'un cuistre, jadis sans chapeau ! A quoi as-tu gagné ta fortune? à ruiner les libraires, à faire des prospectus, à revendre des chevaux vicieux, à intriguer, à calomnier, à...... » (Remarquez, monsieur, que dans tout cela je ne dis mot, et quel est mon crime? Je me suis contenté d'avancer que la Madeleine me semblait bien bâtie, et que M. Chollet ne chantait pas toujours rigoureusement juste.) Mais me voilà dans la bagarre ; on se déchire, on crie, on lance un soufflet. Qui l'a reçu. Je n'ose y regarder. Voilà une veuve ; est-ce ma femme? sont-ce mes enfants qui vont pleurer?

Ceci, je vous en avertis, est moins une baliverne qu'on ne pense. Les querelles de plume sentent l'épée en France ; mais à quoi bon même un coup d'épée? Les journaux n'ont-ils pas la poste? Je voudrais savoir ce qu'on lave au bois de Boulogne, pendant que les flâneurs de Saint-Pétersbourg lisent des injures à vous adressées? Marotte du temps, fabrique de controverse! Vous souvient-il d'une dispute dans un café à propos de la duchesse de Berri? « Elle a un œil plus petit que l'autre, disait quelqu'un. — Non pas, répliqua le voisin, elle a un œil plus grand que l'autre. » Parlez-moi de ces gens de goût qui savent les distinctions des choses! Ils ont le grand art de l'à-propos, se choquent de tout, jamais ne pardonnent, ne laissent rien passer sans riposte. Toujours prêts, alertes, il en pleut. Seraient-ils par hasard éloignés? rassurez-vous ; vous les offenserez à cinquante lieues de distance en louant quelqu'un qu'ils n'ont jamais vu : voilà des ennemis implacables. Il y a, dit-on, un certain arbre; je ne sais son nom ni où il pousse: un cheval galopant tout un jour ne peut sortir de son ombre. Parfait symbole, monsieur, du journalisme : suez, galopez, l'ombre immense vous suit, vous couvre, vous glace, vous éteint comme un rêve. Que prétendez-vous? de quoi parlez-vous? où marchez-vous pour n'être point sur les terres des journaux? Où respirez-vous un air si hardi que d'oser n'être point à eux? De quoi est-il question? de littérature? c'est leur côtelette et leur chocolat. — De politique? c'est leur potage même, leur vin de Bordeaux et leur rôti. — Des arts, des sciences, d'architecture et de botanique? c'est de quoi payer leurs fiacres. — De peinture? ils en soupent. — De musique? ils en dorment. De quoi, enfin, qu'ils ne digèrent, dont ils ne battent monnaie?

Et remarquez, je vous en prie, l'argument commun, le refrain perpétuel de ces messieurs les quotidiens. Ceci est un auteur? disent-ils; chacun peut en parler, puisqu'il s'imprime : donc, je l'éreinte. Ceci est un acteur? ceci une comédie? ceci un monument? ceci un fonctionnaire? Au public tout cela; donc, je tombe dessus. Vous arrivez alors, bonhomme, ne sachant rien que la grammaire, et vous vous dites : « J'en parlerai donc aussi; puisque c'est à tous, c'est à moi comme à d'autres. — Arrière, manant, à ta charrue, répond du haut de sa colonne ce grand monsieur de l'écritoire; ce qui est à tout le monde quand j'en parle, n'est plus à personne quand j'en ai parlé, ou si j'en vais parler, ou si j'en peux parler. Et sais-tu de quoi je pourrais parler, si je voulais? Mais j'aime mieux que tu te taises. Ote-toi de là, sinon je m'y mets. » Voilà le jugement de Salomon, et ne croyez pas qu'on en appelle.

Sous Louis XIV, on craignait le roi, Louvois et le tabac à la rose; sous Louis XV, on craignait les bâtards, la Du Barry et la Bastille; sous Louis XVI, pas grand'chose; sous les sans-culottes, la machine à meurtres; sous l'empire, on craignait l'empereur et un peu la conscription; sous la restauration, c'étaient les jésuites; ce sont les journaux qu'on craint aujourd'hui. Dites-moi un peu où est le progrès? On dit que l'humanité marche; c'est possible, mais dans quoi, bon Dieu!

Mais, puisqu'il s'agit et s'agira toujours de monopole comment l'exercent ceux qui l'ont céans? Car enfin, le marchand de tabac qui empêche son voisin d'en vendre, donne de méchants cigares, il est vrai, mais du moins n'est-ce pas sa faute; le gouvernement lui-même les lui fabrique ainsi; tels il les vend, tels nous les fumons, si nous pouvons. Que font les journaux des entrepôts de la pensée? Quelle est leur façon, leur méthode? Qu'ont-ils trouvé et qu'apprennent-ils? Il n'y a pas long à réfléchir. Deux sortes de journaux se publient; journaux d'opposition, journaux ministériels, c'est comme qui dirait arme offensive, arme défensive, ou si vous voulez, le médecin Tant-Pis et le médecin Tant-Mieux. Ce que font les ministres, les chambres, votes, lois, canaux, projets, budgets, les uns critiquent tout sans compter, frappent de çà, de là, rien ne passe, à tort et à travers : mais non pas les autres, bien au contraire ; tout est parfait, juste, convenable ; c'est ce qu'il fallait, le temps en était venu, ou bien n'en était pas venu, selon le thème ; cela s'imprime tous les matins, se plie, s'envoie, se lit, se dévore, on ne saurait déjeuner sans cela ; moyennant quoi des nuées d'abonnés, l'un derrière, l'autre devant (vous savez comme on va aux champs), se groupent, s'écoutent, regardent en l'air, ouvrent la bouche, et payent tous les six mois. Maintenant voulez-vous me dire si vous avez jamais connu un homme, non pas un homme, mais un mouton, c'est encore trop dire, l'être le plus simple et le moins compliqué, un mollusque, dont les actions fussent toujours bonnes, ou toujours mauvaises, incessamment blâmables, ou louables incessamment ! Il me semble que si trente journaux avaient à suivre, à examiner à la loupe un mollusque du matin au soir, et à en rendre fidèlement compte au peuple français, ils remarqueraient que ce mollusque a tantôt bien agi, tantôt mal, ici a ouvert les pattes à propos pour se gorger d'une saine pâture, là s'est heurté en maladroit contre un caillou qu'il fallait voir ; ils étudieraient les mœurs de cette bête, ses besoins, ses goûts, ses organes, et le milieu où il lui faut vivre, la blâmeraient selon ses mouvements et évolutions diverses, ou l'approuveraient, se disputeraient sans doute, j'en conviens, sur ledit mollusque ;

Geoffroy Saint-Hilaire et Cuvier s'y sont bien disputés jadis, qui entendaient le sujet de haut; mais enfin vingt-cinq journaux ne se mettraient pas d'un côté à crier haro à ce pauvre animal, à le huer sur tout ce qu'il ferait, lui chanter pouille sans désemparer; et d'un autre côté, les cinq journaux restants n'emboucheraient pas la trompette héroïque pour tonner dès qu'il éternuerait : Bravo, mollusque! bien éternué, mollusque! et mille fadaises de ce genre. Voilà pourtant ce qu'on fait à Paris, à trois pas de nous, en cent lieux divers, non pour un homme, mais pour la plus vaste, la plus inextricable, la plus effrayante machine animée qui existe, celle qu'on nomme gouvernement! Quoi! parmi tant d'hommes assemblés, ayant cœur et tête, puissance et parole, pas un qui se lève, et dise simplement : — Je ne suis pour ni contre personne, mais pour le bien; voilà ce que je blâme et ce que j'approuve, ma pensée, mes motifs; examinez!

Mais admettons l'axiome reçu, qu'il faut toujours être d'un parti; tout le monde répète qu'il faut être d'un parti, ce doit être bon (apparemment pour ne pas rester derrière, si d'aventure le chef de file arrive en haut de la bascule); soyons d'un parti, j'y consens, de celui qui vous plaira, je n'y tiens aucunement. Dites-moi seulement le mot d'ordre; qu'est-ce qu'un parti sans principe? Il nous faut un principe pour vivre, parler, remuer et arriver. Qui vous l'a donné, ce mot d'ordre? Est-ce votre conscience? touchez là, nous périrons ou arriverons. Est-ce votre bourse? qui me répond de vous?

La Gingeole se lève un matin, ayant songé qu'il était sous-préfet. Il gouvernait en rêve, portant habit à fleurs, l'épée, et cela lui allait; il se mire, se rase, regarde autour de lui, point de royaume; il lui en faut un. La Gingeole appelle sa femme, lui cherche noise, la rosse, commencement d'administration. La femme rossée se venge, rien de plus naturel; Tristapatte est jeune, bien bâti; d'aucuns prétendent qu'avant l'offense la femme s'était déjà vengée. Mauvais propos; La Gingeole en profite, prend la clef, sort, rentre sans bruit, surprend les coupables et pardonne, à condition d'être sous-préfet, car Tristapatte a du crédit, au moins le dit-il quand on l'écoute. Tristapatte va chez le ministre, et lui parle à peu près ainsi :

— J'ai fait grand tort à un de mes amis que je désire en dédommager, et qui désire être sous-préfet; j'écris depuis six mois tous les jours, là où vous savez, en votre honneur et gloire. Donnez-moi une sous-préfecture pour La Gingeole, à qui j'ai fait le tort que vous savez peut-être aussi; sinon, demain, je vous attaque, et de telle façon, monseigneur, que si je vous flagornai six mois, je vous *déflagornerai* en six jours.

— Mais, dit le ministre, La Gingeole est un sot.

— C'est vrai; mais nommez-le ce soir : il ne sera plus qu'une bête demain.

— Mais on va se moquer de moi ; on criera au passe-droit, on me dira des injures.

— C'est vrai ; mais je vous soutiendrai.

— La belle avance, si d'autres m'insultent !

— Aimez-vous mieux que je sois de ceux-là ?

— Ma foi, peu m'importe, comme vous l'entendrez.

Tristapatte sort, court à La Gingeole : Vous serez nommé, dit-il, ou le ministre y mourra. Il écrit, tempête, coupe, taille ; voilà six mille bons bourgeois, habitués à le lire sur parole, qui frottent leurs lunettes, puis leurs yeux, ouvrent leur journal, le referment, voient la signature, et se disent : « C'est bien là mon journal ; apparemment que j'ai changé d'opinion. »

Non, pauvres gens, honnêtes gobe-mouches, d'opinion vous n'avez point changé, car d'opinion vous n'en eûtes jamais, mais voulez parfois en avoir. Ayez donc du moins celle-ci qui est plus vieille que l'imprimerie, c'est que, quand on se laisse berner, on ne doit jamais s'étonner si on retombe à terre pile ou face.

Mais songez-vous quelquefois, monsieur, à la position d'un pauvre ministre ayant affaire aux journaux ? je dis pauvre, non pour aller dîner ; mais où ne vaudrait-il pas mieux être qu'en pareil lieu où tous vous tiraillent, qui du manteau, qui du haut-de-chausses ? Auquel entendre et par où tomber ? car encore choisit-on la place, quand on ne peut tenir sur ses jambes.

Celui-là crie si on n'accorde pas, et celui-ci ne veut pas qu'on accorde. Trente mains s'allongent, agitant trente papiers, quinze placets et quinze menaces, et le tout pour le même emploi, dont pas un peut-être n'est digne; mais qu'il y en ait un de nommé, les autres n'y regarderont pas pour s'en plaindre. Dites-moi un peu ce que vous feriez si (Dieu vous en préserve!) vous deveniez ministre par hasard? Je veux vous choisir une occurrence où vous soyez bien à votre aise, pour que vous m'en donniez votre avis.

Il s'agit de demander au roi la grâce de certains condamnés, qui, à dire vrai, depuis longtemps l'attendent. Depuis longtemps aussi vous hésitez; vous avez pour cela vos raisons : d'autres que vous les trouvent bonnes ou mauvaises, il n'y a point de compte à rendre. Vous demandez, vous obtenez la grâce; le *Moniteur* enregistre et publie les noms de messieurs les graciés. Que fait là-dessus l'opposition?

« C'était bien la peine, s'écrie-t-elle, de parodier une amnistie, et de ne délivrer que des hommes obscurs, qui ne figurent qu'au troisième plan! ce n'est pas là ce qu'on vous demandait; quand on fait le bien, on le fait grandement; c'était d'autres noms qu'il nous fallait voir libres : les condamnés d'avril, les ministres de Charles X, et nos amis, bien entendu. »

Que faites-vous alors, vous, homme politique? Vous allez croire que l'opposition désire ce qu'elle demande. Vous allez ajouter d'une main candide sur la liste *graciante* les noms des ministres de Charles X. Pensez-vous faire pièce à dame Opposition? Lisez un peu l'article du lendemain.

« Voilà donc, s'écrie la même plume, voilà donc quelle était au fond l'unique pensée du ministère! gracier les agents de la restauration, c'était là son but; le reste n'est qu'un prétexte; on ne s'intéresse qu'à ces hommes, etc., etc. »

Ne vous semble-t-il pas, monsieur, quand vous assistez à ces sortes de tapages, dont les journaux étourdissent un ministre, ne vous semble-t-il pas voir un homme qui entreprend de traverser la Seine sur une corde tendue, à laquelle corde pend une centaine de chats? Je vous demande si les chats aiment l'eau, et veulent choir, et quel vacarme, et les agréables secousses! En guise de balancier, le pauvre diable a dans les mains un essieu de charrette, pesant cinq cents livres; belle entreprise à se rompre le cou! Mais il suffit du nom qu'on donne aux choses : l'essieu s'appelle le timon de l'État, cela suffit pour qu'on se l'arrache; quant aux chats, c'est-à-dire aux journalistes, c'est une autre affaire; ils ne s'arrachent que des brins de ficelle, et se sentent furieusement échaudés; car l'essieu dont je vous parle n'est rien moins que fer rouge, ardent, usé dans la fournaise; cependant le peuple bat des mains, et l'homme avance, en tremblant s'entend, et prudemment, muni de blanc d'Espagne; mais on lui crie : « Avancez donc! vous ne bougez pas! vous êtes un Terme! »

S'il lâchait tout et sautait dans l'eau, vous en étonneriez-vous, monsieur? oui bien moi, car nous ne sommes guère au temps où Sylla sortait de sa pourpre.

Poursuivrons-nous plus avant cette thèse, et descendrons-nous au feuilleton? On pourrait peut-être deviner comment parfois il se fabrique; ce n'est pas avec quoi les abeilles font leur cire. Il y a deux façons pour cela. L'une, incontestablement la meilleure (c'est aussi la plus usitée), est d'appuyer son coude sur sa table, d'étendre la main, et de laisser couler doucement tout ensemble encre, préceptes, doctrines, injures, anachronismes et bévues. A peine ainsi court-on le risque de laisser échapper de ces légères taches qui ne choquent point le lecteur parisien, rompu à la chose, et qui, au contraire, font ressortir le beau. Ce sera, par exemple, que vous aurez avancé que Racine florissait sous Louis IX, ou qu'Agamemnon est l'auteur de l'*Iliade*. Mais, je vous dis, cela ne fait rien, on nous y a dès l'enfance habitués, et nous n'avons point de livres sous la main où aller chercher les dates. Minuties que les dates! L'autre façon est beaucoup plus aride, profonde, ardue, pour parler en feuilleton. Il faut pour cela prendre (*horresco referens*) un dictionnaire quelconque, historique ou chronologique. Est-ce fait? Posez-le sur la table, et ouvrez au hasard. Lequel est-ce? Le Dictionnaire de la Fable, par Noël. Bien. Sur quel passage êtes-vous tombé? « Charadrius, oiseau fabuleux, dont le regard seul guérit la jaunisse; mais il faut que le malade le regarde, et que l'oiseau lui renvoie ses regards assez fixement; car, s'il détournait la vue, le malade mourrait infailliblement. » A merveille! Maintenant, dites-moi, quel sujet avez-vous à traiter? Vous avez à rendre compte, n'est-il pas vrai, de la *Norma* du maestro Bellini? Voyez ce que c'est que la Providence, et comme le ciel vous favorise! Vite, écrivez, ne perdez point l'occasion; voilà votre oiseau tout logé. Comment, dites-vous, par quelle façon? Eh! par la façon des feuilletons. Écrivez :

« Les décorations du premier acte laissent beaucoup à désirer; on a tenté vainement de nous rendre cette nature large, antique, nébuleuse, des vieilles forêts consacrées. Ces tons sont mesquins, ces horizons vides; on voudrait frissonner au murmure de ces chênes centenaires, on voudrait y voir voltiger autour de la prêtresse l'oiseau Charadrius, dont le regard seul, etc., etc. »

Voilà, monsieur, comme on se fait dans le monde, et à juste titre, une réputation de savant et d'homme qui ne parle point au hasard; voilà comme on jette çà et là sur un article, du reste, médiocre, ces paillettes mirifiques d'érudition et de bon goût, qui ne manquent pas de sauter aux yeux du lecteur et de lui éblouir l'entendement, ni plus ni moins que s'il avait soufflé sur sa poudrière.

C'est bien longtemps vous importuner, monsieur, pour ne vous dire après tout qu'un mot, que les journaux nous font grand peur. C'est surtout longuement discourir pour répéter ce que chacun sait, c'est-à-dire que, depuis Moïse, il y a toujours quelques abus. N'allez pas, de grâce, imprimer cela. Quand on n'a pas l'habitude d'écrire, on est d'un décousu, d'un diffus! Nous ne sommes point gens de plume, et nous n'écrivons que pour le prouver. D'ailleurs, qu'en dirait-on, grand Dieu! Nous attaquer aux puissances du siècle! *Ohimé!* quelles charretées de pavés on nous verserait sur la tête! A quels courroux serions-nous en butte! Non pas que cela nous fît grand tort, ni que notre raisin en fût moins bon; mais vous, monsieur, je vous le dis à l'oreille, vous pourriez bien vous exposer. Peste! voyez de quoi nous serions cause; on irait peut-être jusqu'à vous faire des reproches. Que répondriez-vous en pareil cas? Il y a de quoi démonter les gens. Mais, tenez, si vous m'en croyez, voici, à peu près (si besoin était) ce que vous pourriez peut-être répondre aux journaux, après avoir naturellement fait les génuflxions nécessaires et frappé sept fois la terre de votre front; apprenez par cœur cette harangue :

« Commandeurs des non-croyants, soleils de l'époque, successeurs de Dieu, terreur des chambres et des ministres, flambeaux de justice et de vérité, et comédiens ordinaires de la nation,

« Ne vous fâchez pas pour si peu de chose, nous renouvellerons nos abonnements. »

Agréez, etc.

QUATRIÈME LETTRE.

La Ferté-sous-Jouarre, 5 mai 1837.

MON CHER MONSIEUR,

Que les dieux immortels vous assistent et vous préservent des romans nouveaux! Polémon fut un aimable homme, et l'un des plus mauvais sujets de la quatre-vingt-dix-neuvième olympiade. Il sortait un matin, au lever du soleil, de chez une belle dame d'Athènes; ses vêtements étaient en désordre, sa poitrine et ses bras nus; une couronne de fleurs fanées lui pendait sur l'oreille, et comme d'une part il avait soupé fort tard, et que d'une autre il marchait sur les courroies de ses brodequins mal attachés, il allait passablement de travers. En cet état, il vint à passer devant l'école du philosophe Xénocrate, qui était ouverte; je ne sais s'il la prit pour un cabaret, mais le fait est qu'il y entra, s'assit, regarda les assistants sous le nez, et se permit même quelques plaisanteries. Xénocrate, qui était en chaire, perdit d'abord le fil de ses idées. Il avait, dit l'histoire, l'intelligence lente et pesante, et Platon le comparait à un âne auquel il fallait l'éperon, pour ne pas dire le bâton; lui-même se comparait à un vase dont le cou était étroit, recevant avec peine, mais gardant bien. Aristote le comparait encore à autre chose, à un cheval, je crois, mais peu importe. Xénocrate donc, qui avait les mœurs dures et l'extérieur rebutant, et qui parlait dans ce moment-là des nombres impairs et des monades, resta coi pendant cinq minutes. Le regard aviné de l'adolescent l'avait fait rougir dans sa barbe longue. Mais, après quelques efforts, quittant le sujet qu'il avait entamé, il se mit à parler tout à coup de la modestie et de la tempérance. C'était, à vrai dire, son fort que ce chapitre, et certes il y devait faire merveille, lui que Phryné ne put dégourdir. Il parla donc, fit le portrait du vice dont le modèle posait devant lui, peignit d'abord les voluptés grossières et leur inévitable fin, le cœur usé, l'imagination flétrie, les regrets, le dégoût, les insomnies; puis changeant de ton, il vanta la sagesse, fit entrer ses auditeurs dans la maison et dans le cœur d'un homme sobre, montra l'eau pure sur sa table, la santé sur ses joues, la gaieté dans son cœur, le calme dans sa raison, et toutes les richesses d'une vie honnête; cependant Polémon se taisait, regardait en l'air, puis écoutait, et à mesure que Xénocrate parlait, prenait une posture plus décente. Il ramena peu à peu ses bras sous son manteau, se baissa, rajusta sa chaussure, enfin il se leva tout droit et jeta sa couronne. De ce jour-là il renonça au vin, au jeu, et presque à sa maîtresse; du moins professa-t-il la vie la plus austère, et, retiré dans un petit jardin, six mois après il était aussi sobre qu'il avait passé pour ivrogne. Sa fermeté devint telle que, mordu à la jambe par un chien (enragé, dit-on, mais ce n'est pas sûr), il ne voulut jamais convenir que cela lui fît le moindre mal. Il parla à son tour des monades et des nombres impairs, de la divinité mâle et de la femelle, forma Zénon, Cratès le stoïcien, Arcésilas et Crantor, qui écrivit un traité *de Luctu;* après quoi il mourut phthisique, mais fort vieux et fort honoré.

Que pensez-vous, monsieur, de cette histoire? Je l'ai toujours aimée, et Cotonet aussi, non à cause de l'exemple, dont on peut disputer; mais de pareils traits peignent un monde. Ne vous semble-t-il pas d'abord que l'affaire n'a pu se passer qu'en Grèce, et qu'à Athènes, et qu'en ce temps-là? Car il ne s'agit pas, notez bien, d'une conversion par la grâce de Dieu, à la manière chrétienne, excellente d'ailleurs, mais où il y a miracle, et c'est autre chose. Il ne s'agit que d'un simple *discours* d'un citoyen à un autre citoyen. Et n'y a-t-il pas dans cette rencontre, dans cet accoutrement de Polémon, dans cette apostrophe de Xénocrate, dans ce coup de théâtre enfin, je ne sais quoi d'antique et d'archi-grec? Prenez donc la peine d'en faire autant à l'époque où nous sommes, si vous croyez que ce soit possible. Menez à un cours de la Sorbonne un homme qui sort de chez sa maîtresse, en l'année 1837. Combien de nous, en pareil cas, bâilleraient là où Polémon rattachait sa veste, et à l'instant où il jeta ses roses, hélas! monsieur, combien dormiraient!

Mais je suppose que quelqu'un de nous fasse l'action de Polémon, fût-ce à Notre-Dame, il le peut, s'il le veut; dites-moi pourquoi vous poufferiez de rire, et moi aussi, et peut-être le curé? Et pourquoi donc, en lisant l'histoire grecque, ne riez-vous pas de Polémon? Tout au contraire, vous le comprenez (blâmez-le ou approuvez-le, peu importe); mais enfin vous admettez le fait comme vrai, comme simple, comme énergique.

Supposons encore, et retranchant les détails, allons au résultat : c'est un garnement qui se range; ceci est vrai de tout temps, et probablement il avait des dettes. Il vend ses chevaux, loue une mansarde, et le voilà bouquinant sur les quais. Qui le remarquera aujourd'hui? Qui, à Paris, se souciera une heure d'une conversion qui fut, à Athènes, un événement? Qui prendra exemple sur le converti? Quel compagnon de ses plaisirs passés va-t-il sermonner et convaincre? Son petit frère ne l'écoutera pas. Où tiendra-t-il école, et qui ira l'y voir? Ce qu'il a fait est sage, et on en convient; il n'a qu'à en parler pour n'être plus qu'un sot.

Pourquoi cela? Notre conte ne renferme ni intervention divine, ni circonstance réellement extraordinaire; il n'est qu'humain, et il a été vrai, et il serait absurde aujourd'hui. Pourquoi a-t-il été possible? Parce qu'il y avait à Athènes presque autant de philosophes que de courtisanes, et des courtisanes philosophes, et beaucoup de raisonneurs sur les choses abstraites, et beaucoup de gens qui les écoutaient, et Platon, qui, à lui seul, avec son automate, faisait là autant de bruit qu'ici mademoiselle Elssler avec ses castagnettes; parce que c'était une rage d'ergoter, parce que tout le monde s'en mêlait, parce qu'on achetait trois talents (somme énorme), les ouvrages de Speusippe, radoteur hypocrite qui prit plus de goût, dit l'Encyclopédie, pour Lasthénie et pour Axiothée, ses disciples, qu'il ne convient à un philosophe valétudinaire; parce qu'enfin Athènes était la ville bavarde par excellence, platonicienne, aristotélicienne, pythagoricienne, épicurienne, et que les gens à effet comme Polémon se trouvaient là comme des poissons dans l'eau. Pourquoi aujourd'hui n'est-ce plus possible? Parce que nous n'avons, nous, ni Épicure, ni Pythagore, ni Aristote, ni Platon, ni Speusippe, ni Xénocrate, ni Polémon.

Mais pourquoi encore? Que les miracles s'usent, cela s'entend, vu le grand effort que ces choses-là doivent coûter aux lois obstinées qui ont coutume de régir le monde. Mais cette grandeur, cette éloquence, ces temps héroïques de la pensée, sont-ils donc perdus?

Oui, monsieur, ils le sont, et voilà notre dire, et voilà aussi un long préambule; mais, si vous l'avez lu, il n'y a pas grand mal à présent; nous en profiterons, au contraire, et nous nous servirons de notre histoire, choisie au hasard entre mille, pour poser un principe : c'est que tout est mode, que le possible change, et que chaque siècle a son instinct. Et qu'est-ce que cela prouve? direz-vous. Cela prouve, monsieur, plus que vous ne croyez; cela prouve que toute action, ou tout écrit, ou toute démonstration quelconque, faite à l'imitation du passé, ou sur une inspiration étrangère à nous, est absurde et extravagante. Ceci paraît quelque peu sévère, n'est-ce pas? Eh bien! monsieur, nous le soutiendrons; et si nous avons lanterné pour en venir là, nous y sommes.

Mais ce n'est pas tout. Je dis qu'à Athènes l'action de Polémon fut belle, parce qu'elle était athénienne; je dis qu'à Sparte celle de Léonidas fut grande, parce qu'elle était lacédémonienne (car, dans le fond, elle ne servait à rien). Je dis qu'à Rome Brutus fut un héros, autant qu'un assassin peut l'être, parce que la grandeur romaine était alors presque autant que la nature; je dis que, dans les siècles modernes, tout sentiment, vrai en lui-même, put être accompagné d'un geste plus ou moins beau, et d'une *mise en scène* plus ou moins heureuse, selon le pays, le costume, le temps et les mœurs; qu'au moyen âge l'armure de fer, à la renaissance la plume au bonnet, sous Louis XIV le justaucorps doré, durent prêter aux actions humaines grâce ou grandeur, à chacun son cachet; mais je dis qu'aujourd'hui, en France, avec nos mœurs et nos idées, après ce que nous avons fait et détruit, avec notre horrible habit noir, il n'y a plus de possible que le simple, réduit à sa dernière expression.

Examinons un peu ceci, quelque hardie que soit cette thèse, et prévenons d'abord une objection : on peut me répondre que ce qui est beau et bon est toujours simple, et que je discute une règle éternelle; mais je n'en crois rien. Polémon n'est pas simple, et pour ne pas sortir de la Grèce, certes, Alexandre ne fut pas simple, lorsqu'il but la drogue de Philippe, au risque de s'empoisonner. Un homme simple l'eût fait goûter au médecin. Mais Alexandre le Grand aimait mieux jouer sa vie, et son geste, en ce moment-là, fut beau comme un vers de Juvénal, qui n'était pas simple du tout. *Le vrai seul est aimable*, a dit Boileau; le vrai ne change pas, mais sa forme change, par cela même qu'elle doit être aimable.

Or je dis qu'aujourd'hui sa forme doit être simple, et que tout ce qui s'en écarte n'a pas le sens commun.

Faut-il vous répéter, monsieur, ce qui traîne dans nos préfaces? Faut-il vous dire, avec nos auteurs à la mode, que nous vivons à une époque où il n'y a plus d'illusions? Les uns en pleurent, les autres en rient; nous ne mêlerons pas notre voix à ce concert baroque, dont la postérité se tirera comme elle pourra, si elle s'en doute. Bornons-nous à reconnaître, sans le juger, un fait incontestable, et tâchons de parler simplement à propos de simplicité : Il n'y a plus, en France, de préjugés.

Voilà un mot terrible, et qui ne plaisante guère; et, direz-vous peut-être, qu'entendez-vous par là? Est-ce ne pas croire en Dieu? Mépriser les hommes? Est-ce, comme l'a dit quelqu'un d'un grand sens, manquer de vénération? Qu'est-ce enfin que d'être sans préjugés? Je ne sais; Voltaire en avait-il? Malgré la chanson de Bérenger, si 89 est venu, c'est un peu la faute de Voltaire.

Mais Voltaire et 89 sont venus, il n'y a pas à s'en dédire. Nous n'ignorons pas que de par le monde, certaines coteries cherchent à l'oublier, et tout en prédisant l'avenir, feignent de se méprendre sur le passé. Sous prétexte de donner de l'ouvrage aux pauvres et de faire travailler les oisifs, on voudrait rebâtir Jérusalem. Malheureusement les architectes n'ont pas le bras du démolisseur, et la pioche voltairienne n'a pas encore trouvé de truelle à sa taille; ce sera peut-être le sujet d'une autre lettre que nous vous adresserons, monsieur, si vous le permettez. Il ne s'agit ici ni de métaphysique, ni de définitions, Dieu merci. Plus de préjugés, voilà le fait, triste ou gai, heureux ou malheureux; mais comme je ne pense pas qu'on y réponde, je passe outre.

Je dis maintenant que, pour l'homme sans préjugés, les belles choses faites par Dieu peuvent avoir dû prestige, mais que les actions humaines n'en sauraient avoir. Voilà encore un mot sonore, monsieur, que ce mot de *prestige;* il n'a qu'un tort pour notre temps, c'est de n'exister que dans nos dictionnaires. On le lira pourtant toujours dans les yeux d'une belle jeune fille, comme sur la face du soleil; mais hors de là, ce n'est pas grand'chose. On n'y renonce pas aisément, je le sais, et si je soutiens cette conviction que j'ai, c'est que je crois en conscience qu'on ne peut rien faire de bon aujourd'hui, si on n'y renonce pas.

C'est là, à mon avis, la barrière qui nous sépare du passé. Quoi qu'on en dise et quoi qu'on fasse, il n'est plus permis à personne de nous jeter de la poudre au nez. Qu'on nous berne un temps, c'est possible; mais le jeu n'en vaut pas la chandelle, cela s'est prouvé, l'autre jour, aux barricades. Nous ne ressemblons, sachons-le bien, aux gens d'aucun autre pays et d'aucun autre âge. Il y a toujours plus de sots que de gens d'esprit, cela est clair et irrécusable; mais il n'est pas moins avéré que toute forme, toute enveloppe des choses humaines est tombée en poussière devant nous, qu'il n'y a rien d'existant que nous n'ayons touché du doigt, et que ce qui veut exister maintenant doit en subir l'épreuve.

L'homme sans préjugés, le Parisien actuel, se range pour un vieux prêtre, non pour un jeune, salue l'homme et jamais l'habit, ou s'il salue l'habit, c'est par intérêt. Montrez-lui un duc, il le toise; une jolie femme, il la marchande, après en avoir fait le tour; une pièce d'argent, il la fait sonner; une statue de bronze, il frappe dessus pour voir si elle est pleine ou creuse; une comédie, il cherche à deviner quel en sera le dénoûment; un député, pour qui vote-t-il? un ministre, quelle sera la prochaine loi? un journal, à combien d'exemplaires le tire-t-on? un écrivain, qu'ai-je lu de lui? un avocat, qu'il parle; un musicien, qu'il chante; et si la Pasta, qui vieillit, a perdu trois notes de sa gamme, la salle est vide. Ce n'est pas ainsi à la Scala; mais le Parisien qui paye veut jouir, et, en jouissant, veut raisonner, comme ce paysan qui, la nuit de ses noces, étendait la main, tout en embrassant sa femme, pour tâter dans les ténèbres le sac qui renfermait sa dot.

Le Parisien actuel est né d'hier; et ce que seront ses enfants, je l'ignore. La race présente existe, et celui qui n'y voit qu'un anneau de plus à la chaîne des vivants se noie comme un aveugle. Jamais nous n'avons si peu ressemblé à nos pères; jamais nous n'avons si bien su ce que nos pères nous ont laissé; jamais nous n'avons si bien compté notre argent, et par conséquent nos jouissances. Oserai-je le dire? jamais nous n'avons su si bien qu'aujourd'hui ce que c'est que nos bras, nos jambes, notre ventre, nos mains; et jamais nous n'en avons fait tant de cas.

Que ferez-vous maintenant, vous acteur, devant ce public? C'est à lui que vous parlez, à lui qu'il faut plaire, peu importe le rôle que vous jouez, poëte, comédien, député, ministre, qui que vous soyez, marionnette d'un jour. Que ferez-vous, je vous le demande, si vous arrivez en vous dandinant, pour prendre une pose théâtrale, chercher dans les yeux qui vous entourent l'effet d'une renommée douteuse, bégayer une phrase ampoulée, attendre le bravo, l'appeler en vain, et vous esquiver dans un à-peu-près? Croirez-vous avoir réussi, quand quatre mains amies ou payées auront frappé les unes dans les autres, à tel geste appris, au moment convenu?

Cinq cents personnes, entassées sur des chaises, attendent que l'abbé Rose paraisse; son sermon est promis depuis trois mois pour la Pentecôte, à midi précis. Il paraît à deux heures, suivi du bedeau. Ses petits mollets gravissent lestement l'escalier en spirale. Il est en chaire; il laisse tomber son coude sur la balustrade de velours, son front dans sa main, et semble rêver; ses lèvres s'entr'ouvrent, et d'une voix flûtée, interrompue par une petite toux sèche, il commence en style melliflu une homélie qui dure trois heures. Il parle de la sainte Vierge, et l'appelle familièrement Marie; de Jésus-Christ, et il l'appelle Christ. Il est tout plein de Christ et de Jean. Paul est bien beau, bien énergique; mais Jean est si doux? Il parle de la mort, de la résurrection, du paradis et de l'enfer, et ne laisse pas de donner en passant un coup de patte au ministère; car de quoi n'est-il pas question dans sa prose? Il parle de tout, ou plutôt croit parler, et l'assistance croit qu'elle écoute, et tous feignent d'être d'autres gens qu'ils ne sont, pour une matinée, par mode et par oisiveté. On dit en rentrant : « Je viens du sermon, » et l'abbé Rose affirme qu'il a prêché.

Soixante badauds, assis au large, composent l'auditoire de Florimond ; les trois quarts sont des femmes. D'où viennent ces visages-là ? Personne ne peut le dire. On les a évoqués, et ils sont sortis de terre. Florimond a cédé aux instances de ses nombreux et indiscrets amis, et il consent à ébaucher à ses heures perdues un cours d'histoire philosophique, fantastique et pittoresque. Mais il annonce que, parlant au beau sexe, il ne s'astreindra pas à une méthode aride, et il voltige, comme un papillon, de Pharamond à la Pompadour, et de Gengis-Khan à Moïse. Les uns se pâment, d'autres tendent le cou pour se donner un air d'attention ; quelques gens graves froncent le sourcil et regardent si on croit qu'ils réfléchissent ; les petites filles écarquillent leurs yeux et poussent de profonds soupirs. Florimond soulève son verre d'eau sucrée, se recueille une seconde, déroule sa péripétie, lance le trait, et avale le verre d'eau. On se lève, on l'entoure, il est épuisé. La foule s'écoule avec respect, et un petit nombre d'élus accompagnent l'orateur au logis. Là, étendu sur un sopha, passant son mouchoir sur ses lèvres, il tend le nez aux encensoirs, et se couronne de palmes inconnues. « Vous avez parlé comme Bossuet, comme Fénelon, comme Jean-Jacques, comme Quintilien, comme Mirabeau ! » Cependant le pauvre diable, assommé d'éloges, conserve encore une lueur de bon sens ; il soulève le rideau, regarde les passants dans la rue ; à l'aspect de cette ville immense, il sent que sa coterie s'agite au fond d'un puits, et que personne ne se doute à Paris de son triomphe d'entresol.

L'étudiant Garnier, qui manque de bois et qui déjeune avec des raves, a lu, pour deux sous le volume, les Mémoires de Casanova. Le siècle de Louis XV lui trotte dans la tête; il croit voir des nonnes à demi ivres, des boudoirs où les soupers arrivent par des trappes, des bas écarlates et des paillettes. Il sort, ne sachant où aller, cherchant fortune comme faisait Casanova; il rencontre une jolie femme, il la suit, l'accoste, c'est une fille; il va au jeu, perd six francs qui lui restent; à trois pas de là, il rencontre son tailleur qui se plaint qu'on ne le trouve jamais, et le menace du juge de paix; un fiacre qui passe l'éclabousse; il est cinq heures et il faut dîner : alors seulement il se gratte la tête, et se souvient qu'il n'y a pas de fiacres à Venise, qu'on y sortait jadis en masque, qu'on ne payait pas son tailleur en 1750, et que Casanova trichait au jeu.

Ce n'est pas l'habileté qui manque à Isidore; il parle bien, il écrit mieux; les hommes en font cas, et il plaît aux femmes; il a tout ce qu'il faut pour réussir, mais il ne réussira jamais. En tout ce qu'il fait, il fait un peu trop, et il veut toujours être un peu plus que lui-même. Le cardinal de Retz disait du grand Condé, qu'il ne remplissait pas son mérite. Isidore déborde le sien; c'est un verre de vin de Champagne qui mousse si bien, qu'il n'est plus que mousse, et qu'il ne reste plus rien au fond. Il rencontrera un bon mot, et il en voudra faire quatre, moyennant quoi le seul bon n'y sera plus. D'une idée longue comme un sonnet, il composera un poëme épique. Vous a-t-il vu trois fois au bal; vous êtes son ami intime. A-t-il lu un livre qui lui a plu; c'est la plus belle chose qu'il y ait en aucune langue. A-t-il une piqûre au doigt; il souffre un martyre sans égal. Et ne croyez pas qu'il joue une comédie : il parle ainsi de bonne foi, tant l'habitude a de puissance. A force de se tendre de tous les côtés, il s'est allongé et élargi, mais aux dépens de l'étoffe première, qui craque et se rompt à tout moment.

Narcisse n'est pas seulement ainsi; il est malade d'exagération au troisième degré. Il s'est trouvé un jour à un incendie, où il a aidé à porter de l'eau; il sait que Napoléon en a fait autant, et il se croit un petit Napoléon. Une femme de lettres, amoureuse de lui, l'a menacé d'un coup de couteau, et comme Margarita Cogni a failli en donner un à lord Byron, il se croit un petit Byron. Ces deux personnages, qu'il résume, l'inquiètent et le tourmentent beaucoup; mais comme il a été, d'autre part, assez bien vu d'une baronne, et qu'il lui a écrit des impertinences en se brouillant avec elle, il se croit aussi Crébillon fils. Comment arranger tout ce monde ensemble? il est tantôt l'un, tantôt l'autre, selon le moment et l'occasion. Aujourd'hui il a une vieille redingote, boutonnée jusqu'au menton, et son chapeau lui tombe sur les yeux; demain il porte un gilet rose, et vous frappe les jambes, en causant, avec une canne grosse comme une paille; le surlendemain, il va au théâtre, où il garde son manteau, et, appuyé sur une colonne, il promène autour de lui des regards mornes et désenchantés; c'est à le croire fou de le rencontrer souvent. Pour faire de lui un portrait ressemblant, il faudrait peindre Dorat méditant sur les ruines de Palmyre, ou Napoléon avec des culottes vert tendre et un casque de cuir bouilli [1].

Il est arrivé un grand malheur à Évariste, qui fait des romans presque lisibles, et dont le style, nourri de barbarismes, en impose. Les journaux le traitent bien; on l'invite à dîner, et il gagne par an une somme assez ronde. Mais il a écrit en 1825, dans la préface d'un de ses livres, qu'un homme de génie devait être l'expression de son siècle. Depuis ce jour, il n'a repos ni trêve qu'il ne découvre l'esprit de son siècle, afin d'en être l'expression; il cherche les mœurs du temps pour les peindre, et ne peut réussir à les trouver : sont-elles à la Chaussée-d'Antin, au faubourg Saint-Germain, dans les boutiques des marchands, ou dans les salons des ministres, au Marais, au quartier latin, à la place Maubert? Ne seraient-elles pas au corps de garde, au Jockey-Club ou à Tortoni? La lanterne en main, comme Diogène, il va et vient, et, chemin faisant, dit que Walter Scott n'est qu'un drôle, et que, pour lui, il a plus d'influence

[1] Byron, partant pour la Grèce, portait un casque de cuir bouilli.

sur notre siècle que Voltaire sur le sien. Mais ce damné siècle ne veut pas répondre; et au lieu de se contenter de peindre ce qu'il voit et de constater les nuances, Évariste veut saisir un fil qui puisse tout réunir et tout concentrer; son ambition est d'être le *criterium*, le *nec plus ultrà* de l'époque, et d'en posséder seul une clef unique. En attendant, il avoue, en rougissant, qu'on lui paye ses livres vingt mille écus, que ses créanciers le supplient à genoux de leur emprunter quelque argent, que, du reste, les femmes faciles l'ennuient, mais qu'il a fait une folie, une vraie folie, et, que voulez-vous? il a été entraîné, et il a acheté, en passant à Saint-Cloud, une maison de campagne et une forêt.

Le peintre Vincent est un autre homme; un chagrin mortel le dévore: il est profondément méconnu; les journaux le maltraitent, le public n'est qu'une brute, ses confrères sont envieux, sa servante elle-même est son ennemie. Il a pourtant exposé un paysage représentant trois femmes du temps de Louis XIII, passant en gondole dans le parc de Versailles; son cadre avait quatre pouces en hauteur et plus de trois pieds de large, et le gouvernement ne l'a pas acheté. On lui a commandé, il est vrai, un tableau pour une église de province, et ce tableau, fait en conscience a reçu quelques éloges; mais qu'a-t-on loué? Précisément ce qui n'a aucun mérite, des pieds, des mains, de vils contours! La pensée profonde de l'artiste n'a pas même été entrevue; car ce n'est rien que de regarder une toile, et de dire : Voilà qui est bien dessiné. Un écolier en serait juge. Le beau, le sublime, ce n'est pas le tableau, c'est ce que le peintre pensait en le faisant, c'est l'idée philosophique qui l'a guidé, c'est l'incalculable suite de méditations *thoséophistiques* qui l'ont amené, décidé et contraint à faire un nez retroussé plutôt qu'un nez aquilin, et un rideau amarante plutôt qu'un cramoisi. Voilà la grande question dans les arts ; mais nous vivons dans la barbarie. Un seul journaliste a saisi la chose, entre mille ; un seul a touché la corde sensible ; et il a dit, dans son feuilleton, que la descente de croix du peintre Vincent était le *Requiem* de Mozart, combiné avec les *Lettres d'Euler* et la *Vie de saint Polycarpe*.

Vous connaissez, monsieur, le chanteur Fioretto ; il a une jolie voix dont les accents iraient au cœur, s'il la laissait sortir tranquillement des larges poumons dont la nature l'a pourvu ; il nous fait venir les larmes aux yeux quand il exprime un sentiment passionné, mais, par malheur, il se passionne toujours, et, pour dire en musique à sa maîtresse qu'il se trouve bien aise, il pousse des cris comme si on l'égorgeait. La signora Miagolante, qui chante avec lui ordinairement, a été prise de la même fièvre, qui paraît être épidémique. Elle imite la Malibran, et on dirait à tout moment qu'elle va enfin lui ressembler ; elle trépigne, s'avance, s'arrache les cheveux, pose la main sur son cœur, et file une note : la souris est gentille, mais la montagne était trop grosse.

Singulière maladie! Paul, qui a le talent d'un romancier, ne fait que des mélodrames les uns après les autres; et Pierre, qui n'a réussi qu'au théâtre, écrit des livres : on lirait le premier avec plaisir, et on applaudirait le second ; on siffle l'un et on n'achète pas l'autre.

Quel est ce visage, au coin de ce triste feu? A qui ce front pâle et ces mains fluettes? Que cherchent ces yeux mélancoliques qui semblent éviter les miens? Est-ce vous que je vois, pauvre Julie? Qu'y a-t-il donc? qui vous agite ainsi? Vous êtes jeune, belle et riche, et votre amant vous est fidèle; votre esprit, votre cœur, votre rang dans le monde, l'estime qu'on y professe pour vous, tout vous rend la vie aisée et riante; que viennent faire les larmes dans cette chambre, où nul jaloux ne vous surveille, où le bonheur s'enferme sans témoins? Avez-vous perdu un parent? Est-ce quelque affaire qui vous inquiète? Vos amours sont-ils menacés? N'aimez-vous plus? n'êtes-vous plus aimée? Mais non ; le mal vient de vous seule, et il ne faut accuser personne. Comment se peut-il qu'avec tant d'esprit vous soyez prise d'une manie si funeste? Est-ce bien vous qui, d'un sentiment vrai, faites une exagération ridicule et le malheur de ceux qui vous entourent? Est-ce vous qui changez l'amour en frénésie, les querelles passagères en scènes à la Kotzebue, les billets doux en lettres à la Werther, et qui parlez de vous empoisonner quand votre amant est un jour sans venir? Quelle abominable mode est-ce là, et de quoi s'avise-t-on aujourd'hui? Croyez-vous donc qu'ils peignent rien d'humain, ces livres absurdes dont on nous inonde, et qui, je le sais, irritent vos nerfs malades? Les romanciers du jour vous répètent que les vraies passions sont en guerre avec la société, et que, sans cesse faussées et contrariées, elles ne mènent qu'au désespoir. Voilà le thème qu'on brode sur tous les tons. Pauvre femme! le monde est si peu en guerre avec ce qu'on appelle les vraies passions, que sans lui elles n'existeraient pas. C'est lui qui les excite et les crée; ce sont les obstacles qui les échauffent, c'est le danger qui les rend vivaces, c'est l'impossibilité de les satisfaire qui les immortalise quelquefois. La nature n'a fait que des désirs, c'est la société qui fait des passions; et sous prétexte d'en appeler à la nature, ces passions déjà si ardentes, on veut encore les outrer et les prendre pour levier, afin de renverser les bases de la société! Quelle fureur et quelle folie! ne saurait-il y avoir rien de bon, qu'on n'en fasse une caricature? Vous riez du phébus amoureux de la cour de Louis XIV, et vous vous indignez des frivoles intrigues de la régence! Que Dieu me pardonne, j'aime mieux entendre appeler l'amour un *goût*, comme sous Louis XV, et voir ma maîtresse fraîche et joyeuse avec une rose sur l'oreille, que de parler de vraie passion, comme aujourd'hui, et de vivre de larmes, d'angoisses, et de menaces de mort. Si une femme vous trouve joli garçon, et qu'elle vous paraisse bien tournée, ne saurait-on s'arranger ensemble sans tant de grands mots et d'horribles fadaises? et s'il n'est question ni d'éternel dévouement, ni de s'arracher les cheveux, ni de se brûler la cervelle, s'en aime-t-on moins, je vous en prie? Pardieu, la reine de Navarre ferait une belle grimace aujourd'hui, et je voudrais voir ce que dirait Brantôme. Est-il réglé de toute éternité que femme qui se rend ne se rend pas sans phrases? Eh bien donc, faites-en de raisonnables, de galantes, de folles, si vous voulez, mais faites-les humaines du moins. Voilà de beaux codes d'amour, qu'une pluie de romans où on ne voit que des amoureux phthisiques et des héroïnes échevelées. L'Amour est sain, madame, sachez-le; c'est un bel enfant rebondi, fils d'une mère jeune et robuste; l'antique Vénus n'a eu de sa vie ni attaque de spleen ni toux de poitrine. Mais je vous blesse, vous détournez la tête, vous regardez la pendule : il n'est pas tard encore, votre amant va venir; mais s'il ne vient pas, n'avalez pas d'opium ce soir, croyez-m'en; avalez-moi une aile de perdrix et un verre de vin de Madère.

Salut au plus exagéré de tous! Salut à l'homme qui veut être simple, et qui a l'affectation de la simplicité! Il va faire une visite, et avant de sonner, il a regardé si son jabot passe, si sa cravate n'est pas en désordre, car il tient, par-dessus toute chose, à n'avoir rien d'extraordinaire dans sa toilette. Il sonne doucement; on ouvre, il est entré; mais il a prié qu'on n'annonçât pas. Il traverse le cercle à pas mesurés, comme s'il réglait une distance pour un duel, il salue et s'asseoit; une légère contraction de ses lèvres annonce l'effort qu'il vient de faire. Content de lui, il ne dit rien; cependant sa voisine l'interroge; il s'incline à demi, sourit du bout des lèvres, et lâche un mot sec comme la pierre ponce; charmant convive! La conversation, peu à peu, s'échauffe et devient générale. Il s'agit d'une pièce nouvelle, sur laquelle il n'a point d'avis, d'un bal où il n'a point dansé, et d'une femme qu'il ne trouve point jolie. On parle d'autre chose; on parle d'un mort, c'est un de ses amis qu'on a enterré. Notre silencieux prend la parole; on écoute, on s'arrête; il ne paraît pas ému, mais il pourrait l'être; il était lié d'enfance avec le défunt : « Cela ne m'étonne pas, dit-il, qu'il soit mort; M. Dupuytren a scié son crâne, et on lui a trouvé un quart de pinte d'eau dans la tête. » Voyez un peu quelle simplicité!

Irons-nous plus loin? tenterons-nous d'esquisser le portrait de l'exagéré politique? Non, monsieur; nous n'avons, pour aujourd'hui, que la prétention d'effleurer quelques ridicules, et il y a autre chose dès que la politique s'en mêle. Nous en parlerons quelque jour; ce chapitre mérite qu'on le traite à part. Tenons-nous-en à nos ébauches, et saisissons cette occasion de citer un beau vers de M. Delavigne :

Le ridicule cesse où commence le crime.

Nous récapitulons maintenant et concluons : c'est faute de connaître l'esprit de notre temps, qu'une foule de talents distingués tombent continuellement dans l'exagération la plus burlesque ; c'est faute de se rendre compte à soi-même de ce qu'on vaut, de ce qu'on veut, et de ce qu'on peut, qu'on croit tout pouvoir, qu'on veut plus qu'on ne peut, et que finalement on ne vaut rien. Toute imitation du passé n'est que parodie et niaiserie ; on a pu autrefois faire de belles choses sans simplicité ; aujourd'hui ce n'est plus possible. Pour en finir comme nous avons commencé, nous citerons ici un dernier exemple :

Un homme veut se tuer ; ce n'est ni un amoureux, ni un joueur, ni un hypocondriaque ; c'est un honnête homme qu'un malheur accable, et qui s'indigne de son destin ; cet homme raisonne faiblement, si vous voulez, mais il a, par hasard, une grande âme, et malgré lui, sans qu'il sache pourquoi, cette âme inquiète se demande de quelle manière elle va partir.

A présent de quel temps est cet homme ? Marcus Othon, qui avait vécu comme Néron, mourut comme Caton, parce qu'il était Romain ; après avoir dormi d'un profond sommeil, le lendemain de sa défaite, il prit deux épées, les regarda longtemps, et choisit la mieux affilée : « Montre-toi aux soldats, dit-il à son affranchi, si tu ne veux qu'ils te tuent, pensant que tu m'aurais aidé à me donner la mort. » L'affranchi sorti de la chambre, Othon se tue roide, appuyé contre le mur, disant qu'un empereur devait mourir debout. Voilà une vraie mort romaine et antique. Supposez-la d'hier, que vous en lisez le récit dans le journal du soir, que le héros est un agent de change ruiné, voilà un parfait ridicule.

Mais cet agent de change ruiné a rassemblé tout ce qu'il possède encore, et un placement sur une compagnie bien connue assure, dans le cas où il viendrait à mourir, une somme considérable à sa famille. Il prend le prétexte d'un voyage en Suisse, fait ses préparatifs avec calme, calcule ses chances, compte ses enfants, embrasse sa femme, et part. Un mois après, le journal du soir annonce que le pied lui a glissé, et qu'il est tombé dans un précipice des Alpes. Voilà une vraie mort de notre temps; mais pensez combien elle est simple!

Agréez, etc.

FIN

DES LETTRES DE DUPUIS ET COTONET

ET DU VOLUME.

TABLE

FIN DE LA TABLE.

www.ingramcontent.com/pod-product-compliance
Lightning Source LLC
LaVergne TN
LVHW010131230826
846091LV00001BA/210